权威·前沿·原创

皮书系列为

“十二五”“十三五”国家重点图书出版规划项目

GREEN BOOK

智库成果出版与传播平台

中国社会科学院创新工程学术出版资助项目

农村绿皮书

GREEN BOOK OF RURAL AREA

中国农村经济形势分析与预测（2020~2021）

ANALYSIS AND FORECAST ON CHINA'S RURAL ECONOMY (2020-2021)

主　编 / 魏后凯　黄秉信

副主编 / 李国祥　孙同全　韩　磊

社会科学文献出版社

SOCIAL SCIENCES ACADEMIC PRESS (CHINA)

图书在版编目(CIP)数据

中国农村经济形势分析与预测. 2020－2021／魏后凯，黄秉信主编. －－北京：社会科学文献出版社，2021.4
（农村绿皮书）
ISBN 978－7－5201－8207－2

Ⅰ.①中… Ⅱ.①魏… ②黄… Ⅲ.①农村经济发展－经济分析－中国－2020－2021 ②农村经济发展－经济预测－中国－2020－2021 Ⅳ.①F323

中国版本图书馆 CIP 数据核字（2021）第060926号

农村绿皮书
中国农村经济形势分析与预测（2020～2021）

主　　编／魏后凯　黄秉信
副 主 编／李国祥　孙同全　韩　磊

出 版 人／王利民
组稿编辑／邓泳红
责任编辑／宋　静

出　　版／社会科学文献出版社·皮书出版分社（010）59367127
地址：北京市北三环中路甲29号院华龙大厦　邮编：100029
网址：www.ssap.com.cn
发　　行／市场营销中心（010）59367081　59367083
印　　装／三河市东方印刷有限公司

规　　格／开 本：787mm×1092mm　1/16
印 张：21　字 数：314千字
版　　次／2021年4月第1版　2021年4月第1次印刷
书　　号／ISBN 978－7－5201－8207－2
定　　价／128.00元

本书如有印装质量问题，请与读者服务中心（010－59367028）联系

《中国农村经济形势分析与预测（2020～2021）》编委会

主要编撰者简介

魏后凯　经济学博士，第十三届全国人大农业与农村委员会委员，中国社会科学院农村发展研究所所长、研究员、博士生导师。兼任中国社会科学院城乡发展一体化智库常务副理事长、中国城郊经济研究会和中国林牧渔业经济学会会长，中央农办、农业农村部乡村振兴专家咨询委员会委员，民政部、北京市、山东省、广东省等决策咨询委员。长期从事区域经济学和发展经济学研究。入选文化名家暨“四个一批”人才。

黄秉信　国家统计局农村社会经济调查司原司长（一级巡视员），高级统计师。北京大学新农村发展研究院理事。长期从事农村统计工作。多次主持或参与国家重大研究项目。多年为农村绿皮书撰稿人，参与编写《中国粮食问题研究》《中国农村投资问题研究》《中国建制镇研究》等多部著作。在全国权威期刊上公开发表多篇学术文章和研究报告。曾获国家粮食局优秀软科学研究一等奖、中国测绘学会测绘科技进步三等奖。

李国祥　农学博士，中国社会科学院农村发展研究所研究员、食物经济研究室主任，中国社会科学院大学教授、农产品市场与贸易方向的博士生导师，全国政协参政议政人才库特聘专家、农业部农产品市场预警专家组成员、国家粮食安全政策咨询委员会委员。长期从事粮食安全研究和中国农业农村经济形势跟踪分析，为年度中国农村经济形势分析与预测（农村绿皮书）撰写报告20年，发表论文和研究报告多篇，出版《中国粮食安全评论》等专著。

孙同全 管理学博士，中国社会科学院农村发展研究所研究员、农村金融研究室主任，中国社会科学院大学教授，博士生导师。兼任中国县镇经济交流促进会副秘书长、中国社会科学院贫困问题研究中心副秘书长。主要研究方向为农村普惠金融、小额信贷、合作金融、扶贫。

韩　磊 管理学博士，中国社会科学院农村发展研究所副研究员、农村产业经济研究室副主任。兼任中国林牧渔业经济学会副秘书长。主要研究方向为农产品市场、奶业经济，主持完成国家社科基金、人社部留学人员择优资助课题多项，公开发表学术论文和研究报告多篇。

前言

《中国农村经济形势分析与预测》（以下称《农村绿皮书》）初版于1992年，是由中国社会科学院农村发展研究所和国家统计局农村社会经济调查司共同组织编撰的年度系列研究报告，2021年出版的是第29本。《农村绿皮书》以年度农村经济形势分析与预测为特色，主要是对上一年度农业农村经济运行和市场状况进行客观评价分析，并对当年农业农村经济形势和发展趋势进行展望，在此基础上根据国家战略和社会需求对一些重大和热点问题进行专题研究，以为中国农业农村经济研究、决策和实践提供重要参考。

《农村绿皮书（2020～2021）》继续秉承客观公正、科学中立的宗旨和原则，关注中国农业农村经济发展中的重大和热点问题，在翔实数据分析的基础上，力求得出深刻且具有前瞻性和指导意义的观点和结论。全书包括总报告、专题篇和热点篇三个部分。总报告重点分析了2020年中国农业农村经济的运行特点、市场状况和重要进展，对2021年的发展趋势和主要指标进行了预测，并在此基础上提出了新发展阶段保障国家粮食安全和推进乡村建设的对策建议。专题篇共有7篇研究报告，着重深入评价分析2020年农业农村经济重要领域变化、新冠肺炎疫情的影响和2021年走势，其内容涵盖了农村居民收入与消费状况、主要农产品生产与市场状况、种植业与林牧渔业经济的发展状况以及农业对外开放形势等。热点篇共有7篇研究报告，涉及“双循环”新发展格局下的农业发展、实施乡村建设行动、巩固拓展脱贫攻坚成果、构建新型工农城乡关系、健全农业专业化社会服务体系、完善财政金融支农的协同机制、实现居民可持续膳食等重大和热点问题。需要说明的是，本报告中提出的各种观点均为作者个人观点，不代表作者所在机构或部门。

本报告的总体框架结构经过多次集体讨论，并广泛征求了相关方面的意见。参与报告撰写的作者中，除了中国社会科学院农村发展研究所和国家统计局农村社会经济调查司、住户调查办公室的人员之外，还有国家林业和草原局有关人员。在全书编撰和出版的过程中，魏后凯、李国祥、孙同全、韩磊分别对报告进行了审校，赵黎翻译并校核了全书英文部分，韩磊、孙同全承担了具体组织协调工作，彭华参与了支持协调等工作。全部书稿由韩磊、孙同全、李国祥统稿，最后由魏后凯审定。

本报告的编辑出版，得到了中国社会科学院科研局、创新工程办、社会科学文献出版社以及国家有关部门的大力支持和帮助，在此表示衷心感谢！

魏后凯

2021 年 3 月 20 日

摘　要

2020年，中国统筹推进新冠肺炎疫情防控和脱贫攻坚、农业生产和农民增收等“三农”重点工作，积极克服洪涝灾害等不利影响，农村脱贫攻坚取得全面胜利，第一产业较快恢复稳定增长，粮食继续增产，生猪生产能力加快恢复，农产品进出口规模继续扩大，农村发展取得新成就，为经济社会发展大局提供了强有力支撑。

脱贫攻坚目标任务全面完成。2010年农村贫困标准下的2020年初剩余551万农村贫困人口全部实现脱贫；年初尚未摘帽的52个贫困县全部摘帽，易地扶贫搬迁任务全面完成。

“三农”投入加大促进农业农村全面发展。财政用于农林水事务支出23904亿元，增长4.4%；年末涉农贷款余额39万亿元，增长10.7%。第一产业固定资产快速增长，农业生产和农村生活条件进一步改善，绿色转型发展取得进展。农业在第二季度实现稳定增长。第一产业增加值77754亿元，实际增长3.0%。

农产品生产者价格上涨带动食品消费价格较大幅度上涨。全年农产品生产价格上涨15.0%，食品消费价格上涨10.6%。食品消费价格上涨，导致农村居民恩格尔系数升至32.7%。

农产品国际贸易规模明显扩大。农产品进出口总额2468亿美元，增长8.0%。其中，农产品进口1708亿美元，增长14.0%；农产品出口760亿美元，下降3.2%；农产品国际贸易逆差948亿美元，增长32.9%。

粮食继续增产。粮食总产量66949万吨，增长0.9%。粮食播种面积

11677万公顷，增长0.6%，对粮食增产的贡献率约为71%；粮食单产5734公斤/公顷，增长0.2%，对粮食增产贡献率约为29%。除玉米外，其他品种粮食普遍增产；除吉林、辽宁和安徽外，其他省份普遍粮食增产。

粮食进口较快增长。进口粮食14262万吨，增长28.0%。其中，大豆进口10033万吨，增长13.3%；玉米进口1130万吨，增长135.7%；高粱进口481万吨，增长478.6%。

粮食供给较大幅度增加，粮食价格仍呈现上涨态势。全年新增粮食供给约8.1亿吨，增加3500多万吨。谷物生产者价格上涨4.1%，粮食消费价格上涨1.2%。

油料继续增产，总产量3585万吨，增长2.6%；食用植物油进口扩大，进口983万吨，增长3.1%；油料生产者价格上涨7.9%，食用油消费价格上涨5.3%。

糖料减产，总产量12028万吨，下降1.1%；食糖进口较快增长，进口527万吨，增长55.5%；糖料生产者价格上涨3.1%。

棉花略有增产，总产量591万吨，增长0.4%；进口棉花216万吨，增长16.8%；棉花生产者价格下降1.5%。

肉类供给增加，但肉类供求仍然偏紧，肉类价格涨幅较大。猪牛羊禽肉产量7639万吨，下降0.1%；肉及杂碎进口991万吨，增长60.4%；肉类供给总量超过8700万吨，增长3.5%以上；饲养动物及其产品生产者价格上涨32.4%，畜肉消费价格上涨38.4%。

生猪产能加快恢复，猪肉总供给增加，但猪肉供求偏紧状况没有根本改变，猪肉价格呈现高位波动态势。猪肉产量4113万吨，下降3.3%；猪肉及猪杂碎进口573万吨，增长79.1%；生猪生产者价格上涨55.7%，猪肉消费价格上涨49.7%。

禽蛋产量3468万吨，增长4.8%；禽蛋生产者价格下跌14.1%，蛋类消费价格下跌9.4%。

牛奶产量较快增长，奶类供给增加，但价格仍然呈现上涨态势。牛奶产量3440万吨，增长7.5%；乳品进口337万吨，增长10.2%，其中奶粉进口131万吨，下降3.3%；奶类消费价格上涨1.0%。

水产品产量6545万吨，增长1.0%；水海产品出口375万吨，下降10.8%；水海产品进口402万吨，下降12.5%；渔业生产者价格上涨0.2%，水产品消费价格上涨3.0%。

农民收入较快增长。农民人均可支配收入17131元，名义增长6.3%，实际增长3.8%；城乡居民人均可支配收入绝对差距26703元，减少365元；相对差距（倍差）2.56，下降0.08。

农民食品烟酒消费支出增长较快。农民人均消费支出13713元，名义增长2.9%。其中，农民人均食品烟酒消费支出4479元，名义增长12.0%。

展望2021年，中国将优先发展农业农村，全面推进乡村振兴，加快农业农村现代化，脱贫攻坚成果将进一步巩固拓展，农业高质量发展继续推进，主要农产品供求关系明显改善，农民收入较快增长，城乡居民收入差距持续缩小。预测第一产业增加值将超过8万亿元，粮食总产量6.8亿吨，猪肉产量5000万吨，农产品生产者价格和食品消费价格涨幅将回落到5%以下，农民人均可支配收入1.9万元。

关键词： 农村经济　乡村建设　粮食生产

目 录

Ⅰ 总报告

Ⅱ 专题篇

Ⅲ 热点篇

皮书数据库阅读使用指南

总报告

General Report

G.1 2020年中国农业农村经济形势分析及2021年展望

总报告课题组*

摘　要：2020年，中国农业农村经济克服新冠肺炎疫情等不利因素影响，恢复快，发展取得进展，运行总体平稳。最后551万农村贫困人口全部脱贫，脱贫攻坚任务全面完成。农业农村投入明显加大，农村生产生活条件明显改善。第一产业稳定增长，农产品国际贸易逆差大幅度扩大，主要农产品供给普遍增加，但受食物消费升级等影响，农产品及食品价格较大幅度上涨，不同农产品市场运行状况存在明显差异。国内粮食增产，进口较大规模扩大，粮食价格总体稳定。生猪生产能力加快恢复，猪肉供给总量增加，生猪生产者价格涨幅回

* 执笔人：李国祥，博士，中国社会科学院农村发展研究所研究员、食物经济研究室主任、博士生导师。本报告仅代表课题组观点，主要是执笔人观点，与课题组成员所属机构及研究资料来源部门无关。本报告审定：魏后凯。

落。农民收入较快增长，城乡居民收入绝对差距和相对差距双双缩小，农民食物消费支出增长强劲。展望2021年，农业农村投入继续保持较快增长，脱贫攻坚成果将持续巩固拓展，粮食安全保障水平将上新的台阶，城乡居民收入差距进一步缩小。预测2021年粮食总产量6.8亿吨，猪肉产量5000万吨，农民人均可支配收入1.9万元。

关键词： 脱贫攻坚 农产品供给 食品价格 农民收入 乡村振兴

一 2020年中国农业农村经济发展与运行形势

2020年，中国统筹推进新冠肺炎疫情防控和农业生产，积极克服洪涝灾害等不利影响，农村脱贫攻坚取得全面胜利，第一产业较快恢复稳定增长，粮食继续增产，生猪生产能力加快恢复，农产品进出口规模继续扩大，农村发展取得新成效，为经济社会发展大局提供了有力支撑。

（一）农业农村发展及其经济运行总体形势

1. 农村贫困人口全部实现脱贫

根据2021年政府工作报告以及国家发展和改革委员会相关资料，2020年，按照每人每年生活水平2300元（2010年不变价）的现行农村贫困标准计算，年初剩余的551万农村贫困人口全部实现脱贫；年初尚未摘帽的52个贫困县全部摘帽，易地扶贫搬迁任务全面完成。这样，党的十八大以来中国农村现行贫困标准下的9899万农村贫困人口全部实现脱贫，832个贫困县全部摘帽，12.8万个贫困村全部出列，脱贫攻坚战目标任务如期全部完成，农村绝对贫困彻底消除，区域性整体贫困得到解决，中国创造了人类减贫史上的奇迹。

脱贫攻坚目标任务全面完成，标志着小康社会全面建成，这是举全党全社会力量努力的结果。2020 年初，中国对尚未摘帽的贫困县和工作难度大的贫困村实施挂牌督战，财政给予重点支持，特别是项目资金向深度贫困地区集中，继续鼓励贫困县整合各级各类财政涉农资金。根据财政部资料，2020 年，共安排财政专项扶贫资金和脱贫攻坚补短板资金 1761 亿元，其中用于挂牌督战地区 417 亿元；继续在全国 832 个贫困县推进整合财政涉农资金 2985 亿元。针对新冠肺炎疫情等不利影响，国家制定政策，各地优先安排贫困家庭劳动力务工就业，加大产业扶贫，强化产销对接，开展消费扶贫行动。强有力的政策措施为贫困地区农民增收和确保贫困农民家庭“两不愁、三保障”实现脱贫提供了支撑。

2. 农业克服新冠肺炎疫情不利影响后较快实现稳定增长①

2020 年，第一产业增加值 77754 亿元②，比上年实际增长 3.0%。从不同季度来看，第一产业增加值增长曲线与 2019 年存在差异（见图 1），呈现较曲折的态势。受新冠肺炎疫情等不利因素影响，第一季度第一产业增加值同比增长出现了明显滑落，为 -3.2%；进入第二季度，第一产业增加值同比实际增长与 2019 年态势差异明显缩小，且第三、第四季度第一产业增加值实际增长还呈现加快态势，第二、第三和第四季度分别为 3.3%、3.9% 和 4.1%。

3. 农产品生产者价格出现较大涨幅

2020 年，农产品生产者价格较上年上涨 15.0%（见表 1），涨幅比 2019 年扩大 0.5 个百分点。从全年不同季度来看，第一季度农产品生产者价格同比涨幅最大，为 39.0%；第二、第三、第四季度农产品生产者价格涨幅呈现不断缩小态势，第四季度农产品生产者价格同比涨幅仅有 1.9%。从产业

① 本报告第一部分分析 2020 年中国农业农村经济发展和运行形势中凡是表达增加增长或者减少下降等变化时没有明确说明基期的，其基期都是指 2019 年。

② 本报告第一部分分析中国农业农村经济形势所选用的第一产业增加值、国内农产品产量、价格、收入消费和支出等数据，除特别注明外，都来源于国家统计局网站和公开出版的相关年鉴。由于在计算数据时对小数进位操作存在差异，本报告的相关数据小数位可能与其他报告出现差异，特此说明。另外，由于本报告选择的数据直接来源不同，其数据值存在一定差异。为了尊重原数据真实性，课题组原则上不进行调整。

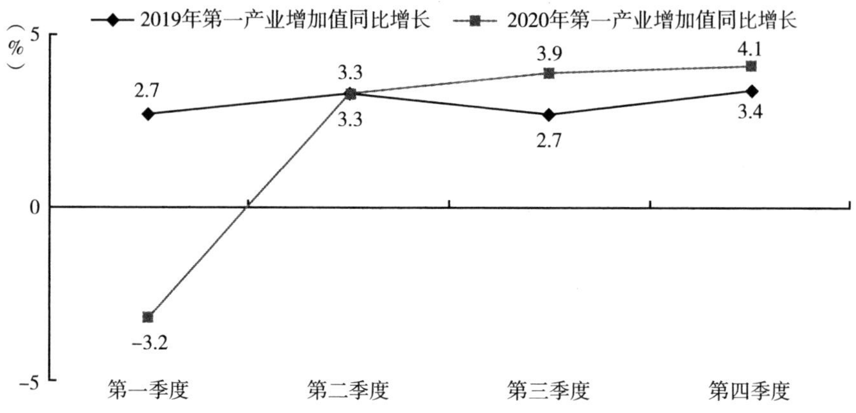

图1　2019年和2020年分季度第一产业增加值同比增长比较

资料来源：国家统计局网站。

构成来看，畜牧业影响仍然最大，全年饲养动物及其产品生产者价格同比涨幅影响农产品生产者价格上涨超过8个百分点；从主要农产品构成来看，生猪生产者价格同比涨幅影响农产品生产者价格上涨超过5个百分点。

表1　2020年按季度和全年农产品生产者价格同比涨幅情况

单位：%

季度	农产品	#农业产品	##谷物	#林业产品	#饲养动物及其产品	##生猪	#渔业产品
第一季度	39.0	1.9	-0.6	-3.8	88.6	133.2	-0.1
第二季度	21.1	0.5	3.6	-2.7	50.3	89.3	-3.5
第三季度	14.8	2.8	2.1	-3.0	32.4	59.0	1.3
第四季度	1.9	7.9	9.9	1.7	-3.3	-2.3	1.4
全　年	15.0	2.8	4.1	-0.9	32.4	55.7	0.2

资料来源：国家统计局网站。

农产品价格较大幅度上涨，带来第一产业增加值在国内生产总值中比重较大幅度上升。2020年，农产品生产者价格较上年上涨15.0%。受农产品价格涨幅较大带来第一产业名义增长速度较快影响，按当年价格计算的第一产业增加值比重连续第2年上升。按当年价格计算，全年第一产业增加值比

2019年名义增长10.3%，比全年GDP名义增长速度快6.7个百分点；第一产业增加值在GDP中比重为7.7%，比2019年上升0.6个百分点。与当年价格计算的国民经济中第一产业比重上升幅度不同，按照上年可比价格计算的第一产业增加值在国民经济中比重仅仅是略增。按2019年价格计算，2020年第一产业增加值比GDP增长速度快0.7个百分点，第一产业增加值在国民经济中比重为7.2%，比2019年仅上升0.1个百分点。

农产品价格较大幅度上涨，必然传导到食品消费价格上。2020年，城乡居民食品消费价格同比上涨10.6%，年度涨幅为2012年以来最大。2000～2020年，中国城乡居民食品消费价格同比涨幅超过10%的共有4年。除2020年外，其他三个年份分别是2007年、2008年和2011年，同比涨幅分别为12.3%、14.3%和11.8%。从构成来源看，2020年城乡居民食品消费价格较大涨幅，并不是由粮食消费价格较快上涨引起的，这反映了居民食物消费升级和结构变化已经改变了食品消费价格上涨的驱动格局。

2020年，全国居民食品烟酒消费支出比重（恩格尔系数）再回30%以上。受食品消费价格上涨幅度较大带来食品烟酒消费价格也较快上涨等因素影响，全国居民恩格尔系数重回30%以上。2020年，食品烟酒消费价格同比上涨8.3%（见表2），涨幅比上年扩大1.3个百分点；全国居民食品烟酒消费支出占消费总支出比重上升到30.2%，比上年提高2个百分点。其中，城镇居民食品烟酒消费支出占消费总支出比重上升到29.2%，比上年提高1.6个百分点；农村居民食品烟酒消费支出占消费总支出比重上升到32.7%，比上年提高2.7个百分点（见表2）。

表2　2016～2020年全国居民食品消费价格涨幅及支出比重和增长情况

单位：%

年份	食品烟酒消费价格同比涨幅	全国居民食品烟酒消费支出同比增长	全国居民食品烟酒消费支出占消费总支出比重		
			全国居民	城镇居民	农村居民
2016	3.8	7.0	30.1	29.3	32.2
2017	-0.4	4.3	29.3	28.6	31.2
2018	1.9	4.8	28.4	27.7	30.1

续表

年份	食品烟酒消费价格同比涨幅	全国居民食品烟酒消费支出同比增长	全国居民食品烟酒消费支出占消费总支出比重		
			全国居民	城镇居民	农村居民
2019	7.0	8.0	28.2	27.6	30.0
2020	8.3	5.1	30.2	29.2	32.7

资料来源：2017～2020年《中国统计年鉴》和《2020年居民收入和消费支出情况》，国家统计局网站。

城乡居民恩格尔系数上升，除受食品烟酒消费价格涨幅扩大影响外，新冠肺炎疫情等带来城镇居民人均消费支出滑坡也是不可忽视的因素。2020年，全国居民人均食品烟酒消费支出同比名义增长5.1%，增速比上年回落2.9个百分点。其中城镇居民人均食品烟酒消费支出比上年名义增长1.9%，增速比上年回落4.9个百分点，城镇居民人均食品烟酒消费支出增长明显回落。尽管如此，城镇居民人均消费支出较大幅度回落带来全国居民人均消费支出名义负增长。2020年，全国居民人均消费支出比上年名义下降1.6%，其中城镇居民人均消费支出比上年名义下降3.8%。食品烟酒消费价格较大幅度上涨，城镇居民人均食品烟酒消费支出较大幅度回落，表明城镇居民生活受到一定影响，估计全年城镇居民人均食品烟酒消费支出比上年实际下降约6%。

农产品及食品价格较大幅度上涨，主要原因不是农产品供给减少。2020年，农产品国际贸易总体规模较大幅度扩大，农产品进口较快增长，出口负增长，农产品国际贸易逆差创历史新高。农产品大幅度进口，增加了国内供求偏紧的相关农产品及食品供给。

4. 农产品进出口总额保持较快增长

根据中国海关资料，2020年，农产品进出口总额2468亿美元①，总规模近2500亿美元，比上年增加184亿美元，增长8.0%。其中，农产品进口以较快速度增长。全年农产品进口1708亿美元，比上年增加209亿美元，

① 本报告农产品国际贸易部分数据，无说明外都直接来源于中国海关网站。本报告数据可能与其他分报告数据因来源不同而存在差异。

增长14.0%。若以人民币计算，农产品进口增长速度更快。2020年，农产品进口11832万亿元，比上年增长14.5%。无论用何种货币计算，农产品进口增长都快于出口增长，也快于国内第一产业增加值名义增长。

从构成来看，农产品进口额之所以较快增长，主要是粮食中的大豆和肉类的猪牛肉及杂碎等大规模进口所致。2020年，粮食进口额508亿美元，在农产品进口总额中所占比重达29.8%。其中，大豆进口额395亿美元，在粮食进口总额中所占比重为77.8%。肉类（包括杂碎）进口额307亿美元，在农产品进口总额中所占比重为18.0%。其中，猪肉及猪杂碎进口金额149亿美元，在肉类进口总额中所占比重为48.4%；牛肉及牛杂碎进口金额为103亿美元，在肉类进口总额中所占比重为33.4%。猪牛肉及其杂碎在肉类进口总额中所占比重为81.8%。

2020年，食用植物油进口额也较快增长。全年食用植物油进口额74亿美元，比上年增加11亿美元，增长17.5%。食用植物油进口额增长幅度较大，主要是由国际市场上食用植物油价格恢复性上涨所致。全年食用植物油进口海关平均价格757美元/吨，比上年增加93美元/吨，上涨14.0%。

5. 农产品出口出现负增长

2020年，农产品出口额760亿美元，比上年减少25亿美元，下降3.2%。农产品出口出现负增长这种状况，比较少见。

6. 农产品国际贸易逆差快速扩大

2020年，农产品国际贸易逆差948亿美元，比上年扩大235亿美元，增长32.9%。

农产品进口大幅度增加，虽然没有平抑住农产品及食品价格上涨，但促进了国内农产品市场供求矛盾的缓解，避免了国内农产品及食品价格进一步上涨波动。本轮农产品及食品价格较大幅度上涨，除受疫情和自然灾害等不利影响外，主要是居民食物消费升级带来农产品及食品需求增长超过国内生产扩大和进口扩大的速度。

2020年，中国农产品国际贸易扩大，特别是进口扩大，最主要的原因是国内食物消费增长及其升级，而不是国内农业萎缩。农产品国际贸易增长，主要属于结构性增长，饲料粮和肉类增长快，影响程度大，反映出国内农业结构调整仍然滞后于居民食物消费结构升级。当然，国内农业增长速度明显低于农产品进口增长速度，且国内农产品及食品价格总体持续高位运行，无疑是需要警惕的。

7. “三农”投入加大带来农业农村全面发展

据财政部资料，2020 年，农林水支出 23904 亿元，比上年增长 4.4%，高于全国一般公共预算支出平均增幅 1.6 个百分点。全年第一产业固定资产投资（不含农户）13302 亿元，比上年名义增长 19.5%，明显快于全社会固定资产投资增速。其中，中央财政安排农田建设补助资金 695 亿元，加强高标准农田建设，农业生产条件加快改善；国家财政安排 94 亿元支持农作物秸秆综合利用和畜禽粪污资源化利用；安排 74 亿元鼓励和引导各地推进农村厕所革命。根据国家发展和改革委员会资料，到 2020 年，农村卫生厕所普及率超过 68%，超过 90% 的行政村开展农村生活垃圾收运处理。在财政加大对农业农村投入的同时，金融投入“三农”力度也不断加大。2020 年末，涉农贷款余额 39 万亿元，增长 10.7%，金融支农投入稳步增加，涉农贷款余额规模大约为第一产业增加值的 5 倍。农业农村投资较快增长，促进了农业农村高质量发展。农业综合生产能力进一步提升，农村一二三产业融合发展继续推进，农业农村绿色发展取得重要进展。

（二）粮食供给及其价格运行形势

粮食供给是粮食安全的最重要影响因素。从中国居民食物消费所处阶段来看，人均口粮消费已经基本饱和，但饲料粮等消费仍然会继续增长，有时增加幅度还比较大。2020 年，中国粮食总产量及其进口总量都创历史新高，大豆进口首次突破 1 亿吨，玉米进口突破关税配额量，粮食总供给明显扩大，但是粮食供给结构性矛盾仍然没有完全消除的同时，出现的由玉米和大豆等价格结构性上涨引起的粮食及其他食品价格上涨，反映了中国粮食生产和供给已经进入新发展阶段。

1. 粮食连续增产

2020年，全国粮食总产量66949万吨，创历史新高。粮食总产量连续6年保持在6.5亿吨以上，表明中国粮食生产能力迈向7亿吨水平新台阶的基础越来越牢固。全年粮食总产量比2019年增加565万吨，增长0.9%，是“十三五”时期增产量和增长速度较大的年份（见图2），仅次于2019年的增产量和增长速度。

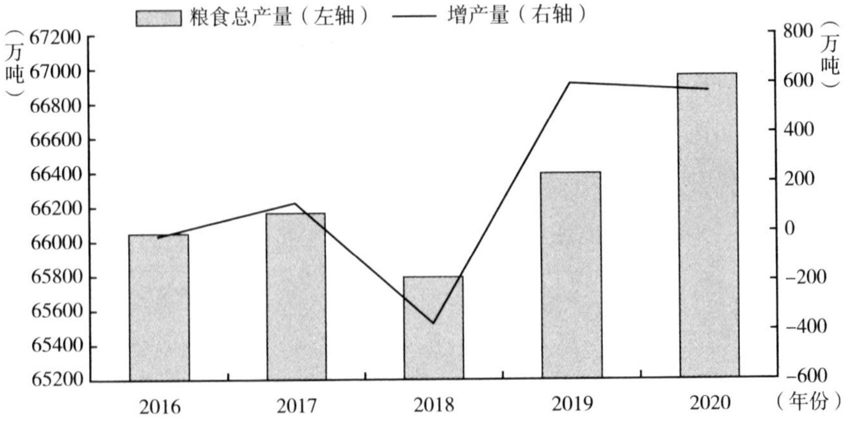

图2 “十三五”时期中国粮食年度总产量及其增产量情况

资料来源：《中国统计年鉴2020》和《国家统计局关于2020年粮食产量数据的公告》，国家统计局网站。

2020年，粮食播种面积恢复性增加对粮食增产作出了较大贡献。全年粮食播种面积11677万公顷（17.5亿亩），比上年增加70万公顷（1056万亩），增长0.6%。粮食播种面积扭转了2017~2019年连续三年下降势头，对2020年粮食增产贡献较大。全年因粮食播种面积扩大而带来的增产约403万吨，对全年粮食增产的贡献率约71%。

粮食播种面积扩大，重要原因是国家及时采取了保护调动农民积极性的政策措施，强化了各级粮食安全责任制，发挥社会化服务重要作用。2020年，中国坚持完善小麦和稻谷最低收购价政策，适应世界贸易组织农业规则要求，种植前公布最低收购价水平和收购规模，改变前几年不断调低最低收购价水平的做法，稳定小麦最低收购价每公斤2.24元的水平，提高稻谷最低收购价水平，其中早籼稻、中晚籼稻和粳稻最低收购价分别调至每公斤2.42元、2.54元和2.60元。2016年以来，为了解决“十二五”时期粮食生产能力超前发展带来的阶段性结构过剩问题，中国在放弃玉米临时收储政策的同时，连续几年调低小麦和稻谷最低收购价水平，中国出现2017～2019年粮食播种面积连续三年减少的情况，共减少粮食播种面积317万公顷。2020年小麦和稻谷最低收购价水平的稳定和小幅度提高，对稳定粮食生产具有正向积极作用。

粮食播种面积扭转连续三年减少态势，表明“非粮化”倾向整体上有所缓解。2020年，粮油糖棉合计播种面积13464万公顷，比上年增加70万公顷。粮食播种面积在粮油糖棉合计播种面积中所占比重为86.7%，与上年基本持平，粮食种植面积在主要农作物中所占比重扭转了前几年不断下降的态势。

2. 粮食单产水平小幅度提高

2020年，粮食单产5734公斤/公顷，比上年增加13.9公斤/公顷，增长0.2%。2020年是“十三五”时期粮食单产水平提高幅度较小的年份，重要原因是气候年景整体偏差。全年虽然旱灾偏轻发生，但是在主汛期南方地区遭遇1998年以来最严重汛情，特别是安徽和吉林等一些粮食主产区在粮食生长和收获期遭遇洪涝和台风等灾害袭击，对粮食单产水平影响较大。2020年8月下旬至9月上旬，两周内第8号台风“巴威”、第9号台风“美莎克”和第10号台风“海神”先后北上影响东北粮食主产地区，历史罕见，造成玉米等高产粮食作物大面积倒伏，影响到单产水平。

根据应急管理部资料，2020年农作物受灾面积1995.8万公顷，比上年增加70.1万公顷。2020年局部地区虽然农作物遭受比较严重的洪涝和台风等灾害，但是由于积极抗御各类自然灾害，各地区各部门及时抢险救援救灾，避免了灾害损失的扩大，全年绝收面积270.6万公顷，比上年减少9.6万公顷，而且全国粮食作物单产水平总体上仍有小幅度提高。2020年粮食单产提高对总产量增加的贡献率为29%，带来粮食增产162万吨。

多数省份粮食增产，但也有少数粮食主产区省份出现粮食减产。分省份来看，全国除辽宁、吉林、上海、安徽和西藏等5省区市外，其他省区市都不同程度地实现粮食增产。其中，辽宁、吉林和安徽属于全国粮食主产地区粮食减产相对较多的省份。2020年，辽宁粮食总产量2339万吨，比上年减产91.0万吨；吉林粮食总产量3803万吨，比上年减产74.9万吨；安徽粮食总产量4019万吨，比上年减产35.0万吨。这三个省份的粮食播种面积都是增加的，但粮食单产水平下降，表明粮食减产主要是灾害偏重发生不利影响造成的。2020年，辽宁粮食播种面积352.7万公顷，比上年增加3.8万公顷；粮食单产6631.7公斤/公顷，比上年减少333.6公斤/公顷。吉林粮食播种面积568.2万公顷，比上年增加3.7万公顷；粮食单产6693.1公斤/公顷，比上年减少176.7公斤/公顷。安徽粮食播种面积729.0万公顷，比上年增加0.3万公顷，粮食单产5513.0公斤/公顷，比上年减少50.3公斤/公顷。

分季来看，2020年中国粮食三季产量都有所增加，秋粮增产最多。夏粮产量14286万吨，比2019年增产126万吨，增长0.9%。在国家有关部门大力推进单季稻改种双季稻的影响下，以及一些地区早籼稻市场供求关系改变带来早籼米市场价格上涨，2020年早稻产量增长速度较快。全年早稻产量2729万吨，比2019年增加103万吨，增长3.9%。秋粮受灾相对严重，增产速度较低，但基数大，增产幅度仍然最大。全年秋粮49934万吨，比2019年增产336万吨，增长0.7%。秋粮增产幅度分别是夏粮和早稻的2倍多和3倍多。

分品种来看，2020年除玉米等外多数粮食品种生产都是增产的。在主要粮食品种中，稻谷增产幅度最大，大豆产量增长最快。受双季稻播种面积扩大影响，全年稻谷播种面积3008万公顷，比2019年增加38万公顷，超过粮食播种面积增量的一半；全年稻谷产量21186万吨，比2019年增产225万吨，增长1.1%，对全年粮食增产的贡献率为40%。小麦播种面积减少但单产水平提高，小麦产量呈现小幅度增产态势，全年小麦产量13425万吨，比2019年增产65万吨，增长0.5%。玉米主要受种植面积没有扩大影响产量有所下降。全年玉米播种面积4126万公顷，比2019年减少2万公顷，种植面积虽然减少幅度较小，但影响到玉米增产。全年玉米产量26067万吨，比2019年减少11万吨。由于玉米消费所处的历史阶段与稻谷和小麦消费的不同，玉米没有增产，对玉米市场供求关系的影响较大。大豆播种面积继续扩大，全年大豆产量1960万吨，比2019年增产150万吨，增长8.3%。主要受基数小影响，2020年大豆增产速度显得较高。

3. 粮食进口已经成为中国粮食供给的重要来源

2020年，中国粮食进口量较快增长。全年粮食进口14262万吨，比2019年增长28.0%，增量达3118万吨。其中，大豆进口10033万吨，虽然进口增长速度仅13.3%，但进口增量较显著，达1182万吨（见图3）；高粱进口481万吨，进口增长速度最高，达478.6%，进口增量为398万吨。特别值得注意的是，小麦和玉米进口量也分别达到838万吨和1130万吨，分别比2019年增长140.2%和135.7%，增量分别为489万吨和651万吨。小麦进口量接近关税配额量，而玉米进口量则超过关税配额量。

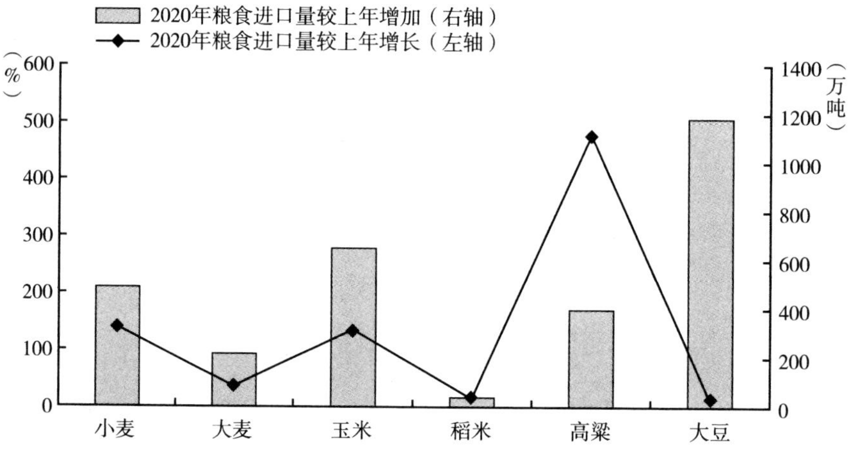

图3　2020年中国粮食进口增量及其较上年增长情况

资料来源：中国海关总署网站。

4. 粮食供给较大幅度增加

2020年，中国粮食总产量6.7亿吨，净进口1.4亿吨，粮食年度新增供给总量约8.1亿吨，比2019年增加3500多万吨，增长4.8%。全年粮食新增供给量主要来源于进口。粮食进口特别是大豆进口较大幅度增加，一个重要原因是饲料粮国内产需缺口扩大的驱动。玉米、高粱和大麦基本上用于饲料，大豆的主要部分（原被称为“副产品”），即豆粕也基本上用于饲料。

2020年，玉米和大豆国内产量加上进口量，供给明显增加，而作为饲料粮主要来源的玉米和大豆出现市场价格结构性加快上涨态势，较难完全用养殖业生产来解释饲料粮国内市场价格加快上涨。中国养殖业以出产猪牛羊禽肉为主，近年来，猪牛羊禽肉在肉类总产量中所占比重近99%。2020年，猪牛羊禽肉产量（7639万吨，比上年下降0.1%）仅相当于2017年的89.5%，而玉米国内产量与进口量合计是2017年的103.9%；大豆国内产量与进口量合计是2017年的110.2%。2020年养殖业饲料粮需求总量理应小于2017年，但市场显现的玉米和大豆供求关系与2017年完全不同。2020年玉米和大豆供求关系急剧变化的深层原因需要探讨。特别地，以玉米和大豆为代表的饲料粮需求进入新的发展阶段，这势必给粮食供求形势及国家粮食安全带来深远影响。

5. 粮食生产者价格出现涨幅扩大迹象

2020年，粮食市场运行的另一个重要特征是粮食生产者价格上涨，特别是谷物和大豆等粮食生产者价格较上年涨幅扩大。2020年，谷物生产者价格比上年上涨4.1%，涨幅比上年扩大3.8个百分点。谷物生产者价格涨幅扩大，主要受玉米价格较大幅度上涨影响。2020年，稻谷和小麦生产者价格分别比上年上涨0.8%和0.5%，而玉米生产者价格比上年上涨幅度达到7.6%。估计全年玉米生产者价格上涨影响谷物生产者价格上涨幅度达到约2.5%，占谷物生产者价格份额超过60%。2020年，大豆生产者价格同比上涨5.5%，涨幅比谷物多1.4个百分点。大豆价格上涨更加明显。

从全年不同时段来看，谷物等粮食价格涨幅呈现逐季扩大态势。2020年第一季度，谷物生产者价格同比下跌0.6%，而到第四季度，谷物生产者价格同比涨幅则扩大到9.9%。谷物生产者价格不同时段运行态势，主要由玉米生产者价格运行主导。玉米第一季度生产者价格同比上涨0.3%，而到了第四季度，玉米生产者价格同比上涨则达到17.3%。玉米生产者价格上涨的同时，大豆生产者价格涨幅不断扩大。大豆第一季度生产者价格同比上涨0.9%，到了第四季度，大豆生产者价格同比上涨17.1%。

从玉米和大豆价格水平及其变化来看，它们的上涨扩大态势更加明显。根据国家统计局中国经济景气监测中心和卓创资讯数据，2020年1月上旬流通领域二等黄玉米和黄豆价格每吨分别为1812.3元和3926.0元，12月下旬二者价格每吨分别上涨到2547.8元和5056.7元，12月下旬比1月上旬二者价格每吨分别上涨了735.5元和1130.7元，涨幅分别为40.6%和28.8%。

粮食消费价格涨幅较小。一般来说，在粮食生产者价格上涨带动下，粮食消费价格也会有所上涨。但是，2020年，政府进行有力调控，及时竞拍稻谷和小麦，粮食消费价格涨幅小于谷物生产者价格涨幅，城乡居民粮食消费价格同比涨幅1.2%，总体较稳定。全年粮食消费价格涨幅不仅在食品消费价格涨幅较大期间属于较低的，而且也明显低于2001~2020年的粮食消费价格平均涨幅。受新冠肺炎疫情等影响，局部时间和少数市场也曾出现“抢粮”，但全年粮食消费价格保持稳定，一方面，反映了政府对粮食市场调控发挥积极作用；另一方面，这一格局也反映了用于居民口粮消费的粮食供给充足，供求关系宽松。

城乡居民粮食消费价格基本稳定，且涨幅明显低于粮食生产者价格，除因两种价格指数口径及其构成不同外，还受粮食的国家储备充足和调控能力强等干预因素影响。总体上说，国家调控粮食市场，一方面促进粮食消费市场稳定，另一方面充分发挥粮食收购市场对粮食生产环节资源配置的决定性作用，尽可能不“打压”粮食收购价格，保护农民经济利益，调动农民种粮积极性。

2020年，粮食总产量创历史新高，但粮食生产者价格仍然较大幅度上涨，主要是居民食物消费升级带来的粮食供求结构性矛盾引起的。秋粮上市后，粮食生产者价格涨幅扩大，虽然对居民粮食直接消费影响有限，但其传导效应值得重视。

进入21世纪，粮食价格与食品价格之间关系出现显著的变化。2015年前，食品消费价格走势基本上与粮食消费价格走势相同，表明粮食价格对食品价格的影响较大（见图4）。2015年以来，食品消费价格与粮食消费价格运行态势出现分化，但这不应该表明粮食消费价格对食品消费价格的影响完全消失，仅仅反映动物源性食物价格的影响程度上升。粮食消费价格影响养殖业成本，进而影响食品消费价格机制的效应仍然是存在的。

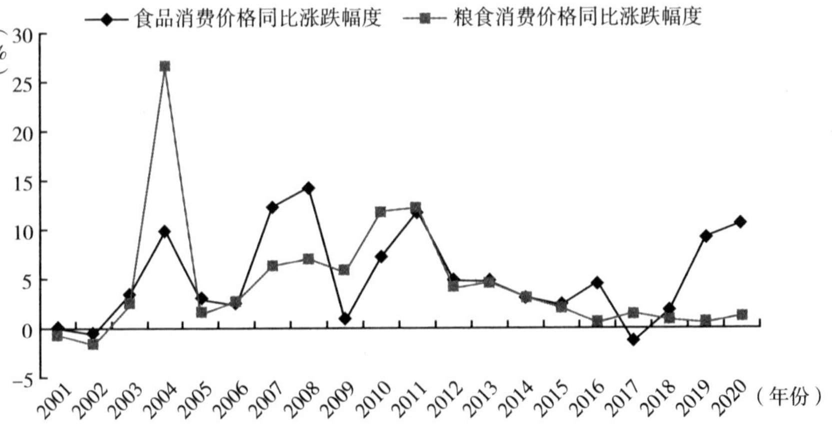

图4　2000年以来中国城乡居民食品及粮食消费价格年度同比涨幅情况

资料来源：历年《中国统计年鉴》和国家统计局网站。

（三）油料、糖料、棉花供给及其价格运行形势

油料、糖料和棉花是中国的重要经济作物，事关国计民生。食用植物油和食糖是中国居民和食品工业的重要原料。从中国居民食物消费所处阶段来看，人均食用植物油和食糖消费理应进入饱和阶段。但是，受居家食物消费和在外就餐消费结构变化带来的食品加工业发展影响，食用植物油和食糖消费仍然不断增加。2020年，食用植物油供给增加，但价格仍然呈现上涨态势；食糖供给增加，价格运行基本稳定，反映了食用植物油和食糖市场供求关系变化的复杂性；棉花供给增加不多，但受国际经济形势等影响，棉花需

求总体不强，棉花价格继续低位运行。

1. 油料和食用植物油供给及其价格运行形势

油料继续增产。2020 年，油料总产量 3585 万吨，在上年增产基础上再增产 92 万吨，增长 2.6%。油料增产，主要是油料种植面积进一步恢复性增加。2020 年，全国油料播种面积 1313 万公顷，比上年增加 20 万公顷，增长 1.6%。油料种植面积扩大，估计主要是由于花生具有比较优势，单产水平高，价格也相对较高，农民具有扩大种植的积极性。花生在油料中单产水平相对较高，且种植面积扩大，拉动油料单产水平整体提高。2020 年，全国油料单产 2730 公斤/公顷，比上年提高 28 公斤/公顷，增长 1.0%。油料继续增产，是种植面积扩大和单产提高共同作用的结果。

食用植物油进口稳步扩大。2020 年，进口食用植物油 983 万吨，比上年增加 30 万吨，增长 3.1%。全年进口的食用植物油海关价格为 757 美元/吨，比 2019 年增加 93 美元/吨，增长 14.0%。食物植物油进口扩大，主要不是因为价格低而是因为国内需求增加。2020 年，受新冠肺炎疫情和天气等影响，中国扩大进口的豆油和菜籽油及芥子油进口价格出现反弹。2020 年，豆油进口 96 万吨，比 2019 年增加 13 万吨，增长 15.7%；豆油进口海关价格为 755.6 美元/吨，比 2019 年上涨 5.7%。2020 年，菜籽油及芥子油进口 193 万吨，比 2019 年增加 31 万吨，增长 19.1%；菜籽油及芥子油进口海关价格为 850.2 美元/吨，比 2019 年上涨 3.8%。

国内食用油供给增加并没有完全改变国内食用油供求关系转紧的态势，市场价格涨幅扩大。2020 年，国内油料生产者价格同比上涨 7.9%，涨幅比上年扩大 2.7 个百分点；国内食用油消费价格同比上涨 5.3%，涨幅比上年扩大 4 个百分点。油料继续增产，在国际市场价格上涨情况下国内食用植物油和大豆油进口扩大，国内市场供给增加，反而出现国内油料价格上涨态势，应主要是国内食用植物油消费继续扩大和国际市场价格上涨传导等所致。

国内油料产量连续两年增加，国际市场食用植物油价格上涨，食用植物油进口规模持续扩大，且国内食用植物油价格不断上涨，基本表明国内消费量仍然在不断增加。中国尽管人均食用植物油消费量明显地超过国际平均水平，也高于发达国家平均水平，但是国内人均食用植物油消费仍然没有达到饱和状态，更没有呈现人均消费量减少的态势。按最终产品来估算，国内食用油供给结构大致是进口食用植物油和国内油料产油 3∶1，国际市场食用油价格上涨势必会直接传导到国内市场。根据 FAO 监测，2020 年国际市场上油料和食用植物油价格在 5 月触底后大幅度反弹。10 月与 5 月相比，油料国际价格上涨 24.4%，植物油国际价格上涨 35.9%，其中豆油国际价格上涨 34.2%，棕榈油国际价格上涨 42.8%。

2. 糖料和食糖供给及其价格运行形势

糖料减产，种植面积缩小，价格有所上涨。2020 年，糖料总产量 12028 万吨，比上年减少 138 万吨，下降 1.1%；糖料种植面积 157 万公顷，比上年减少 4 万公顷，下降 2.5%。糖料生产者价格恢复性上涨。在前两年连续小幅度下跌之后，2020 年，糖料生产者价格同比上涨 3.1%。

食糖进口大幅度增加。2020 年，进口食糖 527 万吨，比上年增加 188 万吨，增长 55.5%；食糖进口价格略有上升，全年海关进口价格为 342 美元/吨，比 2019 年增加 11 美元/吨，上涨 3.4%。

食糖供给增加。2020 年，虽然糖料减产，但是成品糖产量 1431 万吨，比上年增长 3.0%。进口食糖加上国内生产的成品糖近 2000 万吨，供给充裕。

3. 棉花供给及其价格运行形势

棉花单产提高带来总产略增。2020 年，全国棉花产量 591 万吨，比上年增加 2 万吨，增长 0.4%；全年棉花播种面积 317 万公顷，比上年减少 17 万公顷，下降 5.1%。2020 年，棉花在较大幅度减少种植面积情况下仍然能够略有增产，主要是由于高产棉的推广和棉花主产区灾情不重等带来棉花单产水平较大幅度提高。全年棉花单产为 1865 公斤/公顷，比上年增加 101 公斤/公顷，增长 5.7%。

2020 年，全国棉花种植面积进一步减少，主要是国内棉花供求关系总体上比较宽松，国际市场棉花价格低位运行，面临较大进口压力，而新冠肺炎疫情在世界传播扩散及全球经济萎缩，加上贸易保护主义抬头，导致国内棉花需求减少。为了缓解棉花阶段性过剩压力，新疆主动控制棉花种植面积，而棉花价格低位运行进一步带来长江流域和黄河流域棉花主产省份棉花种植面积的缩减。2020 年，新疆棉花种植面积为 250 万公顷，比上年减少 4 万公顷，下降 1.5%；长江流域和黄河流域棉花主产省份棉花种植面积为 64 万公顷，比上年减少 13 万公顷，下降 16.5%。长江流域和黄河流域棉花主产省份棉花种植面积下降幅度更大，新疆棉花种植面积在全国所占比重进一步上升，达 78.9%，比 2019 年提高 2.8 个百分点。

棉花进口量较大幅度增加。2020 年，棉花进口量 216 万吨，比上年增加 31 万吨，增长 16.8%；棉纱线进口量 190 万吨，比上年减少 5 万吨，下降 2.7%。棉纱线进口量出现小幅度减少，主要是国内需求下降所致。

进口棉花和棉纱线在国内棉花供给结构中所占比重进一步明显上升。2020 年，全国棉花和棉纱线进口总量达到 406 万吨，相当于国内棉花总产量的 68.8%，比 2019 年上升 4.3 个百分点。在国内棉花需求动力不足情况下，棉花进口量较大幅度扩大，棉纱线进口量仅仅较小幅度下降，主要受进口棉花价格降幅较大影响。2020 年，进口棉花海关价格为 1651 美元/吨，比上年减少 279 美元/吨，下降 14.5%；进口棉纱线海关价格为 2238 美元/吨，比上年减少 301 美元/吨，下降 11.8%。

国内棉花略有增产，棉花进口较大幅度加大，而棉纱线进口略有减少，估计棉花总供给仍有增加。受棉花需求不振等因素影响，棉花供求仍然较宽松，棉花价格继续下跌。2020 年，纺织业增加值虽然较上年增长 0.7%，但是纱和布产量分别为 2618 万吨和 460 亿米，分别比上年下降 7.4% 和 17.1%，服装出口 1179 亿美元，比上年下降 9.0%。棉花及其产品需求不足，全年棉花生产者价格同比下跌 1.5%。

（四）肉蛋奶和水产品供给及其价格运行形势

肉蛋奶和水产品都是重要的动物源性食物，它们之间具有一定的替代性。新发展阶段居民对其消费具有不同的要求，有时替代空间并不大。2020 年，肉蛋奶和水产品国内产量增长存在较大差异，但考虑进口在内的供给量普遍增加，而它们的市场价格运行则出现明显差异，反映出食物消费升级对畜禽及水产品市场运行的影响不可忽视，要求养殖业结构调整优化要适应人们食物消费结构变化。

1. 肉类供给及其价格运行形势

2020 年又是肉类供给及价格运行态势变化较大的一年。国内猪肉产量继续减少，但是肉类供给总量增加；肉类供求总体偏紧的状况虽然没有根本改变，但是饲养动物生产者价格涨幅已呈现逐季回落态势。畜肉类消费价格涨幅扩大，但是禽类生产者价格呈现下跌态势；畜肉类年度消费价格涨幅扩大，但总体上已经呈现逐月缩小态势。这些市场价格走势都反映饲养动物产品供求关系发生结构性变化和禽类产品新一轮波动周期的开启。

猪牛羊禽肉略有减产。受生猪生产能力恢复尚未转变为现实产量等因素影响，全年国内猪牛羊禽肉产量 7639 万吨，比上年减少 10 万吨，下降 0.1%。肉类是中国居民获取食物蛋白质的最重要来源，常年猪牛羊禽肉国内产量占肉类总产量的 98% 左右。猪牛羊禽肉减产，意味着肉类没有增产。但是，牛羊肉产量保持稳定小幅度增产，禽肉增产幅度仍然较大。全年牛肉产量 672 万吨，比 2019 年增产 4.7 万吨，增长 0.8%；羊肉产量 492 万吨，比 2019 年增产 4.5 万吨，增长 1.0%；禽肉产量 2361 万吨，比 2019 年增产 122 万吨，增长 5.5%。

猪肉产量继续减少。非洲猪瘟等冲击中国生猪产能之后，各地采取了多项积极措施加快恢复生猪产能，2020 年末生猪产能恢复到常年的 90% 左右。但是，受生猪产能转化为现实猪肉产量的周期较长等因素影响，2020 年生猪产能加快恢复仍然没有在生猪出栏量和猪肉产量上显现，生猪出栏量和猪肉产量比上年继续减少。全年生猪出栏 52704 万头，比 2019 年减少 1715 万头，下降 3.2%。尽管仔猪价格更高，理论上应会让部分养殖户养殖周期延长从而促使出栏生猪重量增加，但是，年内不同时期出栏生猪价格呈现出高位波动态势，导致养殖者较多担心销售生猪的价格波动风险从而使出栏生猪的每头出肉量不增反减，也成为全年猪肉产量进一步减少的影响因素之一。

全年出栏生猪每头产肉量 78.0 公斤，比 2019 年减少 0.2 公斤；猪肉 4113 万吨，比 2019 年减少 142 万吨，下降 3.3%。

肉类进口大幅度增加。近年来，中国肉类供给结构正在发生深刻变化，特别是进口肉类来源增长速度快，所占份额大。2020 年，中国进口肉及杂碎 991 万吨，比上年增加 373.2 万吨，增长 60.4%；进口肉及杂碎相当于国内肉类总产量的百分比估计大约是 13%。从来源来看，进口的肉及杂碎主要是猪肉及杂碎和牛肉及杂碎。全年进口猪肉及杂碎和牛肉及杂碎合计 787 万吨，在肉及杂碎进口量中比重为 79.4%。其中，进口猪肉及杂碎 573 万吨，比 2019 年增加 253 万吨，增长 79.1%。进一步的，进口猪肉 439 万吨，比 2019 年增加 228 万吨，增长 108.3%，猪肉进口量较上年翻倍增长，其增量超过国内猪肉产量的减少量，猪肉及杂碎进口量相当于国内猪肉产量的百分比为 13.9%；全年进口牛肉 212 万吨，比上年增加 46 万吨，增长 27.7%，牛肉进口增加幅度也超过国内牛肉产量的增加幅度，牛肉及杂碎进口量相当于国内牛肉产量的百分比为 31.9%。

肉类总供给增加。如果同时考虑国内肉类产量和肉类进口量并将国内产量和进口量作为供给量（忽略了库存量变化），那么 2020 年国内肉类供给不是减少而是明显增加的。全年肉类供给总量估计超过 8700 万吨，比 2019 年增加 300 多万吨，增长超过 3.5%。其中，猪牛羊禽肉供给量达到 8630 万吨，比 2019 年增加 363 万吨，增长 4.4%。

猪肉供给总量呈现增加态势。猪肉进口量较大幅度增加，也带来猪肉供给总量增长。如果考虑当年猪肉及猪杂碎进口量和国内生产量都是市场供给量，那么 2020 年猪肉总供给量实际上是超过 2019 年的。2020 年，中国进口猪肉及猪杂碎与国内猪肉产量合计为 4686 万吨，比上年增加 111 万吨，增长 2.4%。其中，中国进口猪肉与国内猪肉产量合计 4552 万吨，比上年增长 1.9%。

肉类价格涨幅较大。供求关系变化最终决定价格走势。2020 年，猪牛羊禽肉供给量增加，而饲养动物价格仍然呈现较大涨幅，但生产者价格与消费价格涨幅回落和扩大方向出现分化。全年饲养动物及其产品生产者价格同比上涨32.4%，涨幅比上年回落101.1个百分点；畜肉消费价格同比上涨38.4%，涨幅扩大9.3个百分点。

生猪和猪肉价格继续呈现较大涨幅。在肉类生产和供给中，供求关系变化最明显的是生猪生产和猪肉供给。从全年来看，虽然猪肉供给总量增加，但是国内市场活猪生产者价格和猪肉消费价格仍呈现较大幅度上涨。2020年，生猪生产者价格较上年上涨55.7%，而猪肉消费价格较上年上涨49.7%。

生猪生产者价格涨幅呈现逐季不断回落态势。随着生猪生产能力逐季不断加快恢复，进口量持续增加，猪肉供求关系不断改善，生猪生产者价格涨幅逐季缩小，从高位逐季回落态势十分明显。2020年第一季度，国内猪肉产量1038万吨，同比下降29.1%；期末存栏量32120万头，同比下降14.4%，生猪生产能力是全年最低的。尽管第一季度猪肉及杂碎进口124万吨，同比增长112.0%，但是猪肉产量与猪肉及杂碎进口量合计为1162万吨，同比下降23.7%，仍然呈现较大幅度下降态势，生猪生产者价格同比上涨133.2%（见表3）。

表3　2020年分季生猪生产和进口及生猪生产者价格情况

时间	国内猪肉产量		期末生猪存栏		猪肉及杂碎进口		产量与进口合计		生猪生产者价格同比涨幅(%)
	产量（万吨）	同比增长（%）	存栏（万头）	同比增长（%）	进口（万吨）	同比增长（%）	合计量（万吨）	同比增长（%）	
第一季度	1038	-29.1	32120	-14.4	124	112.0	1162	-23.7	133.2
上半年	1998	-19.1	33996	-2.2	282	100.6	2280	-12.7	109.5
前三季度	2838	-10.8	37039	20.7	432	93.5	3270	-4.0	88.4
全年	4113	-3.3	40650	31.0	573	79.1	4686	2.5	55.7

资料来源：国家统计局网站和中国海关总署网站。

到了第二季度，生猪生产能力加快恢复，国内猪肉产量降幅缩小，进口量继续增加，猪肉供求关系进一步改善，生猪生产者价格同比涨幅呈现缩小态势。6月末，生猪存栏33996万头，同比下降2.2%；上半年猪肉产量

1998万吨，同比下降19.1%，猪肉产量比第一季度减幅缩小；猪肉及杂碎进口量282万吨，同比增长100.6%，继续翻倍增加；猪肉产量加上猪肉及杂碎进口量2280万吨，同比下降12.7%，猪肉供给量减幅比第一季度也明显缩小；生猪生产者价格同比上涨109.5%，猪肉供求关系改善在价格变化上得到反映。

到了第三季度，生猪生产能力继续加快恢复，生猪存栏由同比减少转为同比增加，国内猪肉产量降幅进一步缩小，进口量继续增加，猪肉供求关系改善使生猪生产者价格同比涨幅缩小到两位数。9月末，生猪存栏37039万头，同比增长20.7%；前三季度猪肉产量2838万吨，同比下降10.8%，猪肉产量比上半年减幅明显缩小；猪肉及杂碎进口量432万吨，同比增长93.5%；猪肉产量加上猪肉及杂碎进口量3270万吨，同比下降4.0%，猪肉供给量接近2019年同期水平；生猪生产者价格同比上涨88.4%，猪肉供求关系改善使生猪价格涨幅进一步缩小。

第四季度，恢复的生猪生产能力部分地转化为现实猪肉产量，猪肉及杂碎进口保持较大规模，促进全年猪肉总供给比2019年小幅度增加。

在猪肉供给同比逐季增加的影响下，猪肉消费价格也呈现涨幅不断缩小的态势（见图5）。2020年1月猪肉消费价格同比上涨116.0%；2月猪肉消费价格涨幅进一步扩大，前两个月猪肉消费价格同比涨幅扩大到125.6%。自3月开始，猪肉消费价格同比涨幅不断缩小。2020年前8个月猪肉消费价格同比涨幅缩小到93.4%；到年底，全年猪肉消费价格同比涨幅进一步缩小到49.7%。

在猪肉消费价格带动下，加上牛肉和羊肉供给稳定增加，牛肉和羊肉价格总体也呈现涨幅缩小的态势。相比猪肉消费价格全年呈现显著的倒“V”字形走势，牛肉和羊肉全年消费价格则呈现涨幅相对稳定的态势。进一步来看，前8个月牛肉消费价格同比涨幅在以20%为中心的小区间内波动，从9月开始，牛肉消费价格涨幅开始缩小。从1月到12月，牛肉消费价格涨幅由20.2%缩小到14.4%。与牛肉消费价格全年走势类似，前9个月羊肉消费价格同比涨幅在以10%为中心的小区间内波动，从10月开始，牛肉消费

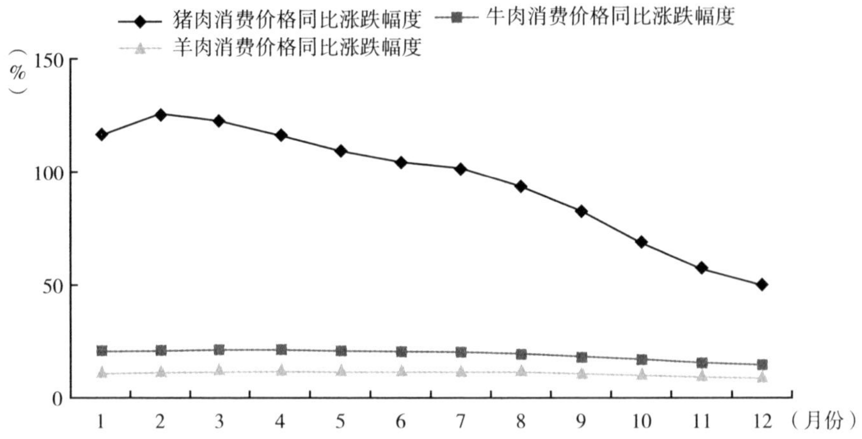

图 5　2020 年猪牛羊肉消费价格按月同比涨跌情况

资料来源：国家统计局网站。

价格涨幅回落到 10% 以下并不断地小幅度缩小。从 1 月到 12 月，羊肉消费价格涨幅由 10.4% 缩小到 8.5% 。

2. 蛋类和奶类供给及其价格运行形势

蛋类商品和奶类商品供给增长及其价格运行态势的差异反映出中国居民食物消费结构变化。禽蛋市场价格上涨，生产能力扩大，供给只要连续两年以上的较大幅度增加，禽蛋生产和市场价格周期性波动就会显现。与禽蛋供给和市场价格周期性波动不同，牛奶产量增长，进口扩大，市场供给持续增加，一般不会呈现明显的周期性波动。虽然禽蛋与牛奶市场运行差异与市场主体结构、供给来源和国家政策等不同有关，关键原因是居民消费需求的收入弹性不同。居民对禽蛋的消费一般不会因收入增长而增加，而居民对牛奶的消费一般会因收入增长而增加。居民食物消费结构变化在 2020 年禽蛋和牛奶供给及价格运行态势中充分体现。

禽蛋产量较快增长，蛋类价格明显下跌。2020 年，禽蛋产量 3468 万吨，比上年增加 159 万吨，增长 4.8% 。禽蛋价格明显下跌。由于禽蛋产量连续两年较快增长，而居民禽蛋消费量基本稳定，国内出现新一轮相对过剩情况，导致禽蛋价格较大幅度下跌。2020 年，禽蛋生产者价格比上年下跌

14.1%，蛋类消费价格比上年下跌9.4%。

按月份看，与2019年蛋类消费价格走势明显不同，2020年蛋类消费价格水平逐月回落（见图6）。1~4月蛋类消费价格涨幅不断缩小，由1月的同比上涨2.4%回落至1~4月的同比上涨0.7%。自5月开始，蛋类消费价格跌幅不断扩大，由1~5月的同比下跌2.0%扩大到全年的下跌9.4%。

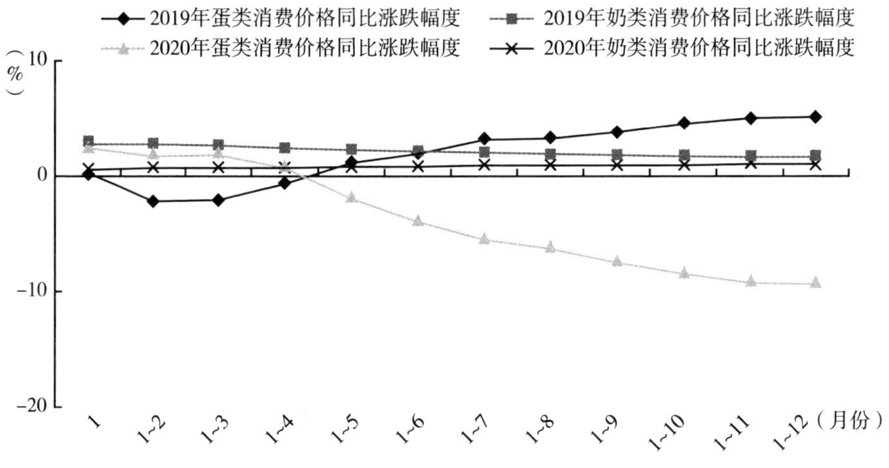

图6　2019年和2020年蛋类和奶类消费价格按月同比涨跌情况

资料来源：国家统计局网站。

牛奶产量较大幅度增长，价格小幅度上涨。2020年，牛奶产量3440万吨，比上年增加239万吨，增长7.5%，反映国内实施奶业振兴计划效果的显现。同时，乳品进口规模进一步扩大，全年进口乳品337万吨，增长10.2%，其中奶粉进口131万吨，下降3.3%。与鸡蛋产量增加不同，奶类产品供给增加，没有引起奶类价格下跌，关键原因是居民收入提高之后不断扩大奶类消费。

按月份看，奶类消费价格运行相对平稳。虽然奶类消费价格逐月上涨，但幅度非常小。2020年奶类消费价格由1月的同比上涨0.5%小幅度扩大到全年的1.0%。

3. 水产品供求及价格运行形势

水产品进出口和消费，理应受新冠肺炎疫情影响较大，特别是全年发生的几例新冠肺炎疫情与海鲜市场有关。在新冠肺炎病毒确切来源及疫情传播方式确认之前，水产品消费受冲击较大。从全年来看，水产品国内生产稳定发展，结构继续深度调整，淡水产品和海产品①国际贸易克服了新冠肺炎疫情不利影响，进出口额继续保持顺差态势，全年水产品供给及其价格运行总体稳定。

水产品产量小幅度增长。2020 年，水产品产量 6545 万吨，比上年增加 65 万吨，增长 1.0%。尽管水产品产量稳定增长，但水产品结构变化明显。在国家对长江流域“十年禁渔”及其他干流等重点水域实行禁捕退捕之后，各地探索工厂化养殖和稻渔综合种养新模式，积极拓展盐碱水生态养殖等渔业生产空间，着力提高水产养殖机械化等现代化水平，渔业生产克服多种不利因素影响，养殖水产品产量增加较多。全年养殖水产品产量 5215 万吨，比 2019 年增加约 140 万吨，增长 3.0%，在水产品总产量中比重增加到近 80%。在养殖水产品生产扩大的同时，捕捞水产品产量则进一步下降。全年捕捞水产品产量 1330 万吨，比 2019 年减少约 70 万吨，捕捞水产品产量所占比重下降到约 20%，比 2019 年减少 1.3 个百分点。渔业生产结构调整和水产品产量稳定增长，在应对外部形势急剧变化中效果明显，全年水产品供给充足，价格总体稳定。

水海产品进出口大幅度波动。受新冠肺炎疫情影响，特别是 2020 年上半年出现的国内新冠肺炎病例常常与海鲜市场和进口海产品相关联，水海产品消费减少，价格下跌，不仅水海产品出口较大幅度减少，而且进口下降幅度更大。2020 年，水海产品出口 375 万吨，比上年下降 10.8%②；出口额

---

① 简称为“水海产品”或者“海水产品”。本文考虑到直接使用中国海关网站数据，故尊重海关使用的“水海产品”名称。

② 中国海关可能对 2020 年水海产品进出口数据口径进行了调整。本课题根据中国海关公布的 2019 年数据进行增减数据对比计算，发现与 2020 年中国海关总署网站公布的数据不一致。这里选用海关总署 2020 年 1 月 18 日公布的数据，特此说明。

187.6 亿美元，比上年下降 8.0%。全年水海产品进口 402 万吨，比上年下降 12.5%；进口额 129.3 亿美元，比上年下降 19.6%。水海产品虽然进口量大于出口量，但是进出口仍然保持顺差，全年进出口顺差额 58.2 亿美元，在农产品国际贸易逆差大幅度扩大态势下，水海产品进出口形势来之不易。

渔业产品价格总体稳定，水产品消费价格呈现小幅度上涨。2020 年，受多种不利因素影响，水产品尽管生产、进出口和消费出现调整或者较大变化，不同水产品的价格波动悬殊，但是全年渔业产品生产者价格相比 2019 年呈现总体稳定态势。全年渔业生产者价格较上年上涨 0.2%，波动幅度相当小。与渔业生产者价格运行态势不同，水产品消费价格较上年上涨 3.0%，是 2018 年以来涨幅最大的一年。

从全年不同月份来看，水产品消费价格波动幅度虽然比畜肉类小，但不同月份水产品消费价格涨跌态势仍然明显（见图 7）。1 月水产品消费价格环比上涨 4.5%，而 3 月水产品消费价格环比下跌 3.5%，到了下半年，8 ~ 11 月，水产品消费价格环比连续 4 个月下跌。水产品消费价格年内不同月份波动，主要原因是消费受新冠肺炎疫情与水产品特别是与海产品之间关联性的影响。

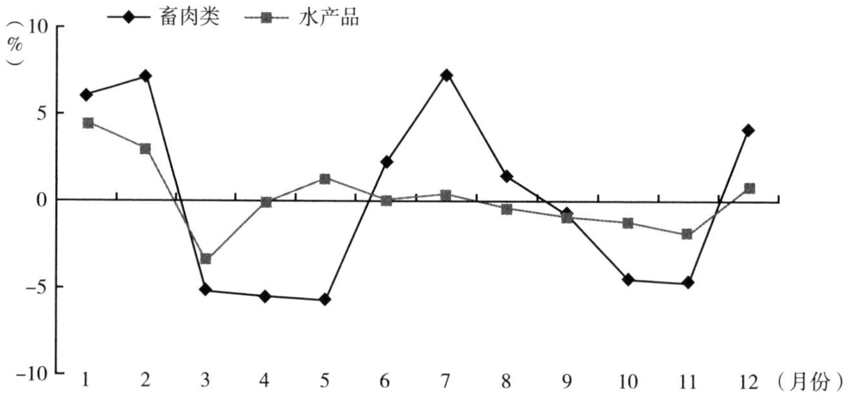

图 7　2020 年畜肉类和水产品消费价格月度环比涨跌幅度情况

资料来源：国家统计局网站。

（五）农民收入和消费支出状况

2020 年，中国总体上克服了新冠肺炎疫情等不利影响，积极发挥政策等积极因素作用，全年农民收入保持较快增长，来源渠道多元化，工资性收入、经营净收入和转移净收入对农民增收的贡献率相当，城乡居民收入绝对差距和相对差距双双缩小。

农民人均可支配收入增长速度快于城镇居民。2020 年，农民人均可支配收入 17131 元，比上年名义增长 6.9%，比城镇居民快 3.4 个百分点；按上年价格计算的农民人均可支配收入实际增长 3.8%，比城镇居民快 2.6 个百分点。2020 年，农民人均可支配收入名义增长速度较上年回落 3 个百分点，2020 年农民人均可支配收入增加幅度在近些年中属于较低的。尽管如此，这是克服新冠肺炎疫情等诸多不利因素后取得的，农民人均可支配收入实际增长快于经济增长，来之不易。

由于农民人均可支配收入较快增长，城乡居民收入相对差距进一步缩小。2020 年城乡居民人均可支配收入比率（简称城乡居民收入倍差）为 2.56，比上年下降 0.08。

特别值得关注的是，2020 年城乡居民收入不仅相对差距继续缩小，而且还出现了自 2013 年城乡居民建立统一的可支配收入调查核算框架以来首次绝对差距缩小，这也是自 1984 年城乡居民收入绝对差距持续扩大以来首次出现缩小。2020 年城乡居民人均可支配收入绝对差距为 26703 元（见图 8），比上年减少 365 元。

工资性收入增加仍是农民增收的最大贡献因素。2020 年，农民人均工资性收入 6974 元，比上年增加 391 元，对农民增收的贡献为 35.2%。受新冠肺炎疫情等影响，农民工数量减少，农民工资性收入增加对农民增收的贡献率比 2019 年下降 6.6 个百分点（见图 9）。

2020 年，工资性收入对农民增收贡献率下降，主要是外出农民工数量减少较多所致。全年农民工总量 28560 万人（见表 4），比 2019 年减少 517 万人，下降 1.8%。其中，外出农民工 16959 万人，比 2019 年减少 466 万

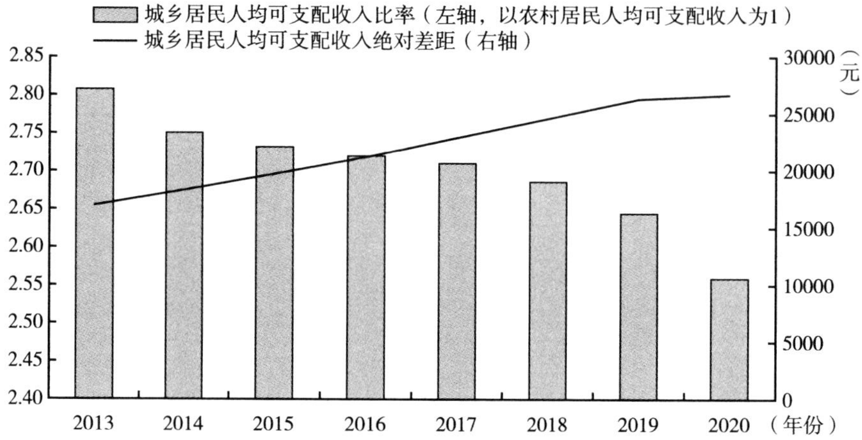

图 8　2013 年以来中国城乡居民人均可支配收入差距变化情况

资料来源：《中国统计年鉴 2020》和《中华人民共和国 2020 年国民经济和社会发展统计公报》。

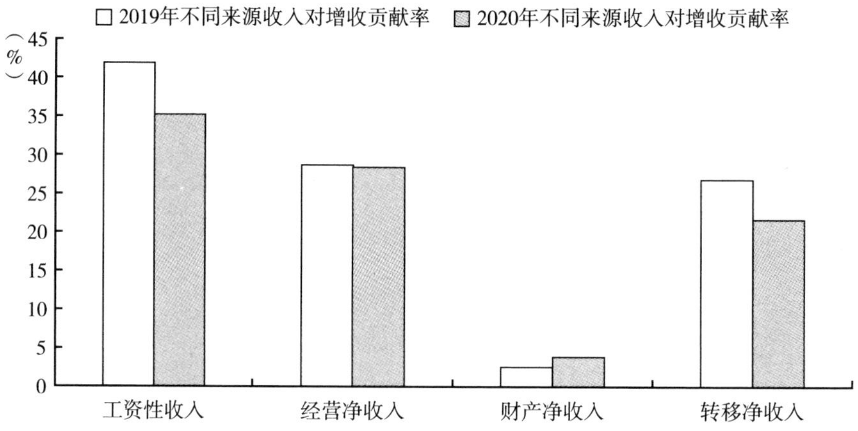

图 9　2019 年和 2020 年不同来源收入对农民增收贡献率比较

资料来源：国家统计局网站。

人，下降 2.7%；本地农民工 11601 万人，比 2019 年减少 51 万人，下降 0.4%。比较而言，本地农民工受新冠肺炎疫情影响较小。农民工月均收入水平继续提高，为 4072 元/人，比 2019 年增加 110 元/人，增长 2.8%。农民工数量减少，表明农民工资性收入增加对农民增收的贡献全部来源于月均收入水平的提高。

表 4　2016～2020 年农民工数量和月均收入水平及工资性收入对农民增收贡献率情况

年份	农民工总量（万人）	#外出农民工（万人）	#本地农民工（万人）	农民工月均收入水平（元/人）	工资性收入对农民增收贡献率（%）
2016	28171	16934	11237	3275	44.8
2017	28652	17185	11467	3485	44.6
2018	28836	17266	11570	3721	42.0
2019	29077	17425	11652	3962	41.9
2020	28560	16959	11601	4072	35.2

资料来源：《中国住户调查年鉴 2020》和《2020 年国民经济稳定恢复 主要目标完成好于预期》，国家统计局网站。

2020 年，农民工就业虽然影响到工资性收入对农民增收的贡献率，但是各类政策支持和各级政府服务对减少新冠肺炎疫情对农民就业冲击所发挥的积极作用仍然十分突出。实施就业优先政策，将农民工作为重点群体。春节之后一段时间通常是农民工外出务工寻找就业岗位的高峰。2020 年，受新冠肺炎疫情防控力度大等因素影响，春节之后农民工外出就业明显受阻。针对这种情况，相关部门引导各地农民工安全有序转移，通过“点对点”服务和运送，特别是鼓励东部省份在做好新冠肺炎疫情防控前提下积极吸纳贫困地区劳动力跨省就业。同时，进一步加大保障农民工工资及时足额支付力度，加强对返乡滞留乡村农民工创业就业支持。

经营净收入对农民增收贡献率略有下降。全年农民人均经营净收入 6077 元，比上年增加 315 元，对农民增收的贡献为 28.4%，贡献率比 2019 年低 0.4 个百分点。粮食增产，玉米、猪牛羊等价格高位运行，带来全年农民人均第一产业经营净收入比 2019 年名义增长 6.6%。其中，农业经营净收入 2888 元/人，比 2019 年名义增长 5.4%；牧业经营净收入 754 元/人，比 2019 年名义增长 14.8%。

财产净收入对农民增收贡献率有所上升。全年农民人均财产净收入 419

元，比上年增加 42 元，对农民增收的贡献为 3.7%，贡献率比 2019 年提高 1.2 个百分点。土地流转规模庞大。根据国家发展和改革委员会资料，2020 年全国农村承包耕地流转达到 5.55 亿亩。同时，农村集体产权改革加快，农民分红增多；农村宅基地改革深化，农民出租房屋收入也增加。农村土地和集体产权改革促进了农民增收。

转移净收入对农民增收贡献率明显提高。全年农民人均转移净收入 3661 元，比上年增加 363 元，对农民增收的贡献为 32.7%，贡献率比 2019 年提高 5.8 个百分点。新冠肺炎疫情发生后，中国进一步加大保基本民生力度，继续提高城乡居民基础养老金标准，上调最低生活保障标准，持续适度扩大覆盖面，农民因此受益；国家对参保的失业农民工发放一次性生活补助或临时生活补助。这些举措带来转移净收入对农民增收贡献率的提高，在一定程度上缓解了新冠肺炎疫情对农民增收带来的不利影响。

贫困地区农民收入继续保持更快增长。2020 年，贫困地区农民人均可支配收入 12588 元，比上年增加 1018 元，名义增长 8.8%；扣除价格因素，比上年实际增长 5.6%。贫困地区农民收入名义增长速度和实际增长速度分别比全国农民收入名义增长速度和实际增长速度高出 1.9 个百分点和 1.8 个百分点。在脱贫攻坚收官阶段，公共资源和社会资源对贫困地区支持力度大，帮扶措施全面，从贫困地区农民工就业到农产品销售，有力地促进了贫困地区农民增收。2020 年，转移净收入对贫困地区增收贡献最大，其次分别是工资性收入和经营净收入。全年贫困地区农民转移净收入为 3567 元/人，比 2019 年增加 405 元/人，贡献率达 40.0%；贫困地区农民工资性收入为 4444 元/人，比 2019 年增加 363 元，贡献率为 35.5%；经营净收入 4391 元，比上年增加 229 元，贡献率为 22.5%。

按当年价格计算，2020 年农民人均可支配收入 17131 元，是 2010 年的 2.7 倍；按 2010 年价格计算，2020 年农民人均可支配收入 13290 元，是 2010 年农民人均可支配收入的 2.1 倍，表明 2020 年农民人均可支配收入翻番目标实现。

农民人均消费支出增加。2020 年，农民人均消费支出 13713 元，比上年名义增长 2.9%；扣除价格因素，实际下降 0.1%。尽管 2020 年农民人均消费支出名义增长速度是历史最低的，且实际增长还出现了负数，但是，在新冠肺炎疫情影响较大年份，农民人均消费支出名义增速比城镇居民高出6.7个百分点，农民人均消费支出实际增速比城镇居民高出5.9个百分点。特别是在居民食物消费升级阶段农民食品消费增长强劲。

2020年，农村居民人均食品烟酒消费支出4479元（见表5），比上年名义增长12.0%，增速比上年加快2.3个百分点；农村居民人均食品烟酒消费支出增速比城镇居民快10个多百分点。城乡居民人均食品烟酒消费支出比率（以农村居民人均食品烟酒消费支出为1）已经降至1.76。农村居民人均食品烟酒消费支出连续多年保持较快增长，反映农村居民食物消费升级速度更快，城乡居民食品烟酒消费支出的差距在快速缩小。

表5　2016～2020年中国城乡居民人均食品烟酒消费支出比较

年份	人均食品烟酒消费支出（元）		城乡居民人均食品烟酒消费支出比率*	人均食品烟酒消费支出比上年名义增长（%）	
	城镇	农村		城镇	农村
2016	6762	3266	2.07	6.3	7.2
2017	7001	3415	2.05	3.5	4.6
2018	7239	3646	1.99	3.4	6.7
2019	7733	3998	1.93	6.8	9.7
2020	7881	4479	1.76	1.9	12.0

资料来源：《中国统计年鉴2020》和《2020年居民收入和消费支出情况》，国家统计局网站，2021年1月18日。

与城镇居民不同，2020年，农村居民人均食品烟酒消费支出比上年实际增长估计约3.5%。农村居民人均食品烟酒消费保持实际增长，但是恩格尔系数提升幅度较大，表明农村居民食品烟酒消费负担相对加重。

二　2021年中国农业农村经济形势展望与预测

2021年，国内外环境将继续深刻复杂变化，新发展阶段特征更加明显，对农业农村发展带来全面影响，也对农业农村现代化提出更高要求。

全球蔓延的新冠肺炎疫情难以完全结束，疫情反弹和长期持续的风险客观存在，国内外防输入和内防反弹的压力并存，必须进一步发挥好农业农村经济稳定发展和健康运行的支撑作用；世界百年未有之大变局正在加速演变，世界经济有望出现恢复性增长，但复苏不稳定不平衡带来国际市场运行不确定性，影响农产品进出口及农民工在涉外产业就业；居民食物消费加快升级，直接决定国内不同农产品及食品的差异性供给，直接关系农产品供求松紧和价格运行；全面推进乡村振兴，加快农业农村现代化，必须切实解决好“三农”问题，深化农村改革，强化惠农强农富农政策。这些都是决定2021年中国农业农村经济形势走向和实际运行状况的环境与条件。

1. 脱贫攻坚成果将进一步巩固拓展

为了更加巩固脱贫基础，确保不发生区域性成规模返贫，将保持主要帮扶政策总体稳定，还会接续对脱贫人口和脱贫地区持续进行更加有效的精准帮扶，并对新出现的贫困人口，及时地按照“两不愁、三保障”脱贫标准进行常态化帮扶，同时全面推进乡村振兴以实现产业扶贫到产业振兴的转变和升级。有了财力保障，就具备条件确保当地所有人口任何时候不再出现愁吃、愁穿以及愁上学、愁治病和愁住房情形（简称为确保“两不愁、三保障”）。即使一旦出现某人某时在“两不愁、三保障”方面有困难了，各地也有条件及时地帮助解决。全面建成小康社会之后，确保“两不愁、三保障”不仅是个人的问题，而且也是当地政府的责任。脱贫攻坚全面胜利之后，至少在五年过渡期内各类帮扶协作和对口支援机制将会完善和加强，并加大监督考核力度确保行之有效。帮扶力量稳定了，脱贫地区产业发展就可持续，贫困地区农民持续增收和社会持续发展的微观基础就更加坚实，区域性成规模返贫就可以避免。

2. 农业高质量发展继续推进

农业绿色转型发展，将进一步促进化肥农药减量化施用，农作物秸秆和畜禽粪污等资源化利用程度提高。2020年农产品整体高位运行，改善了多数农产品生产的比较效益，调动了农民发展农业生产的积极性。多年来，不断提高农业生产能力，加上食物消费升级拉动，将促进第一产业稳定增长，但第一产业增加值增速将会低于其他产业，在国民经济中所占比重会下降。预测 2021 年第一产业增加值将超过 8 万亿元，增长约 3%①；在国内生产总值中比重下降到 7.2%，回落 0.4 个百分点。

3. 农产品生产者价格和食品消费价格涨幅将较大幅度缩小

考虑到农产品供求关系都将进一步改善，长期供求关系偏紧的牛肉羊肉市场价格已经处于历史高位，涨幅再扩大的可能性较小。同时，考虑到国际市场农产品价格触底反弹的可能性较大，以及国内农业生产成本的上升等因素，农产品及食品价格全面下跌的可能性较小。预测 2021 年农产品生产者价格和食品消费价格涨幅在 5% 以内，农产品生产者价格涨幅缩小 10 个以上百分点，食品消费价格缩小 5 个以上百分点。

4. 农产品进出口总体规模进一步扩大

考虑到新发展阶段中国正在加快推进以国内大循环为主体、国内国际双循环相互促进的新发展格局形成，国内饲料粮和肉类等要更好地适应居民食物消费加快升级需要扩大进口，农产品进口规模将会继续扩大。农产品出口虽然存在相当大的不确定性，但优势农产品出口规模有望恢复性增长。预测 2021 年农产品进出口总规模超过 2500 亿美元，其中进口规模超过 1800 亿美元，出口规模恢复到 780 亿美元；农产品国际贸易逆差扩大到 1000 亿美元以上。

5. 粮食生产将扩大

由于 2020 年玉米和大豆等作物市场价格呈现加快上涨态势，年末的中央农村工作会议和 2021 年中央一号文件都强调要实行粮食安全党政同责，完善粮食安全省长责任制考核，有关政策即将出台，各地必将层层压实粮食生产责任，估计粮食播种面积恢复到 2017 年以前的水平，预测 2021 年达到 1.2 亿公顷（18 亿亩），增加 300 多万公顷。2021 年农民种粮积极性估计也是近年来较高水平。

① 本报告展望和预测部分描述的涨跌幅度在没有特别注明的情况下都是指以 2020 年为基期的 2021 年状况，所有展望结论和预测结果是本课题组的研究，与课题组成员所在单位无关。

2020年，粮食价格虽然总体小幅度上涨，但秋粮上市后玉米和大豆市场价格涨幅较大，种粮农民从中受益，2021年农民种粮动力明显增强。同时，国家发展和改革委员会公布了2021年生产的三等小麦最低收购价为每50公斤113元①，比2020年提高1元；2021年生产的三等早籼稻、中晚籼稻和粳稻最低收购价分别为每50公斤122元、128元和130元②。与2020年相比，早籼稻、中晚籼稻最低收购价格每50公斤都提高了1元，粳稻最低收购价格保持稳定。相比前几年国家要么调低最低收购价要么稳定最低收购价水平，2021年公布的最低收购价政策导向明确，鼓励农民多种粮多产粮。除小麦和稻谷最低收购价政策外，2021年中央一号文件提出要完善玉米、大豆生产者补贴政策，扩大稻谷、小麦、玉米三大粮食作物完全成本和收入保险试点范围，等等，这些政策措施都会进一步激励农民扩大粮食种植面积，加大粮食生产投入。

尽管粮食生产面临自然灾害等多种不确定性因素，但考虑到高标准农田建设规模将进一步扩大，2021年要开展农业关键核心技术攻关，加强优良品种选育推广，估计粮食单产水平可能进一步提高，每公顷稳定地超过5700公斤。基于历史上粮食总产量增长规律，考虑粮食价格和农业生产资料价格运行状况，综合粮食播种面积扩大和单产提高态势，预测2021年粮食总产量将超过6.8亿吨。

6. 油料种植面积将进一步扩大，油料总产量继续增加

2021年中央一号文件提出要多措并举发展油菜、花生等油料作物。受植物油需求继续扩大和油料副产品需求强劲等因素影响，近两年国际国内油料价格呈现上升态势，特别是国内花生价格上涨幅度较大，花生的单产水平不断提高，比较效益明显，估计2021年油料种植面积将进一步扩大到134万公顷，结合花生等单产水平较高的油料比重上升，国家高度重视种业发展，各地加大高产优质品种推广力度，假定有能力有条件将自然灾害影响控

① 《关于公布2021年小麦最低收购价格的通知》，国家粮食和物资储备局网站，2020年10月30日。

② 《关于公布2021年稻谷最低收购价格的通知》，国家粮食和物资储备局网站，2021年2月26日。

制在受灾面积所占比重10%以内，预测2021年油料总产量达到3700万吨，比上年增加115万吨。

7. 糖料生产保持基本稳定

考虑到2021年国际市场食糖价格将延续上年触底反弹态势，但仍属于价格低位运行，进口食糖价格上涨虽然可能带来国内糖料价格小幅度上涨，但不足以改变国内糖料种植效益偏低格局，估计2021年糖料种植面积达到155万公顷，比上年小幅度减少2万公顷；预测2021年糖料总产量1.2亿吨，比上年略有减少。

8. 棉花生产结构还将进一步调整

国际市场棉花供过于求，价格仍将低位运行，甚至可能还将进一步下降，国内棉花价格仍然高于国际价格，除新疆外其他地区棉花种植效益可能还将下滑，这些因素势必导致长江流域和黄河流域棉花种植面积进一步缩小，影响全国棉花总产量。考虑到棉花国际市场价格低迷，扩大棉花进口压力大，加上国内棉花种植效益不高以及新疆棉花种植面积以稳定为导向，估计2021年棉花种植面积进一步缩小到310万公顷，比上年减少7万公顷。考虑到棉花减少的地区仍然是长江流域和黄河流域，新疆棉花种植面积虽然没有扩大但所占比重上升，新疆棉花单产水平较高，会抵消部分因棉花种植面积减少带来的总产量减少幅度，预测2021年全国棉花总产量580万吨，比上年减产9万吨。

9. 肉类总供给将明显增加

尽管牛肉和羊肉国内产量继续保持稳定小幅度增加态势，肉类进口量可能是较小幅度增加，但受猪肉产量明显增加影响，带动肉类总体较大幅度增加。预测全年肉类总供给量超过9500万吨，比2020年增加近1000万吨。其中，猪牛羊禽肉产量超过8500万吨，比2020年增加约1000万吨；肉类进口超过1000万吨，比2020年增加超过10万吨。

10. 肉类价格总体上将呈现高位波动运行态势

尽管牛肉和羊肉供求偏紧关系短期内较难改变，但在猪肉价格难以上涨的情况下也很难再高位上涨。如果不发生不可控的疫情，生猪和猪肉价格相比2020年可能下跌，猪肉和牛羊肉之间的替代弹性明显增大。受肉类供求总体仍然偏紧影响，肉类之间比价调整和市场均衡价格发现过程不可避免地带来价格波动等影响，估计2021年肉类总体价位较高，涨幅比2020年明显缩小，年内不同时点和时间段的价格时高时低也较明显。

11. 猪肉供给将明显增加

生猪生产能力全面恢复后进一步实现增长，猪肉将明显增产。2020年末，全国生猪存栏40650万头，比2019年末增加9609万头，增长31.0%，这些虽然是在2020年养殖的生猪，但绝大多数都将变成2021年的猪肉产量。生猪生产能力的提升，生猪养殖高利润的驱使，国家对生猪养殖实施的一系列优惠政策，都有助于调动市场主体扩大生猪养殖积极性。2021年，虽然生猪养殖仍然面临非洲猪瘟等不确定因素，但是因回报高、防疫措施到位以及几年来各地各养殖主体应对非洲猪瘟经验的积累，生猪产量将较大幅度增长。预测猪肉产量约5000万吨，比2020年增加约800万吨，增长20%以上。

考虑到进口猪肉的国际市场已经打开，国际国内猪肉价格差较大，进口猪肉动力强劲，估计2021年进口猪肉及杂碎超过600万吨，比2020年增长5%以上。这样，进口猪肉及杂碎和国内生产的猪肉合计量将超过5600万吨，全年猪肉供给量接近历史最高水平。尽管如此，由于较低收入群体食物消费升级加快，乡村建设有效地改善了农村物流条件，农民对猪肉消费的潜在需求不断释放，市场对猪肉需求量已经明显地超过历史最高水平，因此猪肉供求处于偏紧的关系估计不会根本改变。

12. 猪肉价格整体上将呈现不断回落态势

2020年生猪和猪肉价格走势已经呈现逐季高位回落态势，估计2021年生猪和猪肉价格进一步地从高位回落。考虑到国内生猪产能扩大和进口量增加，有助于缓解国内市场供求紧张关系，促进生猪和猪肉价格从高位回落，但是相对于不断增长的需求来说，生猪和猪肉供求关系在2021年进入宽松状态的可能性相当小，因此2021年生猪和猪肉价格整体上将呈现高位波动回落态势。

13. 禽蛋生产稳定扩大，价格低位运行

尽管禽蛋市场价格波动较大，生产周期性强，但与国际市场几乎没有关联，且生产恢复快，估计全年禽蛋产量将增加到3500万吨，比2020年增加50万吨左右，禽蛋价格继续低位波动运行。

14. 牛奶产量继续增产，价格总体稳定

在奶业振兴计划刺激下，加上居民食物消费升级将进一步扩大牛奶消费，牛奶市场价格总体保持平稳，估计全年牛奶产量将增加到3600万吨以上，比2020年增加160万吨以上，乳品进口规模进一步扩大，但牛奶市场价格继续保持总体平稳。

15. 水产品产量和进出口总体稳定的格局继续保持

受禁捕退捕等措施影响，国内渔业养殖规模进一步扩大，其在水产品总供给中比重将进一步提高。预测2021年水产品产量6600万吨，其中养殖水产品5300万吨，养殖水产品产量所占比重进一步提高到81%；海产品外向程度继续较高，出口可能会进一步扩大，进出口额继续保持顺差在50亿美元以上，但不确定性较大。多年来，水产品需求弹性大，市场价格总体波动幅度小，估计2021年这种格局不会改变。

16. 农民收入加快增长，城乡居民收入差距进一步缩小

国内生产总值预期增长目标6%以上，意味着农民工外出就业机会更多，工资性收入对农民增收的贡献率将恢复到常年水平。全面推进乡村振兴，各地大力发展乡村富民产业，估计会有更多农民就业创业机会，不仅带来家庭经营二三产业净收入的增加，而且还持续增加工资性收入。国家完善农业支持保护制度，提高小麦和稻谷最低收购价，扩大三大主粮完全成本保险和收入保险，各地探索特色优势农产品支持措施，政策性转移收入还将保持较快增长。预测2021年农民人均可支配收入1.9万元，城乡居民收入相对差距（倍差）缩小到2.56以下。

三　新发展阶段保障国家粮食安全和推进乡村建设的思路

2021年，是中国共产党成立100周年，是中国全面开启建设现代化国

家新征程之年，是中国“十四五”开局之年，也是全面推进乡村振兴之年。中国发展进入新阶段，农业农村发展也不例外。2020 年底召开的中央农村工作会议、2021 年 2 月下旬公开的中央一号文件和 3 月发布的政府工作报告，都明确提出 2021 年农业农村经济高质量发展和健康运行的目标任务，包括实现巩固拓展脱贫攻坚成果与乡村振兴有效衔接，提升粮食和重要农产品供给保障能力，实施乡村建设行动。习近平总书记在全国脱贫攻坚总结表彰大会上讲话强调，“一分部署，九分落实”。要实现 2021 年“三农”工作目标任务，关键在于将中央提出的各项政策措施因地制宜地贯彻好、落实到位。

（一）巩固拓展脱贫成果并实现其与乡村振兴有效衔接

中央相关政策已经明确，对脱贫县从脱贫之日起设立 5 年过渡期，保持主要帮扶政策总体稳定，对易地扶贫搬迁群众做好后续扶持，实现巩固拓展脱贫攻坚成果与乡村振兴有效衔接，将在西部脱贫县中集中支持一批乡村振兴重点帮扶县。落实这些政策措施，关键在于继续加大脱贫地区帮扶力度，完善帮扶方式，提高脱贫地区内生发展能力，顺利地实现由脱贫攻坚向全面推进乡村振兴转移。

中国各地经济发展水平差异较大，总体上说东部地区经济相对发达，而西部地区经济相对落后，摘帽脱贫县主要集中在西部地区。中国依靠自身的行政动员能力强优势，让经济相对发达的某个地区确定地对应帮扶经济欠发达的某个地区，形成了东西部协作帮扶机制。东部经济发达地区除财力给予对应协作地区直接支持外，还将产业转移到对应协作地区，还对协作地区农民进行培训，提高其技能，大规模地转移协作地区的农村劳动力，这些举措对脱贫攻坚全面胜利发挥了重要作用。中国也利用自身强有力的组织动员力量，在扶贫特别是脱贫攻坚期间让中央各单位都对应支持相应的贫困县，也动员了大量企业到贫困县扶贫。

全面推进乡村振兴，要稳定帮扶力量。要加大监督考核力度，避免帮扶施予单位撤出或者减轻帮扶力度。要让在脱贫地区创办的企业和其他社会力量进一步谋求发展和开拓市场。要为易地搬迁农民提供更多的培训机会和就业机会，提高他们的技能，多渠道促进就业，促进工资水平不断提高。中西部很多脱贫不久的地区，非农产业不发达，经济实力非常有限，建设人才也比较缺乏，实施乡村建设行动难度更大，更需要上级，尤其是中央级公共资源投入，也需要社会力量和经济发达地区帮扶力量支持。支持脱贫县乡村振兴，除产业升级和就业帮扶外，也包括基础设施、公共服务、人居环境和村庄布局等乡村建设。

（二）更好地把住国家粮食安全主动权

新发展阶段，中国粮食供给和消费来源日益多元化，保障粮食安全的要求更高更复杂。考虑到新发展阶段中国经济社会发展面临的新形势，必须继续发挥好粮食保供稳价对经济社会全局的支撑作用。粮食供求关系及其价格走势，既是国民经济运行的重要组成部分，又对其他行业、部门和产业产生广泛影响。以稻谷和小麦为代表的供给保障状况及其价格水平，直接影响人们的生活水平和工资水平。以玉米和大豆为代表的供给保障状况及其价格水平，直接影响养殖业成本，关系到居民的“菜篮子”和食品消费的经济负担。粮食价格还是形成其他农产品及其加工品比价的基础。

2021 年，确保粮食总产量 6.5 亿吨以上，力争玉米等供求关系能够再度宽松，做好饲料粮的保供稳价工作，促进生猪生产加快恢复和牛羊等产业加快发展，除了层层压实粮食生产责任之外，关键是要强化政策措施在保护和调动农民种粮积极性方面的积极作用。2021 年中央一号文件对调动农民种粮积极性的政策措施提出重要意见，包括坚持并完善稻谷、小麦最低收购价政策，完善玉米、大豆生产者补贴，扩大稻谷、小麦、玉米三大粮食作物完全成本保险和收入保险试点范围，等等，核心是能让种粮农民获得政策性补贴实现合理收益。同时，要加强粮食市场监测，合理引导市场主体预期，及时通过增加供给和定向拍卖等有效措施对市场异常波动进行调控，促进价格稳定和市场健康运行。

粮食供给要更好地适应并满足人们食物消费升级需要。近年来，中国粮食供求关系有了明显变化，由前几年的结构性相对过剩向偏紧转变。近年来，高价位运行的主要食品价格，让居民食物消费支出所占比重不降反升。粮食连年增产或丰收，国家粮食安全有保障。在此基础上，考虑到近年来粮食供求形势的急剧变化，保障国家粮食安全要有新理念新思路新举措。新发展阶段国家粮食安全，不仅要守住底线，而且还要适应中国居民，特别是农村居民食物消费加快升级的变化。随着经济发展和现代化推进，居民食物消费升级，粮食消费和需要不仅总量将会增加，而且结构还会发生深刻变化。

多年来，中国粮食产需缺口总体上不断扩大，粮食生产结构又滞后于粮食消费升级，造成粮食供求结构性矛盾，而且中国对粮食供求结构性矛盾认识不足，全国性的结构调整虽然有时会缓解粮食供求结构性矛盾，但往往又会带来粮食供求关系整体性改变。新阶段，要掌握并尊重粮食消费升级规律，依据粮食消费格局演变趋势，主动优化粮食生产结构和资源配置，持续维护粮食供求宽松关系。在粮食政策上，不仅要采取措施提高粮食综合生产能力，而且要引导各地发挥优势优化粮食生产结构，提高粮食品质和专用性，避免粮食供求结构性矛盾的加剧。在稳定以稻谷和小麦等为代表的口粮生产的同时，重点扩大玉米等饲料粮生产。

守住国家粮食安全底线要抓住耕地和种子两个关键。从长远来看，提高国内粮食生产能力，一靠耕地或者种植面积，二靠单产水平。进一步地，耕地或者粮食种植面积，主要靠稳定，大规模增加的可能性极低。稳定粮食种植面积，主要是完善法律和行政措施，做好禁止“非农化”和防止“非粮化”工作。提高单产水平，根本要靠地力保护和科技创新。

要建成7亿吨乃至7.5亿吨粮食生产能力，需要18亿亩种植面积作基础。城镇化、工业化需要建设用地，农村三产融合发展和乡村建设也需要占用土地。人均耕地少和后备耕地资源缺乏是中国基本国情。粮食比较效益偏低格局不可能也不会改变。这些都决定了主要不能通过市场化手段解决耕地资源禀赋劣势和各种建设“争地”难题。要加快《粮食安全保障法》立法进程，完善各级粮食安全责任制，党政同责，严守耕地红线和永久基本农田，进一步推进新一轮高标准农田建设，完善粮食生产功能区建设及管理办法，探索国家粮食安全产业带建设路径，把粮食种植面积稳定好，为提高粮食单产水平提供耕地支撑。

要建成7亿吨乃至7.5亿吨粮食生产能力，需要将粮食亩产提高到400公斤以上。18亿亩种植面积，只有可持续的400公斤以上亩产，才能实现7亿吨以上的粮食生产能力。粮食亩产不断提高，绝不能走不惜牺牲资源环境等代价追求高产的老路。不断地提高有效可持续粮食单产，根本要靠科技力量。过去，中国通过自主创新和国外引进繁育良种等实现了单产水平不断提高。中国农业科技水平处于世界前列之后，靠引进农业科技提高单产的路子就难以走得通了。更何况，国外的先进科技未必适合中国国情，未必能够形成中国有效的粮食生产能力。与此同时，引进农业科技还随时面临着“卡脖子”等风险。农业科技必须自立自强，突出抓好核心领域的基础研究，引领有效可持续提高粮食单产各方面的技术攻关，特别是做好种质资源保护利用工作，大力推动以企业为主体的粮食优良品种育繁推体系建设和基地建设，走出一条有中国特色的提高玉米和大豆等粮食作物单产水平的科技创新之路。

要主导和积极参与全球粮食安全治理。长期来看，全球农业生产能力提升速度仍将快于人口增长速度，意味着世界农产品市场将维持宽松运行，全球粮食安全状况将不断改善。这为中国全面推进现代化、满足居民食物消费加快升级需要以及构建国内国际双循环新发展格局带来新机遇和新挑战。

中国粮食进口战略及其举措，对世界粮食安全影响深远，是参与和主导全球粮食安全最有力的手段。中国居民食物消费升级，将带来粮食更多更广泛的需求。中国新增粮食需求，应适度给其他粮食出口国家提供市场机会，与世界其他国家分享新增粮食市场空间。中国实施大豆振兴计划，并不是替代大豆进口，而是希望国内大豆产量和国际市场大豆进口量双双都能够增长。

中国经济实力增强带来国际市场上粮食购买力的大幅度提升，但这并不意味着中国将威胁其他国家粮食安全。20世纪90年代，国际上有学者预言中国经济发展到一定水平后会将国际贸易中的粮食全部进口到国内，让缺粮国家无粮可吃。中国粮食安全战略和解决国内粮食问题的做法，都充分表明事实并非如此。中国通过制定国家粮食安全战略并采取切实行动的根本目的，是强化以我为主和立足国内提高粮食综合生产能力来不断提高国家粮食保障水平。

中国鼓励企业进口粮食来源多渠道多元化，既有助于管控和降低国家粮食安全风险，也有助于消除对世界缺粮国家粮食安全造成威胁。中国参与和主导全球粮食安全治理，不仅要积极参与和支持联合国粮农组织等国际组织，而且要积极推动新一轮世界贸易组织谈判，将保障全球粮食安全和各国粮食安全纳入构建的国际贸易新秩序中，彻底解决改善粮食安全与扩大国际贸易之间的冲突，重建世界贸易组织农业新规则。

中国要参与和主导全球粮食安全治理，还需要对国际社会提出的基于健康长寿和生态环境改善目标的未来人类粮食安全理念充分理解和深入研究，更好地与国际社会对话和沟通，共同推进可持续粮食消费理念的树立和平衡足量全面营养粮食消费行为的养成，更加注重粮食生产的绿色转型，采取切实行动促进节粮减损。

（三）以乡村建设行动为抓手全面推进乡村振兴

中央相关文件已经对大力实施乡村建设行动作出了全面部署，提出要加快推进村庄规划工作、加强乡村公共基础设施建设和实施农村人居环境整治提升五年行动等重点工作的具体意见。考虑乡村建设需要动用公共资源，全国各地村情及农民需求差异大，要确保乡村建设取得实效，让农民有更多获得感、幸福感和安全感，构建一个完善的乡村建设推进机制至关重要。

实施乡村建设行动要以合理分配公共资源投入建设为主导。乡村建设，重点是公共基础设施建设和基本公共服务均等化、农村人居环境整治提升、村庄布局及其建设。完成这些目标任务，坚持农民主体地位和发挥市场主体有效作用十分重要，但无法替代公共资源的投入。自从中央确立把解决好“三农”问题作为全党工作重中之重以来，中央一直坚持这一重大原则分配公共资源投入乡村公共基础设施建设和公共服务均等化上，成效显著，农民获得感最强、满意度最高。

党的十九大提出实施乡村振兴战略以来，中国已经开展了农村人居环境整治三年行动，几千万农户厕所得到了改造，农民用上卫生厕所。农村人居环境整治，遏制了农村生活环境恶化的势头，让越来越多的农民生活在美丽卫生的环境中。实施乡村建设行动，还要分配公共资源投入村庄布局、规划、保护和建设上。

以公共资源投入为主体或者主导实施乡村建设行动，主要原因是乡村建设的重点任务多数是属于公益性的，且投资规模庞大，不适宜私人投资。对全国绝大部分地区，特别是中西部地区的农民来说，自身投资能力十分有限，乡村建设需要投入的资金、人力和必要的建设用地供给保障，都超越了大多数农民自身的能力。如果没有公共资源投入，即使农民负担加重很多，乡村建设也难以取得显著的实质性进展，缩小城乡发展差距也只能是空谈。

要探索建立健全乡村建设推进机制。实施乡村建设行动，一个难点在于公共资源如何使用的问题。乡村建设的内容及其工程等，主要发生在乡村，建设的最终目的是让当地农民共享现代文明，而公共资源往往来源于乡村外的上级或者其他地区，特别是中西部地区基本上要靠外部注入有效资源。

在推进乡村建设实践中，往往都是由资源提供者决定资源的使用。以上级财政投入为主体或者主导的乡村建设，和其他公共工程类似，一般都是顶层设计出相关项目，然后争取到预算，或者先争取到预算，再设计出相关项目。一旦争取到资金，无论是事前拨付，还是以奖代补形式拨付资金，都会按照项目设计实施乡村建设。达到一定资金规模的项目，规定都需要向社会公开招标。由财政预算推进的乡村建设项目，整个过程中农民实际上很少有机会能够参与进来。这种乡村建设的推进机制，属于自上向下的推进机制。

毫无疑问，自上向下推进乡村建设，财政绩效一定会得到保障。但是，财政绩效不等于农民获得感。中西部地区，上级财政在一些乡镇建设了现代化校舍，但由于师资力量不足，教学质量得不到保证，当地农民不愿将子女送到当地乡镇学校上学。一些地方按照农村厕所标准化帮农民改造了厕所，由于农民无法参与厕所设计和样式选择，加上可能污水排放没有配套，结果是厕所改造了但农民用不上，成了累赘的摆设。这些现象虽然还不是普遍性问题，但反映的是乡村建设的推进机制这个根本性问题。

中国地域广阔，各地乡村差异很大，制约农民分享现代化成果的因素极其复杂。即使是同一个地方，不同农民对乡村建设的内容及其迫切性差异也很大。乡村建设的投入、建设和受益主体往往又是分离的，这就决定了必须构建一个有效的推进机制，将配置的公共资源、动员的社会资源，因地制宜，组合优化好，加以切实推进，才能确保取得实效。

习近平总书记在全国脱贫攻坚总结表彰大会上的讲话强调，要“走中国特色社会主义乡村振兴道路，持续缩小城乡区域发展差距，让低收入人口和欠发达地区共享发展成果，在现代化进程中不掉队、赶上来”；要“加快农业农村现代化步伐，促进农业高质高效、乡村宜居宜业、农民富裕富足”。农村现代化的过程就是逐步解决好“三农”问题的过程，就是逐步缩小城乡差距的过程。农村现代化的实现就是城乡差距的基本消除。

分配公共资源，无论是投入农村基础设施和公共服务建设、农村人居环境整治，还是村庄布局规划、保护和建设，首要目的是让农民过上现代美满的生活，在此基础上重点是进一步增强内生发展动力，提升乡村自我发展能力和条件，实现城乡融合发展。

习近平总书记在中央农村工作会议上强调，“全面实施乡村振兴战略的深度、广度、难度都不亚于脱贫攻坚”。2021 年中央一号文件明确全面推进乡村振兴要引入脱贫攻坚工作中形成的组织推动、要素保障、政策支持、协作帮扶和考核督导等工作机制，以实施乡村建设行动为主要抓手，不断探索和完善乡村全面振兴推进措施，加快实现农业农村现代化。

参考文献

习近平：《在全国脱贫攻坚总结表彰大会上的讲话》，新华网，2021 年 2 月 25 日。

《习近平在中央农村工作会议上强调 坚持把解决好“三农”问题作为全党工作重中

之重 促进农业高质高效乡村宜居宜业农民富裕富足》，新华网，2020 年 12 月 29 日。

李克强：《政府工作报告——2021 年 3 月 5 日在第十三届全国人民代表大会第四次会议上》，新华网，2021 年 3 月 12 日。

财政部：《关于 2020 年中央和地方预算执行情况与 2021 年中央和地方预算草案的报告——2021 年 3 月 5 日在第十三届全国人民代表大会第四次会议上》，新华网，2021 年 3 月 13 日。

财政部调研小组：《2020 年中国财政政策执行情况报告》，财政部网站，2021 年 3 月 6 日。

国家发展和改革委员会：《关于 2020 年国民经济和社会发展计划执行情况与 2021 年国民经济和社会发展计划草案的报告——2021 年 3 月 5 日在第十三届全国人民代表大会第四次会议上》，新华网，2021 年 3 月 13 日。

《2020 年国民经济稳定恢复 主要目标完成好于预期》，国家统计局网站，2021 年 1 月 18 日。

《中华人民共和国 2020 年国民经济和社会发展统计公报》，国家统计局网站，2021 年 2 月 28 日。

《国家统计局农村司司长李锁强解读棉花生产情况》，国家统计局网站，2020 年 12 月 18 日。

《中华人民共和国国民经济和社会发展第十四个五年规划和 2035 年远景目标纲要》，新华网，2021 年 3 月 12 日。

《中共中央 国务院关于全面推进乡村振兴 加快农业农村现代化的意见》，新华网，2021 年 2 月 21 日。

《渔业绿色发展显成效》，农业农村部网站，2020 年 12 月 31 日。

《应急管理部发布 2020 年全国自然灾害基本情况》，应急管理部网站，2021 年 1 月8 日。

FAO, Food Outlook-Biannual Report on Global Food Markets, November 2020. Rome.

FAO, Crop Prospects and Food Situation-Quarterly Global Report No. 1, March 2021. Rome.

专 题 篇

Special Reports

G.2

2020年农村居民收入与消费状况分析

王 冉　尚梦琦*

摘　要：2020年，农村居民收入继续较快增长，城乡居民和农村内部收入差距继续改善；农村居民消费支出继续增长，基本民生得到有力保障。2020年农村居民人均可支配收入17131元，比上年名义增长6.9%，扣除价格因素影响，实际增长3.8%。2020年农村居民人均消费支出13713元，比上年增长2.9%；扣除价格因素，实际下降0.1%。2020年农村居民恩格尔系数为32.7%，比上年回升2.7个百分点。贫困地区农村居民人均可支配收入增长快于全国农村居民。2020年贫困地区农村居民人均可支配收入12588元，比2019年名义增长8.8%，扣除价格因素影响，实际增长5.6%，实际增速比全国农村高1.8个百分点。

* 王冉，国家统计局住户调查司统计师，研究方向为居民收支统计；尚梦琦，国家统计局住户调查司统计师，研究方向为贫困监测统计。

关键词： 农村居民收入 消费支出 恩格尔系数

一 农村居民收入继续较快增长

2020年农村居民人均可支配收入17131元，比上年名义增长6.9%（见表1），扣除价格因素影响，实际增长3.8%。与2010年相比，按现价看，2020年农村居民人均可支配收入是2010年的2.73倍。按可比价看，2020年农村居民人均可支配收入是2010年的2.12倍，实现比2010年收入翻一番的目标。受新冠肺炎疫情冲击影响，2020年农村居民人均收入增速有所放缓，名义增速比上年回落2.7个百分点，实际增速比上年回落2.4个百分点。

表1 2020年全国农村居民收入情况

单位：元，%

指 标	收入水平	名义增速
人均可支配收入	17131	6.9
1. 工资性收入	6974	5.9
2. 经营净收入	6077	5.5
（1）一产净收入	3978	6.6
# 农业	2888	5.4
# 牧业	754	14.8
（2）二三产净收入	2099	3.3
3. 财产净收入	419	11.0
4. 转移净收入	3661	11.0

（一）工资性收入增速有所回落

2020年，农村居民人均工资性收入6974元，增长[①] 5.9%，增速比上年

① 以下如无特别说明，均为比上年名义增长。

回落3.9个百分点，但比前三季度加快1.2个百分点。主要是农民工月均收入水平增长2.8%，农村本地非农从业人员增加较多，共同带动农村居民工资性收入增长。农村居民人均工资性收入占人均可支配收入的比重为40.7%，比上年下降0.4个百分点；对农村居民增收的贡献率为35.2%，比上年下降6.6个百分点。工资性收入仍为农村居民增收的第一推动力，但增收贡献率有所下降。

（二）一产增收支撑经营净收入增长

2020年，农村居民人均经营净收入6077元，增长5.5%，增速比上年回落2.0个百分点；占人均可支配收入的比重为35.5%，比上年下降0.5个百分点；对农村居民增收的贡献率为28.4%，比上年下降0.4个百分点。农村居民经营净收入呈现一产稳定增长、二三产增速回落的特点。

一产经营净收入稳定增长。农村居民人均第一产业经营净收入3978元，增长6.6%，拉动人均经营净收入增长4.3个百分点，有力支撑农村居民经营净收入的增长。其中：人均农业净收入增长5.4%，比上年加快0.3个百分点；人均牧业净收入增长14.8%，比上年加快0.5个百分点。主要是粮食产量再获丰收，2020年粮食总产量增长0.9%，生猪出栏加快恢复，以及玉米、猪牛羊等部分农牧产品价格高位运行，都拉动了农村居民经营净收入的增长。二三产经营净收入增速有所回落。农村居民人均二三产经营净收入2099元，增长3.3%，增速比上年回落5.4个百分点。

（三）财产净收入加快增长

2020年，农村居民人均财产净收入419元，增长11.0%，增速比上年加快0.7个百分点。其中，受返乡创业人员增多、土地流转力度加大影响，人均转让承包土地经营权租金净收入增长12.0%，人均红利收入增长9.7%，人均出租房屋净收入增长5.9%。农村居民人均财产净收入占人均可支配收入的比重为2.4%，与上年持平；对农村居民增收的贡献率为3.7%，比上年提高1.2个百分点。

（四）转移净收入保持两位数增长

2020年，农村居民人均转移净收入3661元，增长11.0%，增速比上年回落1.9个百分点。主要是居民基础养老金标准继续上调，养老保险覆盖面持续扩大，人均养老金和离退休金增长11.0%；各地持续加大对低收入困难群体保障力度，人均社会救济和补助、政策性生活补贴分别增长20.3%和13.4%。农村居民人均转移净收入占人均可支配收入的比重为21.4%，比上年提高0.8个百分点；对农村居民增收的贡献率为32.7%，比上年提高5.8个百分点。转移净收入稳定增长，占比不断提高，贡献率明显提升，对农村居民持续增收发挥重要作用。

二　城乡之间和农村内部收入差距有所改善

（一）城乡居民相对收入差距继续缩小

2020年，农村居民人均可支配收入比上年名义增长6.9%，实际增长3.8%。城镇居民人均可支配收入43834元，比上年名义增长3.5%，实际增长1.2%。农村居民人均可支配收入名义增速和实际增速分别快于城镇居民3.4个和2.6个百分点。城乡居民收入相对差距继续缩小，2020年城乡居民人均可支配收入比为2.56，比上年下降0.08（见图1），是党的十八大以来下降最快的一年。“十三五”以来城乡居民人均可支配收入比累计下降0.17，党的十八大以来城乡居民人均可支配收入比累计下降0.32。

（二）地区间农村居民收入相对差距继续缩小

分区域看，2020年东部、中部、西部和东北地区①农村居民人均可支

---

① 东部地区：北京、天津、河北、上海、江苏、浙江、福建、山东、广东、海南；中部地区：山西、安徽、江西、河南、湖北、湖南；西部地区：内蒙古、广西、重庆、四川、贵州、云南、西藏、陕西、甘肃、青海、宁夏、新疆；东北地区：辽宁、吉林、黑龙江。

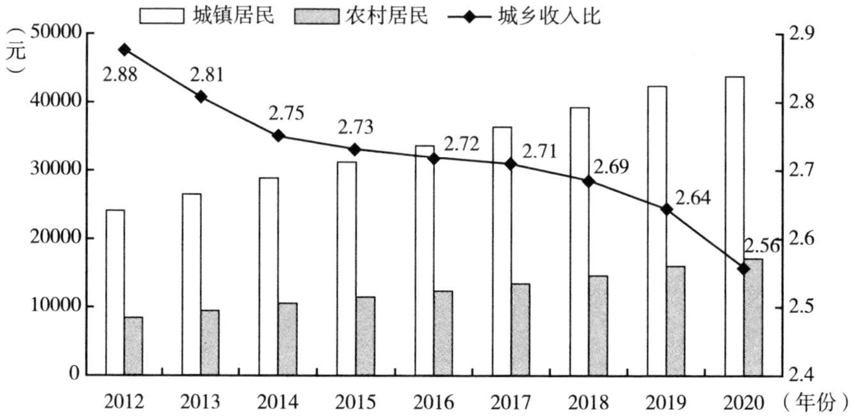

图 1　2012～2020 年城乡居民人均可支配收入及城乡收入比

配收入分别为 21286 元、16213 元、14111 元和 16582 元。与 2019 年相比，名义增速分别为 6.5%、6.0%、8.3%和 8.0%。西部地区农村居民收入增长最快，名义增速分别快于东部、中部和东北地区农村居民 1.8 个、2.3 个和 0.3 个百分点（见表 2）。地区间农村居民收入相对差距缩小。以西部地区为 1，2020 年东部和中部与西部地区农村居民可支配收入之比分别为 1.51 和 1.15，比 2019 年分别下降 0.02 和 0.02；2020 年东北地区与西部地区的农村居民可支配收入之比为 1.18，与 2019 年基本持平。

表 2　2020 年分区域的农村居民收入情况

单位：元，%

区域	农村居民人均可支配收入		
	2020 年绝对值	2019 年绝对值	名义增速
全国	17131	16021	6.9
东部地区	21286	19989	6.5
中部地区	16213	15290	6.0
西部地区	14111	13035	8.3
东北地区	16582	15357	8.0

（三）农村居民高、低收入组收入相对差距有所缩小

按人均可支配收入从低到高进行五等份分组，2020 年农村居民低收入组、中间偏下收入组、中间收入组、中间偏上收入组和高收入组人均可支配收入分别为 4681 元、10392 元、14712 元、20884 元和 38520 元，分别比上年增长 9.8%、6.5%、5.2%、5.8%和 6.9%，其中低收入组收入增长最快（见表 3）。农村低收入人群从惠农惠民政策和精准扶贫战略中获得的增收效应更强。2020 年高、低收入组农村居民人均可支配收入之比由 2019 年的 8.46∶1缩小为 8.23∶1。

表 3　2020 年农村居民按收入五等份分组的收入情况

单位：元，%

组别	农村居民人均可支配收入		
	2020 年绝对值	2019 年绝对值	名义增速
低收入组	4681	4263	9.8
中间偏下收入组	10392	9754	6.5
中间收入组	14712	13984	5.2
中间偏上收入组	20884	19732	5.8
高收入组	38520	36049	6.9

三　农村居民消费支出继续增长，基本民生得到有力保障

（一）农村居民消费继续增长

2020 年农村居民人均消费支出 13713 元，比上年增长 2.9%（见表 4）；扣除价格因素，实际下降 0.1%。随着党中央、国务院统筹疫情防控和经济社会发展取得重大战略成果，农村居民消费支出降幅逐季收窄，呈现持续恢复态势。2020 年第一季度农村居民人均消费支出名义下降 5.4%，上半年农

村居民人均消费支出名义下降1.6%，前三季度农村居民人均消费支出名义增长0.8%，全年农村居民人均消费支出名义增长2.9%。分城乡看，2020年农村居民消费支出增速快于城镇居民，名义增速快于城镇居民6.7个百分点，实际增速快于城镇居民5.9个百分点。

表4　2020年农村居民消费支出情况

单位：元，%

指标	消费水平	名义增速
人均消费支出	13713	2.9
其中:食品烟酒	4479	12.0
衣着	713	-0.1
居住	2962	3.2
生活用品及服务	768	0.5
交通通信	1841	0.2
教育文化娱乐	1309	-11.7
医疗保健	1418	-0.2
其他用品及服务	224	-7.1

1. 食品烟酒支出增长12.0%

2020年，农村居民人均食品烟酒支出4479元，比上年增长12.0%，基本生活得到有力保障。受疫情影响，居民外出就餐活动减少，人均饮食服务消费支出下降3.4%。

2. 衣着支出下降0.1%

受疫情影响，城乡居民外出活动减少，衣着消费需求下降。2020年，农村居民人均衣着支出713元，比上年下降0.1%。

3. 居住支出增长3.2%

2020年，农村居民人均居住支出2962元，比上年增长3.2%。受疫情影响，农村居民居家时间增多，居住支出增加。其中，人均水电燃料及其他支出增长3.2%。

4. 生活用品及服务支出增长0.5%

2020年，农村居民人均生活用品及服务支出768元，比上年增长

0.5%。受居家时间增加带动，人均家庭日用杂品支出增长3.4%，人均个人用品支出增长14.1%。

5. 交通通信支出增长0.2%

2020年，农村居民人均交通通信支出1841元，比上年增长0.2%。疫情防控期间，农村居民出行减少，人均交通支出下降3.7%。但受疫情影响，居民对通信产品和服务的需求增加，人均通信支出增长11.3%。

6. 教育文化娱乐支出下降11.7%

2020年，农村居民人均教育文化娱乐支出1309元，比上年下降11.7%，是受疫情影响最大的消费类别。教育培训、文娱健身、旅游等接触型、聚集型服务消费活动受到限制，人均教育支出下降10.6%，人均文化娱乐支出大幅下降16.3%。

7. 医疗保健支出下降0.2%

2020年，农村居民人均医疗保健支出1418元，比上年下降0.2%。受疫情影响，居民更加注重健康防护，外出就医活动有所减少。其中，人均医疗器具与药品支出下降0.1%，人均医疗服务支出下降0.3%。

8. 其他用品及服务支出下降7.1%

2020年，农村居民人均其他用品及服务支出224元，比上年下降7.1%。其中，包括旅馆住宿、美容美发等在内的人均其他服务支出下降0.6%。

（二）农村居民恩格尔系数有所回升，基本民生得到有力保障

受疫情影响，教育文化娱乐、交通等支出下降，但是食品烟酒等基本生活消费保持刚性增长，使得食品烟酒消费支出在农村居民消费支出中的比重有所上升。2020年农村居民恩格尔系数为32.7%，比上年回升2.7个百分点。2020年农村居民人均食品烟酒消费支出比上年增长12.0%，其中谷物消费支出增长11.2%，食用油消费支出增长22.2%，肉类和禽类消费支出分别增长34.8%和19.5%，蛋类消费支出增长13.2%。农村居民人均水产品、水果、蛋、奶等食品消费量比上年增加，食品消费更加均衡营养，基本民生得到有力保障。

（三）主要受疫情影响，农村居民人均服务性消费支出下降

受新冠肺炎疫情影响，餐饮、线下教育和文体娱乐等接触型和聚集型消费活动受到一定限制，导致农村居民服务性消费支出有所下降。2020 年农村居民服务性消费支出比上年下降 1.9%，增速较上年回落 15.8 个百分点。

四　2020年贫困地区农村居民人均可支配收入增速快于全国农村居民

2020 年，面对疫情灾情带来的风险挑战，各地区各部门按照党中央、国务院决策部署，把贫困劳动力稳岗就业摆在优先位置，着力解决扶贫产品滞销卖难问题，帮助贫困户建立稳定增收渠道，充分发挥社会保障政策的兜底作用，全年贫困地区农村居民人均可支配收入增速快于全国农村居民。2020 年，贫困地区农村居民人均可支配收入 12588 元，比 2019 年名义增长 8.8%，扣除价格因素影响，实际增长 5.6%，实际增速比全国农村居民高 1.8 个百分点。

（一）稳岗就业政策显成效，工资性收入稳定增长

2020 年贫困地区农村居民人均工资性收入 4444 元，增长 8.9%，占全年贫困地区农村居民收入的比重为 35.3%，超过经营净收入成为收入第一来源，对收入增长的贡献率为 35.5%。主要是各地区各部门全面落实贫困劳动力就业优先政策，开发扶贫公益岗位、加强返乡人员安置帮扶等，带动贫困地区农村居民务工收入稳定增长。

（二）社会保障政策持续发力，转移净收入较快增长

2020 年贫困地区农村居民人均转移净收入 3567 元，增长 12.8%，占全年贫困地区农村居民收入的比重为 28.3%。主要是各地通过加大社会救济和临时救助力度、提高基础养老金和最低生活保障标准等方式强化社会保

障，2020 年贫困地区农村居民人均社会救济和补助收入增长 18.8%，人均养老金收入增长 15.2%。

（三）主要农牧产品价格同比上涨，一产增收支撑经营净收入继续增长

2020 年贫困地区农村居民人均经营净收入 4391 元，增长 5.5%，占全年贫困地区农村居民收入的比重为 34.9%，对收入增长的贡献率为 22.3%。分产业来看，贫困地区农村居民人均一产经营净收入 3199 元，增长 7.1%。其中：人均牧业经营净收入 840 元，增长 18.1%，主要是由于猪牛羊等畜牧产品价格高位运行，同比较快上涨；人均农业经营净收入 2130 元，增长 4.2%，主要是由于粮食丰收，谷物、蔬菜等农产品价格同比上涨。同时，服务业逐渐恢复，贫困地区农村居民人均二三产经营净收入 1192 元，增长 1.2%。

（四）党的十八大以来贫困地区农村居民人均可支配收入年均实际增速比全国农村居民高2.2个百分点

2013～2020 年，贫困地区农村居民人均可支配收入年均名义增长 11.6%，扣除价格因素，年均实际增长 9.2%，实际增速比全国农村居民高 2.2 个百分点。2020 年贫困地区农村居民人均可支配收入是全国农村居民平均水平的 73.5%，比 2012 年提高 11.4 个百分点，与全国农村居民平均水平的差距进一步缩小。

G.3
2020年农业生产与价格运行状况分析

张珍琴*

摘　要：　2020年农业生产总体保持稳中向好态势。粮食产量再创历史新高，达13390亿斤，连续6年保持在1.3万亿斤以上；生猪生产持续较快恢复，市场供应逐步改善，牛羊禽生产稳定增长；水产品产量稳中略增；农产品价格总体上涨；农业供给侧结构性改革深入推进，农业生产结构不断优化。

关键词：　农业生产　农产品价格　农业生产结构

2020年，面对新冠肺炎疫情和洪涝灾害等多重冲击和挑战，各地区各部门认真贯彻落实党中央、国务院有关决策部署，统筹推进疫情防控和农业生产发展取得明显成效，有力克服洪涝灾害等对农业生产特别是粮食生产的影响，粮食生产再获丰收，生猪产能持续较快恢复，牛羊生产平稳发展，禽肉、禽蛋和牛奶产量稳定增加，农业生产总体保持稳中向好态势，为有效应对各种风险挑战、稳定经济社会发展大局发挥了“压舱石”作用。

* 张珍琴，国家统计局农村司统计师，研究方向为农业农村统计调查。

一　2020年粮食生产与价格运行状况分析

（一）粮食产量再创新高，价格普遍上涨

1. 粮食生产情况及其突出特点

2020年，各地认真落实党中央、国务院关于稳定粮食生产的各项决策部署，毫不松懈抓粮食生产，全国粮食总产量13390亿斤，比2019年增产113亿斤，增长0.9%，粮食产量达历史最高水平，连续6年保持在1.3万亿斤以上。

分季节看，夏粮、早稻和秋粮产量均增加。2020年，全国夏粮产量2857亿斤，比2019年增产25亿斤，增长0.9%；早稻产量546亿斤，增产21亿斤，增长3.9%；秋粮产量9987亿斤，增产67亿斤，增长0.7%。

分品种看，除玉米产量略有减少外，其他粮食主要品种产量均增加。2020年，全国稻谷产量4237亿斤，比2019年增产45亿斤，增长1.1%；小麦产量2685亿斤，增产13亿斤，增长0.5%；大豆产量392亿斤，增产30亿斤，增长8.3%；玉米产量5213亿斤，略减2亿斤。

2. 粮食增产因素分析

一是粮食播种面积增加。2020年，各地持续加大各项惠农支农政策力度，千方百计保持农民种粮积极性，粮食播种面积17.52亿亩，比2019年增加1056万亩，增长0.6%，遏制了粮食播种面积连续三年下滑势头。其中，稻谷和大豆播种面积增加较多，尤其是双季稻播种面积比2019年增加756万亩，是全年粮食播种面积增加的主要原因之一。据测算，粮食播种面积增加，带动粮食增产81亿斤。

二是粮食单产稳步提升。2020年，全国大部分地区农业气候条件较好，病虫害总体偏轻发生，有利于粮食单产提高。尽管南方洪涝灾害和东北台风等对当地生产造成一定影响，但各地积极抗灾减灾、加强灾后田间管理，农业灾情对粮食生产整体影响不大。2020年全国粮食作物单产382公斤/亩，

每亩产量比2019年增加0.9公斤，增长0.2%。据测算，粮食单产提升，带动粮食增产32亿斤。

3. 粮食生产结构不断优化

2020年农业供给侧结构性改革持续深化，各地以市场需求为导向，继续调整优化农业种植结构，市场紧缺的强筋、弱筋优质专用小麦，优质稻谷，双低油菜等种植面积扩大。据农业农村部数据，2020年强筋、弱筋优质专用小麦占比达35.8%，比上年提高2.8个百分点，大豆播种面积增加825万亩，增长5.9%。区域布局不断优化，华北地下水超采区和赤霉病等病虫害高发区，通过休耕和轮作等措施适当调减冬小麦播种面积，主动增加油菜籽、花生、蔬菜等经济作物种植。

4. 粮食价格变动情况

2020年，受国际粮价上涨叠加国内玉米、大豆饲用需求增加等因素影响，中国粮食价格整体呈上涨态势，粮食主要品种价格普遍上涨。从生产者价格来看，2020年谷物生产者价格比2019年上涨4.1%，豆类上涨5.4%，薯类上涨3.0%。谷物中小麦生产者价格同比上涨0.5%，稻谷上涨0.8%，玉米上涨7.6%，豆类中大豆生产者价格同比上涨5.5%。从200个农产品主产县集贸市场价格来看，2020年小麦集贸市场平均价格为2.66元/公斤，比2019年上涨3.4%；玉米平均价格为2.24元/公斤，上涨11.6%；籼稻平均价格为2.84元/公斤，上涨2.9%，粳稻平均价格为3.16元/公斤，上涨1.1%；大豆平均价格为6.57元/公斤，上涨9.1%。

5. 粮食生产投入费用和收益情况

据国家统计局对全国种植粮食的农业生产经营单位、规模种植户和普通农户的抽样调查，2020年种植粮食亩均收益为746元，较2019年明显增加；与此同时，粮食亩均生产投入费用呈持续增加的趋势。

种粮收益明显增加。2020年，受粮食单产提升和粮食价格上涨拉动，全国粮食亩均总收入为1135元，比2019年增长11.9%。扣除生产投入费用，全国粮食亩均收益（未扣除人工费用、土地费用和固定资产折旧）为746元，增长18.3%。

种粮生产投入费用持续攀升。2020 年全国粮食亩均生产投入费用为 389 元，增长 1.4%，连续四年增加。从费用构成看，物质投入费用和生产服务支出费用均有所增加。其中，物质投入费用为 274 元，增长 0.9%；生产服务支出费用为 115 元，增长 2.7%。在主要投入项目中，种子投入费用持平略增，2020 年全国粮食亩均种子投入费用为 62 元，与上年基本持平，略增 0.5%；亩均农药投入费用为 39 元，增长 8.5%；亩均化肥投入费用为 138 元，下降 0.4%；外雇机械作业费用增加，2020 年全国粮食亩均外雇机械作业费用为 100 元，增长 3.0%，主要是东北部分地区受台风影响，玉米、大豆出现贴地、倒伏和倾斜，导致机械收割作业难度增加、费用提高。

（二）小麦增产，价格总体上涨

1. 小麦生产情况及其特点

2020 年全国小麦产量 2685 亿斤，比 2019 年增加 13 亿斤，增长 0.5%。随着农业供给侧结构性改革持续深化，农业种植结构不断调整，全国小麦播种面积 3.51 亿亩，比 2019 年减少 522 万亩，下降 1.5%；小麦单产每亩 383 公斤，每亩产量比 2019 年增加 7.5 公斤，增长 2.0%，支撑小麦产量实现增产。

小麦单产提高是小麦增产的根本原因。一是农业气候条件总体有利于小麦单产的提高。小麦生长期内，大部分地区光温水匹配较好，麦田墒情适宜，小麦总体长势好于上年和常年。二是小麦条锈病、赤霉病等病虫害得到有效防治。受前期暖湿气候影响，小麦条锈病和赤霉病有偏重发生风险。对此各地高度重视，及早制定一系列防控措施，及时跟踪开展病虫害监测预警，加强小麦田间管理，有效防治小麦病虫害。

小麦品质好、价格高。小麦生长期内气候条件较好，加上病虫害防控得力，小麦整体质量好于上年。由于小麦品质较好，市场主体收购小麦积极性提高，带动小麦价格上涨，小麦生产实现了增产又增收。

2. 小麦价格变动情况

2020 年小麦生产量增质优，小麦价格总体上涨。从生产者价格来看，

2020年小麦生产者价格总水平比上年上涨0.5%。分季度看，第一季度和第三季度小麦生产者价格同比分别下降5.2%和1.2%，第二季度和第四季度同比分别上涨1.8%和2.9%。从200个农产品主产县集贸市场月度价格变动情况来看，2020年1~6月小麦集贸市场价格在2.58~2.66元/公斤波动，6月后保持持续上涨趋势。2020年12月，小麦集贸市场价格为2.73元/公斤（见图1），比上年同期上涨5.8%。

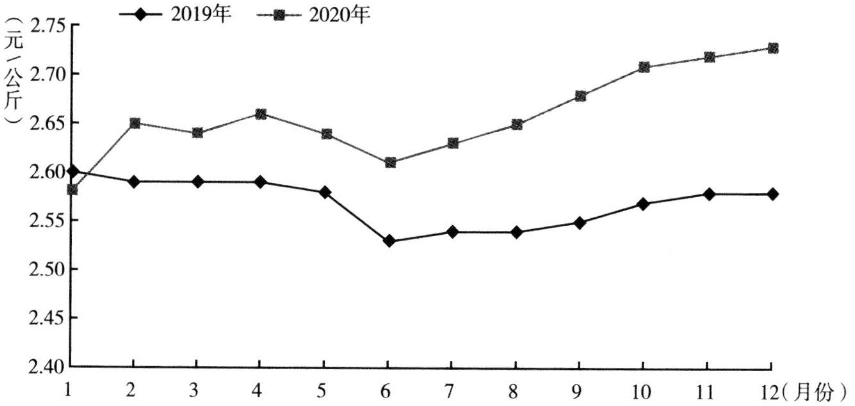

图1　2019~2020年小麦集贸市场价格

资料来源：《中国农产品价格调查年鉴2020》和国家统计局集贸市场价格调查结果。

3. 小麦生产投入费用和收益情况

生产投入费用略增。2020年全国冬小麦亩均生产投入费用为417元，比2019年增长2.1%。从费用构成看，物质投入费用和生产服务支出费用分别为288元和129元，分别增长2.5%和1.1%。在主要投入项目中，种子、化肥、农药投入费用均不同程度增加，2020年全国冬小麦亩均种子投入费用为72元，增长0.5%，化肥投入费用为155元，增长0.8%，农药投入费用为31元，增长8.7%；外雇机械作业费用为112元，与上年基本持平。

冬小麦亩均收益保持增长。因单产增加和价格上涨带动，2020年全国冬小麦亩均总收入为996元，增长2.9%。扣除生产投入费用，全国冬小麦亩均收益（未扣除人工费用、土地费用和固定资产折旧）为579元，增长3.5%。

（三）稻谷增产，价格有所上涨

1. 稻谷生产情况及其特点

2020年国家继续在主产区实行稻谷最低收购价政策，提高早籼稻和中晚籼稻的最低收购价，调动农民生产积极性，促进稻谷生产。2020年全国稻谷产量4237亿斤，比2019年增加45亿斤，增长1.1%。其中，早稻、中稻和一季晚稻、双季晚稻均实现增产，分别比2019年增产20.6亿斤、4.8亿斤和19.6亿斤。

播种面积增加是稻谷增产的根本原因。2020年各地积极采取一系列扶持奖励措施，鼓励恢复双季稻生产，引导农户抛荒地复耕，扩大稻谷种植。2020年稻谷播种面积45113万亩，比2019年增加573万亩，增长1.3%。其中，早稻播种面积7126万亩，增加451万亩，增长6.8%，双季晚稻播种面积7766万亩，增加305万亩，增长4.1%，全年双季稻（早稻和双季晚稻）播种面积比上年增加756万亩，增长5.3%，扭转了连续10年下降趋势，呈现恢复性增长；中稻和一季晚稻播种面积30221万亩，减少183万亩，下降0.6%。

稻谷单产略有降低。主要受南方洪涝灾害等影响，2020年全国稻谷单产470公斤/亩，每亩产量比2019年减少1.0公斤，下降0.2%。其中，早稻和双季晚稻单产有所降低，中稻和一季晚稻单产略有提升。2020年早稻和双季晚稻单产分别为383公斤/亩和400公斤/亩，每亩产量分别比2019年减少10.5公斤和3.2公斤，分别下降2.7%和0.8%；中稻和一季晚稻单产508公斤/亩，每亩产量增加3.8公斤，增长0.8%。

2. 稻谷价格变动情况

2020年稻谷增产，市场供需相对宽松，但受国际粮食价格上涨等影响，中国稻谷市场价格有所上涨。从生产者价格来看，2020年稻谷生产者价格比2019年上涨0.8%。分季度看，第一季度稻谷生产者价格同比下降3.6%，第二至四季度同比分别上涨1.2%、2.3%和6.0%。从200个农产品主产县集贸市场月度价格变动情况来看，2020年籼稻集贸市场价格1~5

月小幅上涨，随后基本保持平稳，10 月开始稳定上涨，2020 年 12 月籼稻集贸市场价格为 2.95 元/公斤（见图 2），比上年同期上涨 7.3%。2020 年粳稻集贸市场价格先跌后涨，3 月跌至 3.10 元/公斤，4 月、5 月连续上涨，随后价格平稳运行，10 月后呈上涨趋势，12 月为 3.23 元/公斤，同比上涨 4.5%（见图 3）。

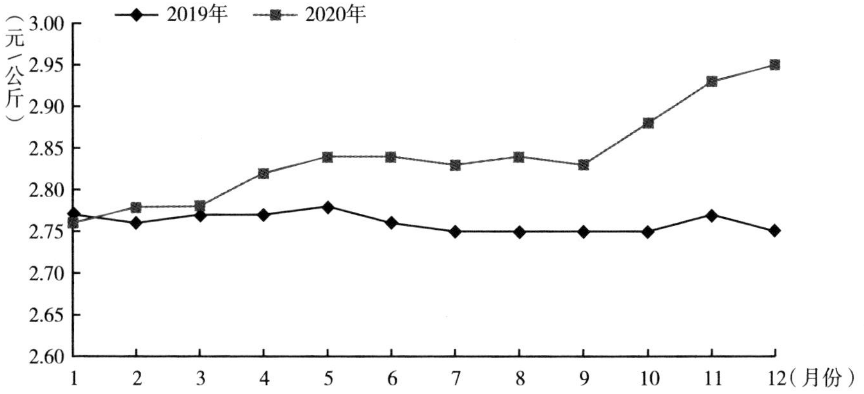

图 2　2019～2020 年籼稻集贸市场价格

资料来源：《中国农产品价格调查年鉴 2020》和国家统计局集贸市场价格调查结果。

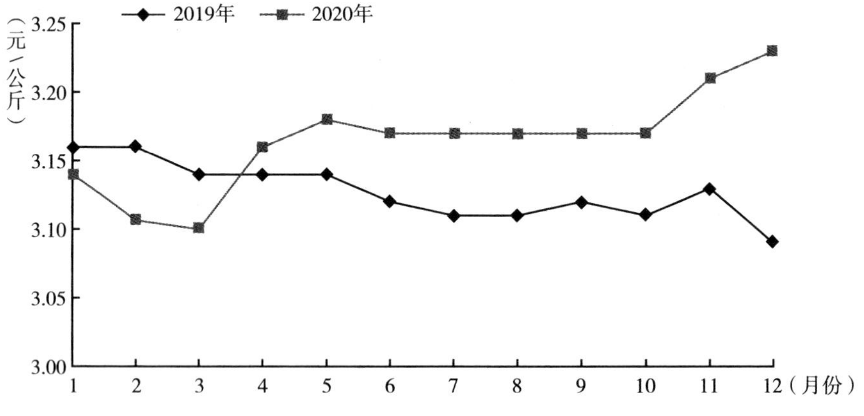

图 3　2019～2020 年粳稻集贸市场价格

资料来源：《中国农产品价格调查年鉴 2020》和国家统计局集贸市场价格调查结果。

3. 稻谷生产投入费用和收益情况

生产投入费用略增。2020 年全国稻谷亩均生产投入费用为 476 元，比 2019 年增长 0.5%。其中，物质投入费用为 321 元，增长 0.7%；生产服务支出费用为 154 元，与上年基本持平。在主要投入项目中，种子和化肥投入费用下降，分别为 65 元和 140 元，比 2019 年分别下降 0.8% 和 1.5%；农药和外雇机械作业费用增长，分别为 71 元和 134 元，同比分别增长 10.8% 和 2.5%。

稻谷亩均收益止跌回升。受益于稻谷价格上涨，2020 年全国稻谷亩均总收入 1327 元，比 2019 年增长 2.2%。扣除生产投入费用，2020 年全国稻谷亩均收益（未扣除人工费用、土地费用和固定资产折旧）为 852 元，增长 3.2%，扭转了连续两年下降趋势。

（四）玉米产量略减，价格持续上涨

1. 玉米生产情况及其特点

2020 年全国玉米产量为 5213 亿斤，与上年基本持平，略减 2 亿斤。2020 年全国玉米播种面积 6.19 亿亩，比上年略减 30 万亩。2020 年玉米单产 421 公斤/亩，每亩产量与上年持平。

受种植结构调整等影响，玉米播种面积略有减少。2020 年尽管吉林、内蒙古、山东、河南等地玉米播种面积不同程度增加，但由于黑龙江省在大豆振兴计划、大豆市场预期看好及播种期部分地区土壤偏涝、气温偏低等多种因素影响下，调整种植结构，扩大大豆种植，大幅减少玉米种植，从而导致全国播种面积有所减少。

有利条件和不利因素并存，玉米单产与上年持平。有利条件主要是：2020 年大部农区农业气象条件总体较好，玉米病虫害整体发生较轻，有利于玉米单产提升，在玉米生产大省中，山东、河南、河北等地单产均有所提升。不利因素主要是：8 月末至 9 月初东北部分地区连续遭遇 3 次台风冲击，对当地玉米生产造成影响。整体来看，2020 年玉米单产与 2019 年持平。

2. 玉米价格变动情况

2020 年随着中国生猪生产较快恢复，生猪存栏持续回升，对玉米的饲

用需求不断增加，推动玉米价格持续上涨。从生产者价格来看，2020 年玉米生产者价格比 2019 年上涨 7.6%。分季度看，第一至四季度生产者价格同比分别上涨 0.3%、4.8%、8.5% 和 17.3%，涨幅逐季扩大。从 200 个农产品主产县集贸市场月度价格变动情况来看，玉米价格一路上涨。2020 年 12 月，玉米集贸市场价格为 2.50 元/公斤，比 1 月上涨 25.0%。

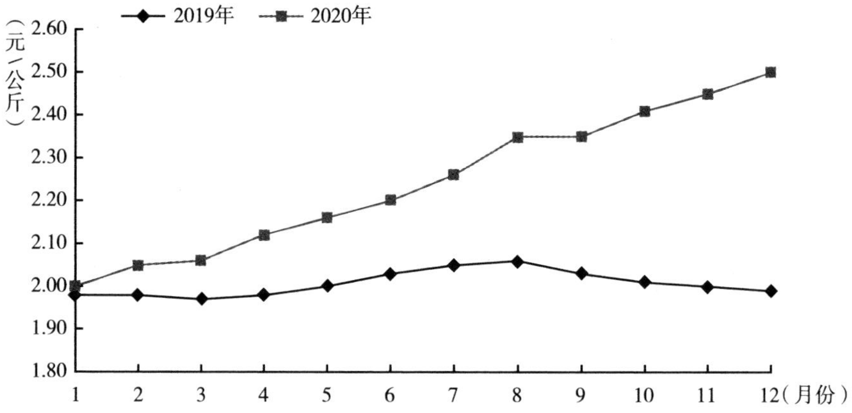

图 4　2019～2020 年玉米集贸市场价格

资料来源：《中国农产品价格调查年鉴 2020》和国家统计局集贸市场价格调查结果。

3. 玉米生产投入费用和收益情况

生产投入费用有所增加。2020 年玉米亩均生产投入费用为 341 元，比 2019 年增长 2.0%。在主要投入项目中，亩均种子投入费用为 58 元，比 2019 年增长 1.7%；农药和化肥投入费用“一增一降”，农药投入费用为 21 元，增长 2.9%，化肥投入费用为 145 元，下降 0.3%；主要受东北地区收割成本增加影响，全国玉米亩均外雇机械作业费用为 74 元，增长 6.1%。

玉米亩均收益大幅提高。由于玉米出售价格涨幅较大，带动玉米种植收益增加较多。2020 年全国玉米亩均总收入为 1174 元，比 2019 年增长 30.2%，扣除生产投入费用，全国玉米亩均收益（未扣除人工费用、土地费用和固定资产折旧）为 833 元，增长 46.9%。

（五）大豆增产，价格持续上涨

1. 大豆生产情况及其特点

2020 年大豆振兴计划持续推进，大豆生产不断扩大。2020 年全国大豆产量 392 亿斤，比 2019 年增加 30 亿斤，增长 8.3%。其中，大豆生产第一大省黑龙江省大豆产量 184 亿斤，增产 28 亿斤。

播种面积增加较多，是大豆产量增加的主要原因。2020 年在大豆振兴计划有关政策带动下，农民种植大豆积极性较高，大豆播种面积 1.48 亿亩，比 2019 年增加 825 万亩，增长 5.9%。其中，黑龙江省大豆播种面积增加 829 万亩。播种面积增加，带动大豆增产 21 亿斤。

单产稳定提高，是大豆产量增加的另一个重要因素。2020 年全国大豆单产 132 公斤/亩，每亩产量比 2019 年增加 3.0 公斤，增长 2.3%。单产提高，带动大豆增产 9 亿斤。

2. 大豆价格变动情况

2020 年主要受市场需求增加影响，大豆价格持续上涨。从生产者价格来看，2020 年大豆生产者价格比 2019 年上涨 5.5%。分季度看，各季度同比均上涨，第一季度同比上涨 0.9%，第二季度同比上涨 9.6%，第三季度同比上涨 4.4%，第四季度同比上涨 17.1%。从集贸市场月度价格变动来看，2020 年大豆价格逐月上涨，由 1 月的 6.08 元/公斤上涨到 12 月的 6.95 元/公斤（见图 5），上涨 14.3%。

3. 大豆生产投入费用和收益情况

生产投入费用有所增加。2020 年大豆亩均生产投入费用为 177 元，比 2019 年增长 1.9%。在主要投入项目中，种子、农药、外雇机械作业投入费用增加，分别为 37 元、17 元和 42 元，同比分别增长 1.0%、1.1% 和 13.9%；化肥投入费用为 60 元，下降 2.0%。

大豆亩均收益明显增加。尽管大豆亩均生产投入费用有所增加，但在大豆单产和单价双提高的带动下，农民种植收益明显提高。2020 年全国大豆亩均总收入为 715 元，比 2019 年增长 29.5%。扣除生产投入费用，全国大豆亩均收益（未扣除人工费用、土地费用和固定资产折旧）为538元，增长42.2%。

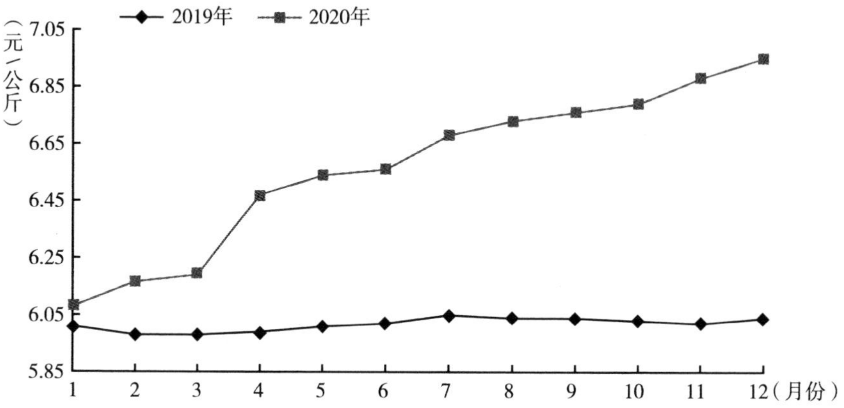

图5　2019～2020年大豆集贸市场价格

资料来源：《中国农产品价格调查年鉴2020》和国家统计局集贸市场价格调查结果。

二　2020年经济作物生产与价格运行状况分析

（一）棉花产量略增，价格总体走弱

1. 棉花生产情况及其特点

2020年全国棉花产量591万吨，比上年增加2.1万吨，增长0.4%。其中，新疆棉花产量516万吨，增加15.9万吨，增长3.2%；占全国棉花总产量的比重为87.3%，比上年提高2.4个百分点。

棉花种植面积减少。2020年全国棉花播种面积为4755万亩，比2019年减少254万亩，下降5.1%。分地区看，新疆棉花播种面积为3753万亩，比2019年减少58万亩，下降1.5%；其他棉区棉花播种面积1002万亩，比2019年继续减少196万亩，下降16.4%，延续多年来的萎缩态势。

棉花单产提高，是棉花增产的根本原因。2020年，主要棉区新疆气候

较为适宜，病虫害发生较轻，棉花长势较好，利于单产提高，全国棉花单产为124公斤/亩，每亩产量比2019年增加6.7公斤，增长5.7%。

2. 棉花价格变动情况

2020年棉花市场需求总体疲弱，价格低位运行。从生产者价格来看，2020年棉花生产者价格①比2019年下降1.5%。分季度看，第一季度、第二季度同比分别下降7.7%和6.3%，第四季度同比上涨10.5%。从集贸市场月度价格变动来看，2020年棉花价格在6.79~6.93元/公斤小幅波动（见图6），2~4月棉花价格受疫情冲击、需求减少等影响，价格出现下降，随后保持平稳运行。2020年棉花（籽棉）集贸市场平均价格为6.87元/公斤，比2019年下降1.8%。

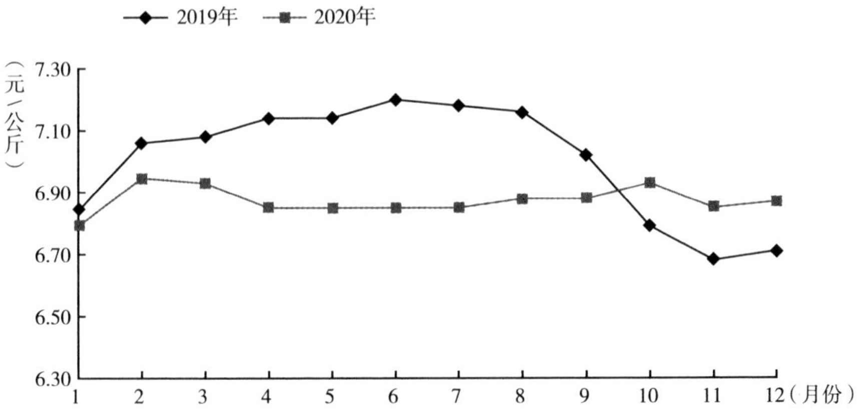

图6　2019~2020年棉花集贸市场价格

资料来源：《中国农产品价格调查年鉴2020》和国家统计局集贸市场价格调查结果。

（二）油料增产，价格上涨

1. 油料生产情况及其特点

2020年全国油料产量3585万吨，比2019年增加92万吨，增长2.6%。

① 棉花、糖料生产者价格受生产季节性影响，第三季度无数据。

主要是由于2020年油料播种面积和单产均有所增加，2020年油料播种面积为19690万亩，比2019年增加302万亩，增长1.6%；2020年油料单产为182公斤/亩，每亩产量比2019年增加1.9公斤，增长1.1%。

2. 油料价格变动情况

2020年油料市场价格走势强劲，价格上涨。从生产者价格来看，2020年油料生产者价格比2019年上涨7.9%。分季度看，第一至四季度生产者价格均高于上年同期，同比分别上涨8.1%、5.8%、6.7%和9.0%。从集贸市场月度价格变动情况看，主要油料作物中花生仁价格和油菜籽价格不同程度上涨。2020年花生仁价格1~4月连续上涨，随后总体平稳、小幅波动，2020年12月，花生仁集贸市场价格为13.75元/公斤（见图7），比上年同期上涨5.9%。2020年油菜籽价格持续上涨，12月价格为5.76元/公斤（见图8），比上年同期上涨6.1%。

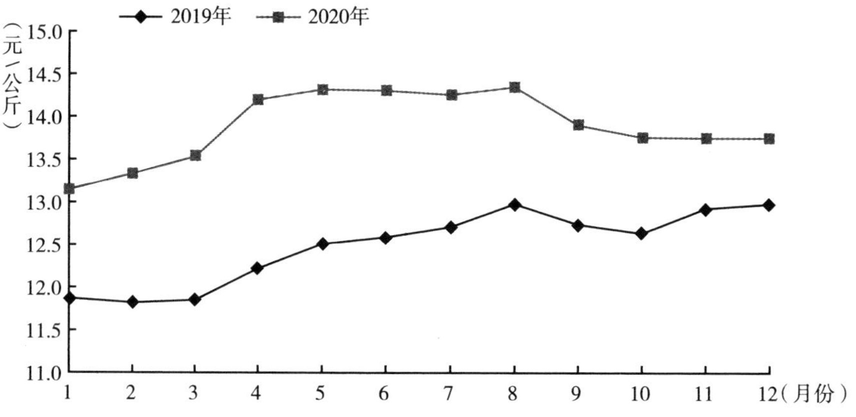

图7　2019~2020年花生仁集贸市场价格

资料来源：《中国农产品价格调查年鉴2020》和国家统计局集贸市场价格调查结果。

（三）糖料减产，价格有所上涨

1. 糖料生产情况及其特点

2020年全国糖料产量为12028万吨，比2019年减少141万吨，下降

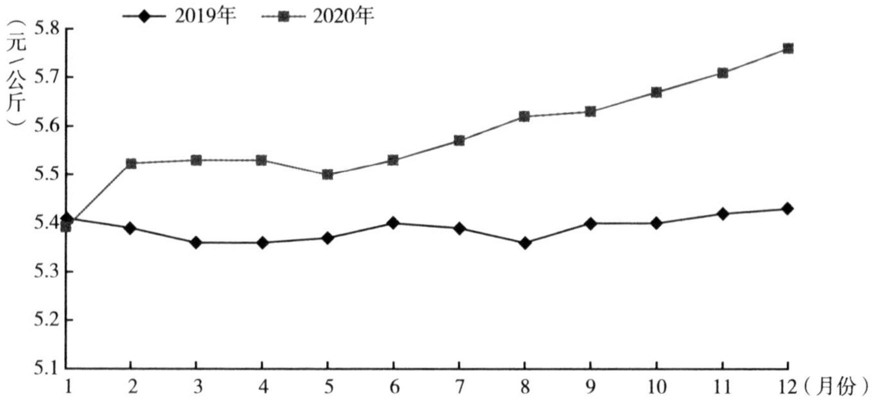

图 8　2019～2020 年油菜籽集贸市场价格

资料来源：《中国农产品价格调查年鉴 2020》和国家统计局集贸市场价格调查结果。

1.2%。播种面积下降是糖料减产的根本原因，由于糖料种植比较效益偏低，农户种植积极性不高，2020 年全国糖料播种面积为 2355 万亩，比 2019 年减少 61 万亩，下降 2.5%。2020 年糖料单产为 5108 公斤/亩，每亩产量比 2019 年增加 71 公斤，增长 1.4%。

2. 糖料价格变动情况

2020 年糖料生产者价格比 2019 年有所上涨，同比上涨 3.1%。分季看，第一季度、第二季度同比分别上涨 1.7% 和 6.8%，第四季度与上年同期持平。分类看，甘蔗生产者价格比 2019 年上涨 3.2%，甜菜上涨 2.0%。

三　2020年畜、禽、水产品生产与价格运行状况分析

（一）生猪生产较快恢复，价格涨幅回落

1. 生猪生产情况及其特点

2020 年生猪生产呈持续较快恢复势头。2020 年末全国生猪存栏 40650 万头，比 2019 年末增加 9610 万头，同比增长 31.0%。2020 年，全国生猪出栏 52704 万头，比 2019 年减少 1715 万头，下降 3.2%；全国猪肉产量

4113 万吨，比 2019 年减少 142 万吨，下降 3.3%。

生猪存栏持续回升。各地认真落实生猪稳产保供各项政策措施，同时由于养殖效益高，养殖户补栏增养积极性高涨，推动生猪存栏连续回升。2020 年末，生猪存栏量已恢复到 2017 年末的 92.1% 的水平；比 2020 年第三季度末增长 9.8%。

生猪出栏降幅明显收窄。2020 年，全国生猪出栏比 2019 年下降 3.2%，降幅比前三季度收窄 8.5 个百分点。分季度看，第一至四季度出栏同比增幅分别为 -30.3%、-4.2%、15.1% 和 22.9%，第三季度出栏同比增幅转正后，第四季度增速进一步加快。

2. 生猪价格变动情况

2020 年生猪价格呈高位震荡态势，同比上涨，但涨幅大幅回落。从生产者价格来看，2020 年生猪生产者价格比 2019 年上涨 55.7%。分季度看，随着生猪生产快速恢复，生猪市场供应不断得到改善，生猪生产者价格涨幅呈逐季回落走势，第一至三季度同比分别上涨 133.2%、89.3% 和 59.0%，第四季度为下降 3.2%。从集贸市场月度价格变动情况来看，2020 年 2 ~ 5 月受新冠肺炎疫情冲击，市场消费需求有所下降，生猪价格出现回落，疫情防控常态化后，随着人们生产生活秩序稳定恢复，生猪市场需求开始逐步回暖，6 月后生猪价格开始回升，8 月生猪价格达到年内最高点 36.52 元/公斤，逼近历史最高点 36.62 元/公斤（2019 年 10 月），随后连续回落，12 月由于“两节”临近消费需求明显增加，价格又有所回升。2020 年 12 月，生猪集贸市场价格为 33.58 元/公斤（见图 9），比上年同期上涨 2.9%，比 8 月年内高点回落 8.1%。

（二）牛羊生产稳中略增，价格高位上涨

1. 牛羊生产情况及其特点

2020 年牛羊生产平稳发展。牛羊存栏同比有所增加。2020 年末，全国牛存栏 9562 万头，比 2019 年末增加 424 万头，增长 4.6%。全国羊存栏 3.07 亿只，同比增加 583 万只，增长 1.9%。牛羊肉产量稳中略增，牛奶产

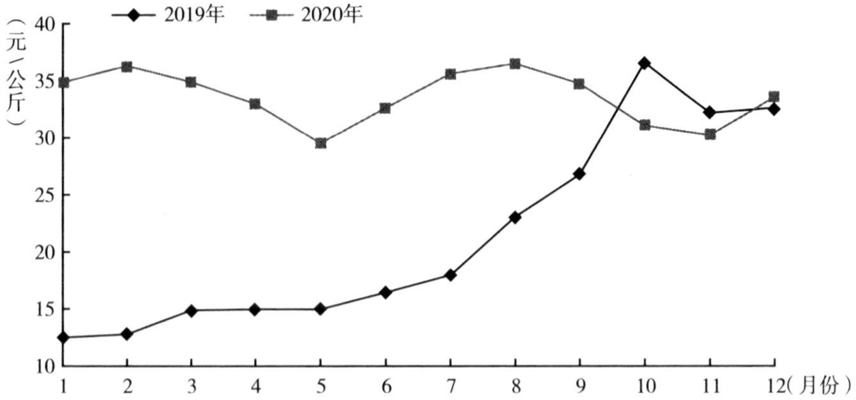

图 9　2019～2020 年生猪集贸市场价格

资料来源：《中国农产品价格调查年鉴 2020》和国家统计局集贸市场价格调查结果。

量增加较多。2020 年，全国肉牛出栏 4565 万头，比 2019 年增加 32 万头，增长 0.7%；牛肉产量 672 万吨，增加 5 万吨，增长 0.8%；牛奶产量 3440 万吨，增加 239 万吨，增长 7.5%。全国羊出栏 3.19 亿只，比 2019 年增加 242 万只，增长 0.8%；羊肉产量 492 万吨，同比增加 5 万吨，增长 1.0%。

2. 牛羊价格变动情况

2020 年牛羊市场需求旺盛，价格持续上涨。从生产者价格来看，2020 年活牛生产者价格比上年上涨 10.5%。分季度看，第一至四季度生产者价格同比分别上涨 17.5%、12.6%、8.9% 和 5.3%。从集贸市场月度价格变动情况来看，2～5 月活牛价格有所回落，6 月开始价格稳定上涨。2020 年 12 月，活牛集贸市场价格为 36.71 元/公斤（见图 10），比上年同期上涨 6.4%，比 1 月上涨 5.2%。

2020 年活羊生产者价格比上年上涨 10.4%。分季度看，第一至四季度比上年同期分别上涨 10.7%、10.2%、10.3% 和 9.7%。从集贸市场月度价格变动情况来看，活羊价格与活牛价格走势相同，总体上涨。2020 年 12 月，活羊集贸市场价格为 39.26 元/公斤（见图 11），比上年同期上涨 6.1%，比 1 月上涨 4.6%。

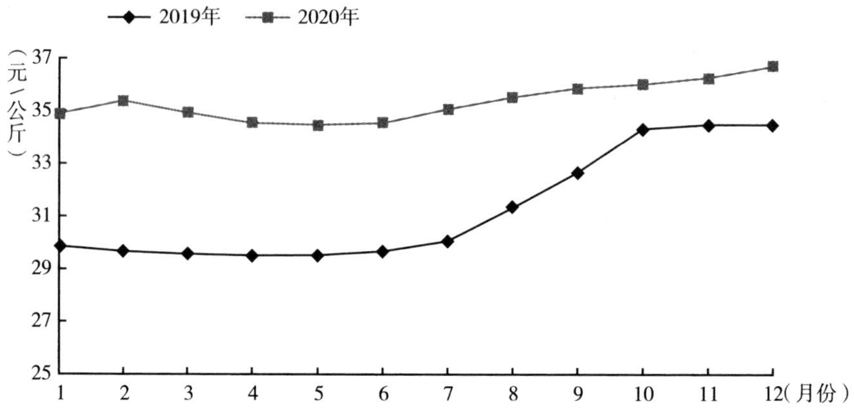

图 10　2019～2020 年活牛集贸市场价格

资料来源：《中国农产品价格调查年鉴 2020》和国家统计局集贸市场价格调查结果。

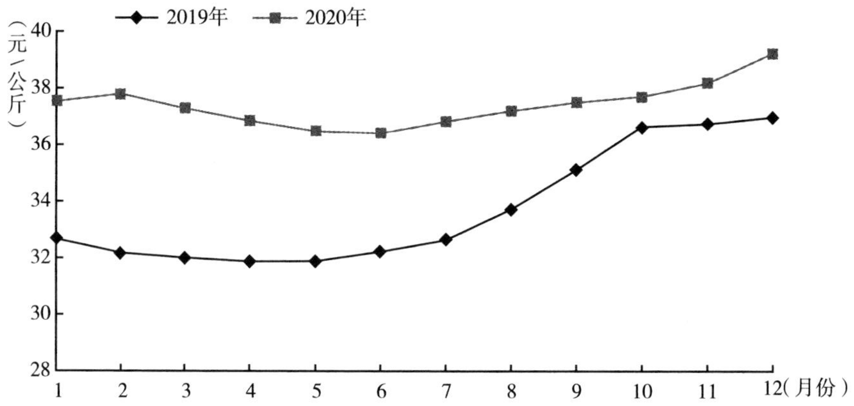

图 11　2019～2020 年活羊集贸市场价格

资料来源：《中国农产品价格调查年鉴 2020》和国家统计局集贸市场价格调查结果。

（三）家禽生产稳定增长，价格下跌

1. 家禽生产情况及其特点

2020 年家禽生产延续稳定增长势头，禽肉和禽蛋产量稳定增加。2020 年末全国家禽存栏 67.8 亿只，比 2019 年末增加 2.6 亿只，增长 4.0%。

2020年，全国家禽出栏155.7亿只，比2019年增加9.3亿只，增长6.3%，全国禽肉和禽蛋产量分别为2361万吨和3468万吨，比2019年分别增加122万吨和159万吨，同比分别增长5.5%和4.8%。

2. 家禽、禽蛋价格变动情况

2020年家禽生产增长，市场供给充足，价格下跌。从生产者价格来看，2020年家禽生产者价格比2019年下降7.1%，禽蛋下降14.1%。分季度看，第一至四季度家禽生产者价格同比分别下降2.3%、10.5%、5.7%和9.4%。第一至四季度禽蛋价格同比分别下降4.1%、14.1%、16.7%、18.2%。

从集贸市场月度价格变动情况来看，活鸡和鸡蛋集贸市场价格在1~6月逐月下跌，7月开始小幅回升。2020年12月，活鸡集贸市场价格为20.57元/公斤（见图12），比上年同期下降10.8%；鸡蛋集贸市场价格为9.75元/公斤（见图13），同比下降12.8%。

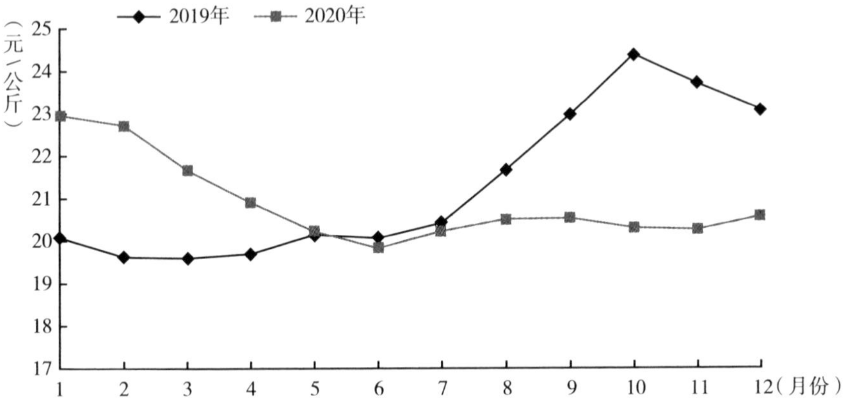

图12　2019~2020年活鸡集贸市场价格

资料来源：《中国农产品价格调查年鉴2020》和国家统计局集贸市场价格调查结果。

（四）水产品产量略增，价格总体平稳

1. 水产品生产情况

2020年全国水产品总产量6545万吨，比2019年增长1.0%。其中，养

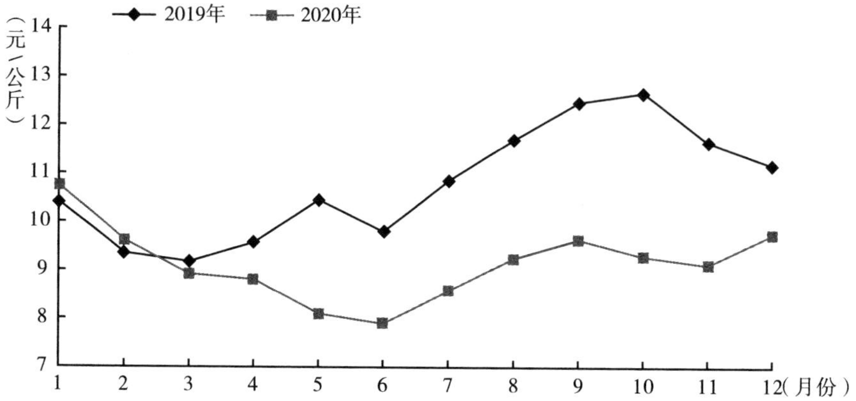

图 13　2019～2020 年鸡蛋集贸市场价格

资料来源：《中国农产品价格调查年鉴 2020》和国家统计局集贸市场价格调查结果。

殖水产品产量 5215 万吨，增长 3.0%；捕捞水产品产量 1330 万吨，下降 5.0%。养殖水产品产量占全国水产品产量的比重为 79.7%，比上年提高 1.3 个百分点。

2. 水产品价格变动情况

2020 年水产品市场价格总体平稳。2020 年渔业产品生产者价格比 2019 年略涨 0.2%。分季度看，第一季度和第二季度渔业产品生产者价格同比分别下降 0.1% 和 3.5%，第三季度和第四季度同比分别上涨 1.3% 和 1.4%。分类别看，淡水养殖产品生产者价格比 2019 年上涨 2.0%，海水养殖产品生产者价格同比下降 3.7%，海水捕捞产品生产者价格同比下降 0.4%。

G.4

2020年种植业经济形势及2021年展望

张瑞娟*

摘　要： 2020年是粮食丰收年，粮食产量再创历史新高。粮食作物总播种面积呈上升趋势，播种面积增长0.61%，扭转了粮食作物总播种面积连续3年下降的态势，其中，豆类播种面积增加幅度最大，达4.68%；薯类增加幅度较大，为0.95%，谷物总体增加幅度最小，为0.12%。2020年粮食作物的单产普遍提高，增产幅度达0.24%。2020年棉花总播种面积下降5.09%，棉花总产量增幅达0.36%。2020年，油料播种面积增长1.55%，油料产量增长2.63%。2020年中国糖料作物播种面积下降2.52%，产量下降1.16%。贸易方面，粮食作物和经济作物均处于净进口状态。价格方面，2020年小麦和棉花的平均价格较2019年下跌，稻谷、玉米、大豆、油料和糖料的平均价格均上涨。预测2021年，稻谷、小麦和玉米的播种面积和产量会增加，尤其是优质品种产量会持续增加；棉花和糖料作物种植面积会下降。2021年种植业进口压力依然较大。

关键词： 粮食作物　经济作物　种植业

* 张瑞娟，管理学博士，中国社会科学院农村发展研究所副研究员，研究方向为农业经济理论与政策。

一　2020年种植业生产情况

（一）粮食作物

2020 年，受新冠肺炎疫情和部分地区严重洪涝灾害影响，各级政府牢把粮食安全，狠抓粮食生产，通过层层压实粮食生产责任，进一步加大了对粮食生产的支持力度；通过鼓励恢复双季稻生产，引导做好闲置或撂荒地复垦复耕，增加了粮食种植面积；通过完善农业支持保护制度，增加粮食作物的直接补贴力度，充分调动了地方抓粮和农民种粮的积极性；通过土地适度规模经营和健全农业社会化服务体系，推动了小农户与现代农业发展的有机衔接，实现了粮食作物增产增效；通过加强灾情和病虫害监测预警机制，积极落实防灾减灾措施，做好统防统治、技术指导等一系列生产性服务，强化了粮食作物抗风险能力等。2020 年，面临重大内外部风险，在打好一系列政策“组合拳”的基础上，全国粮食总产量达 66949 万吨，比 2019 年增加 565 万吨，增长 0.9%，再创历史最高水平。

1. 分品种种植情况

从产量变化看，2020 年，全国谷物产量 61674 万吨，比上年增加 306 万吨，增长 0.50%。其中玉米产量下降，其余品种产量均增加。稻谷产量 21186 万吨，比上年增加 225 万吨，增长 1.07%；小麦产量 13425 万吨，比上年增加 66 万吨，增长 0.49%；玉米产量 26067 万吨，比上年减少 10 万吨，下降 0.04%；豆类产量 2288 万吨，比上年增加 156 万吨，增长 7.32%；薯类产量 2987 万吨，比上年增加 104 万吨，增长 3.61%（见表 1）。

表 1　2019～2020 年主要粮食作物产量及变化情况

单位：万吨，%

品种	2020 年	2019 年	2020 年比 2019 年变化情况
粮食	66949	66384	0.85
1. 谷物	61674	61368	0.50

续表

品种	2020 年	2019 年	2020 年比 2019 年变化情况
其中：稻谷	21186	20961	1.07
小麦	13425	13359	0.49
玉米	26067	26077	-0.04
2. 豆类	2288	2132	7.32
3. 薯类	2987	2883	3.61

资料来源：《中国统计年鉴 2020》《国家统计局关于 2020 年粮食产量的公告》。

从播种面积变化看，粮食作物总播种面积呈上升趋势，从 2019 年的 116060 千公顷上升到 2020 年的 116768 千公顷，播种面积增长 0.61%，扭转了粮食作物总播种面积连续 3 年下降的态势。2020 年，谷物、豆类和薯类三大作物的播种面积均有所增加，其中，豆类增加幅度最大，达 4.68%；薯类增加幅度较大，为 0.95%，谷物总体增加幅度最小，为 0.12%。从三大主要谷物播种面积看，受鼓励恢复双季稻生产，提高早籼稻和中晚籼稻的最低收购价，引导做好闲置或撂荒地复垦复耕等因素影响，稻谷播种面积增加较多，达 1.30%；小麦播种面积下降较多，达 1.47%，小麦播种面积下降较多的主要原因是华北地下水超采地区，赤霉病、条锈病等高发地区通过休耕和轮作进行了适度调减；玉米播种面积稳中有降，下降 0.04%（见表 2），玉米播种面积较前几年下降趋缓，主要原因是 2020 年玉米价格上涨较多，吉林、内蒙古、山东等地玉米播种面积均有增长。但受大豆补贴政策、气候变化及市场不确定性影响，黑龙江的玉米播种面积下降较多，带来全国玉米播种面积稳中有降；受大豆振兴计划、大豆市场预期行情较好等一系列因素影响，豆类播种面积出现大幅增加；受新冠肺炎疫情影响，2020 年种植薯类作物的比较效益较高、预期行情较好，薯类播种面积也出现较大幅度增加。

单产方面，受全国大部分地区天气良好，抗病救灾措施得力，新品种培育技术，农业生产体系、经营体系和服务体系不断完善等因素影响，2020 年粮食作物的单产普遍提高，总体增产 14 公斤/公顷，增产幅度达 0.24%。

其中，薯类增产最高，增产106公斤/公顷，增产幅度达2.63%；其次是豆类，豆类单产也有较大幅度增加，豆类增产48公斤/公顷，增产幅度达到2.49%；谷物增产主要是小麦和玉米增产的因素，小麦增产112公斤/公顷，增幅达1.99%，玉米增产1公斤/公顷，增幅达0.02%，稻谷则减产15公斤/公顷，减幅达0.21%（见表3）。

表2　2019～2020年主要粮食作物播种面积及变化情况

单位：千公顷，%

品种	2020年	2019年	2020年比2019年变化情况
粮食	116768	116060	0.61
1. 谷物	97964	97847	0.12
其中：稻谷	30076	29690	1.30
小麦	23380	23730	-1.47
玉米	41264	41280	-0.04
2. 豆类	11593	11075	4.68
3. 薯类	7210	7142	0.95

资料来源：《中国统计年鉴2020》《国家统计局关于2020年粮食产量的公告》。

表3　2019～2020年主要粮食作物单产及变化情况

单位：公斤/公顷，%

品种	2020年	2019年	2020年比2019年变化情况
粮食	5734	5720	0.24
1. 谷物	6296	6272	0.38
其中：稻谷	7044	7059	-0.21
小麦	5742	5630	1.99
玉米	6317	6316	0.02
2. 豆类	1973	1925	2.49
3. 薯类	4143	4037	2.63

资料来源：《中国统计年鉴2020》《国家统计局关于2020年粮食产量的公告》。

2. 分季节种植情况

从分季节种植情况来看，以市场需求为导向的农业供给侧结构性改革持续深化，优质粮食作物的种植面积不断增加。同时，鼓励恢复双季稻生产，引导做好闲置或撂荒地复垦复耕等措施均见成效。2020 年夏粮播种面积为 26172 千公顷，较 2019 年调减 182 千公顷，下降 0.69%。虽然播种面积有所下降，但 2020 年夏粮单产达 5458 公斤/公顷，较 2019 年增产 85 公斤/公顷，增长 1.58%，夏粮单产的提高主要受良好气候条件、种植技术和优质品种等因素影响。因单产增长较多，2020 年夏粮总产量达 14286 万吨，较 2019 年增长 0.89%。

受鼓励恢复双季稻生产、提高早籼稻最低收购价、健全农业社会化服务体系等因素的影响，2020 年早稻播种面积较 2019 年显著增长，2020 年早稻播种面积达 4751 千公顷，增幅达到 6.76%。受江西、湖北、湖南等南方部分省份不良天气影响，2020 年早稻单位面积产量为 5745 公斤/公顷，较 2019 年下降 2.66%。受早稻播种面积的大幅增加和单产的小幅下降双重因素影响，2020 年早稻总产量达 2729 万吨，较 2019 年增产 3.88%，扭转了连续 7 年早稻产量下滑的态势。

2020 年，秋粮产量占全国总产量的 74.59%。从播种面积变化看，2020 年秋粮播种面积为 85845 千公顷，较 2019 年增加 586 千公顷，增加幅度为 0.69%。受良好天气、品种调优等因素影响，山东、河南、河北等地秋粮单产有所提升，但东北地区连续遭遇 3 次台风冲击，东北部分地区玉米产量损失严重，单产有所下降，总体来看，2020 年秋粮单产为 5817 公斤/公顷，与 2019 年相比保持平稳。基于 2020 年秋粮播种面积有小幅增长，2020 年秋粮总产量为 49934 万吨，较 2019 年增长 0.68%（见表 4）。

表 4　2020 年主要粮食作物分季节生产及较 2019 年变化情况

作物类别	播种面积（千公顷）	较 2019 年变化（%）	单位面积产量（公斤/公顷）	较 2019 年变化（%）	总产量（万吨）	较 2019 年变化（%）
夏粮	26172	-0.69	5458	1.58	14286	0.89
早稻	4751	6.76	5745	-2.66	2729	3.88
秋粮	85845	0.69	5817	0.00	49934	0.68

资料来源：《中国统计年鉴 2020》《国家统计局关于 2020 年粮食产量的公告》。

3. 分地区种植情况

从分地区种植情况来看，2020 年粮食主产区的总产量达 52597 万吨，比 2019 年增产 227 万吨，增幅为 0.43%。受产销平衡区粮食产量增长较多影响，粮食主产区产量占比较 2019 年的 78.89% 略有下降，2020 年为 78.57%，可见，粮食主产区的区位优势依然明显。2020 年，13 个粮食主产区中粮食播种面积增加的有 11 个省（区），分别是湖南（3.01%）①、江西（2.92%）、辽宁（1.09%）、湖北（0.78%）、黑龙江（0.70%）、吉林（0.66%）、四川（0.54%）、江苏（0.46%）、内蒙古（0.07%）、河南（0.04%）、安徽（0.04%）。粮食主产区中粮食产量增加的有 10 个省（区），分别是河南（1.96%）、山东（1.68%）、河北（1.52%）、湖南（1.34%）、四川（0.83%）、江苏（0.62%）、黑龙江（0.51%）、江西（0.32%）、内蒙古（0.30%）、湖北（0.07%）。

2020 年产销平衡区的总产量为 11479 万吨，比 2019 年增产 284 万吨，产销平衡区产量占比从 2019 年的 16.86% 增长到 2020 年的 17.15%。可见，2020 年粮食产销平衡区的粮食生产能力增长较多。从播种面积和产量看，除西藏外，被划分到粮食产销平衡区的 10 个省（区、市）粮食播种面积和粮食产量均出现不同程度增加，粮食播种面积同比增长超过 1% 的有 5 个省（区），分别是青海（3.57%）、甘肃（2.21%）、广西（2.15%）、贵州（1.66%）、新疆（1.18%）。粮食产量同比增长超过 1% 的有 7 个省（区）：山西（4.55%）、新疆（3.67%）、陕西（3.57%）、甘肃（3.35%）、广西（2.85%）、宁夏（1.88%）、云南（1.39%）。

2020 年粮食主销区的总产量为 2871 万吨，比 2019 年增产 51 万吨，粮食主销区粮食产量占比从 2019 年的 4.25% 增长到 2020 年的 4.29%（见表 5）。可见，2020 年粮食主销区的粮食生产能力略有增加。从播种面积和产量看，7 个主销区中，5 个省（市）的粮食播种面积均有不同程度增加，分别是：北京（4.26%）、天津（3.24%）、广东（2.04%）、浙江（1.64%）、福

① 括号内代表播种面积同比增长幅度，下同。

建（1.46%）。从产量看，5个省（市）的粮食产量均有不同程度增加，分别是：北京（6.90%）、浙江（2.36%）、天津（2.24%）、广东（2.18%）、福建（1.62%）。海南的粮食产量与2019年持平，上海的粮食产量下降较多，下降了5.21%（见表6）。

表5　2020年粮食生产区域格局变化情况

单位：万吨，%

区域	2019年		2020年	
	产量	占全国粮食产量比重	产量	占全国粮食产量比重
粮食主产区	52370	78.89	52597	78.57
粮食产销平衡区	11195	16.86	11479	17.15
粮食主销区	2820	4.25	2871	4.29

资料来源：《中国统计年鉴2020》《国家统计局关于2020年粮食产量的公告》。

表6　2020年各地区粮食生产情况及变化

地区	播种面积		总产量	
	面积(千公顷)	同比增长(%)	产量(万吨)	同比增长(%)
黑龙江	14438	0.70	7541	0.51
河　南	10739	0.04	6826	1.96
山　东	8282	-0.37	5447	1.68
安　徽	7290	0.04	4019	-0.86
吉　林	5682	0.66	3803	-1.93
河　北	6389	-1.24	3796	1.52
江　苏	5406	0.46	3729	0.62
内蒙古	6833	0.07	3664	0.30
四　川	6313	0.54	3527	0.83
湖　南	4755	3.01	3015	1.34
湖　北	4645	0.78	2727	0.07
辽　宁	3527	1.09	2339	-3.74
江　西	3772	2.92	2164	0.32
云　南	4167	0.02	1896	1.39
新　疆	2230	1.18	1583	3.67
山　西	3130	0.13	1424	4.55
广　西	2806	2.15	1370	2.85
广　东	2205	2.04	1268	2.18
陕　西	3001	0.07	1275	3.57

续表

地区	播种面积		总产量	
	面积(千公顷)	同比增长(%)	产量(万吨)	同比增长(%)
甘　肃	2638	2.21	1202	3.35
重　庆	2003	0.20	1081	0.56
贵　州	2754	1.66	1058	0.67
浙　江	993	1.64	606	2.36
福　建	834	1.46	502	1.62
宁　夏	679	0.30	380	1.88
天　津	350	3.24	228	2.24
海　南	271	-0.73	145	0.00
青　海	290	3.57	107	0.94
西　藏	182	-1.09	103	-1.90
上　海	114	-2.56	91	-5.21
北　京	49	4.26	31	6.90

资料来源：《中国统计年鉴2020》《国家统计局关于2020年粮食产量的公告》。

（二）经济作物

2020年，各地继续深入推进农业供给侧结构性改革，调减低质低效作物种植，因地制宜发展经济作物。2020年棉花总播种面积为317万公顷，较2019年下降17万公顷，降幅达5.09%。2020年的棉花总产量为591万吨，比2019年增加2.1万吨，涨幅达0.36%。2020年受新疆棉区“控制面积、提质增效”原则合理引导棉花生产的影响，新疆棉花播种面积为250.2万公顷，比上年减少3.9万公顷，下降1.5%。其他棉区受种植效益和农业结构调整等因素的影响，棉花播种面积下降。长江流域棉区播种面积为28.4万公顷，比上年减少5.7万公顷，下降16.7%；黄河流域棉区播种面积为35.9万公顷，比上年减少7.0万公顷，下降16.3%。受良好天气影响，棉花总产量的增长主要来自棉花单产的增加。2020年全国棉花单产为1864.5公斤/公顷，比上年增加100.9公斤/公顷，增长5.7%。新疆棉区气候条件较为适宜，病虫害发生较轻，棉花长势较好，棉花单位面积产量2062.7公斤/公顷，比上年增加93.8公斤/公顷，增长4.8%。因此，新疆棉花产量比上年增加15.9万吨，增长3.2%。长江流域棉区因受洪涝灾害影响，棉花单位面积产量1011.1公斤/公顷，比上年减少53.4公斤/公顷，下降5.0%；黄河流域棉区单位面积产量1175.0公斤/公顷，比上年增加57.3公斤/公顷，增长5.1%。①

除2018年油料产量下降1%以外，2006～2020年其他年份中国油料产量均实现增长。2020年，油料播种面积为1313万公顷，比2019年增长1.55%，油料产量为3585万吨，比2019年增产92万吨，增长2.63%。2020年油料单产为2.73吨/公顷，比2019年增长1.05%。

受糖料作物种植成本收益变化影响，农民种植积极性一直不高，2012年以来中国糖料作物的播种面积一直呈下降趋势。2020年中国糖料作物播种面积达157万公顷，比2019年下降2.52%。受播种面积下降较大影响，2020年糖料作物产量降至12028万吨，比2019年下降1.16%（见表7）。虽然农户种植积极性不高，但糖料作物的种植结构在不断优化，种植技术在不断提升，2020年糖料单产为76.61吨/公顷，单产增长1.41%。

表7　2020年经济作物生产情况及变化

品种	播种面积		产量	
	面积(万公顷)	同比增长(%)	产量(万吨)	同比增长(%)
油料	1313	1.55	3585	2.63
棉花	317	-5.09	591	0.36
糖料	157	-2.52	12028	-1.16

资料来源：《2020年国民经济和社会发展统计公报》。

二　2019年种植业贸易情况

（一）粮食贸易情况

从粮食进口情况看，2020年中国谷物进口数量达3579.1万吨，比2019

① 本段内容及数据来自国家统计局《2020年全国棉花产量持平略增 全国棉花总产量591万吨 同比增长0.4%》，https：//www.sohu.com/a/439643764_ 99943841。

年增长99.8%。增长的原因主要是各类谷物进口量均出现不同程度增加。2020年高粱进口量增长最多，进口量达481.3万吨，比2019年增长了4.8倍；2020年，小麦和玉米的进口量均出现较大幅度增长，玉米进口量为1129.6万吨，进口量增加较多，比2019年增长1.4倍；小麦进口量为837.6万吨，比2019年增长1.4倍；2020年大米进口量为294.3万吨，比2019年增长15.6%；大麦进口量为807.9万吨，比2019年增长36.3%；木薯的进口量为335.5万吨，较2019年增长18.2%。面临国际经济形势不稳定和新冠肺炎疫情的影响，部分贸易商和加工企业提前进口大豆增加储备，2020年大豆进口量在2019年的基础上又有了一定幅度增长，大豆进口量达10032.7万吨，较2019年增长13.3%（见表8），创大豆进口最高水平。①

从粮食进口国看，2020年大米主要进口来源国是缅甸（占进口总量的31.0%，下同）、越南（26.8%）、巴基斯坦（16.1%）、泰国（12.1%）、柬埔寨（7.9%）。出口目的地主要是埃及（占出口总量的11.4%）、韩国（8.9%）、塞拉利昂（8.9%）、喀麦隆（8.1%）、尼日尔（5.7%）。由于国内市场对优质小麦需求强劲，小麦进口量大幅增加。2020年进口小麦及制品创1997年以来的最高纪录。进口主要来自法国（占进口总量的27.3%）、加拿大（26.3%）、美国（18.9%）、澳大利亚（14.1%）。2020年，玉米主要进口来源国是乌克兰（占进口总量的55.7%）、美国（38.4%）、保加利亚（2.3%）。2020年，大豆进口创历史新高，大豆进口主要来源国是巴西（占进口总量的64.2%）、美国（25.9%）、阿根廷（7.5%）。②

表8　2020年主要粮食进出口情况

单位：万吨，%

作物	进口		出口	
	数量	同比增长	数量	同比增长
谷物	3579.1	99.8	259.3	-19.9

① 资料主要来源于中华人民共和国农业农村部官方网站公布的《2020年我国农产品贸易情况》。

② 资料主要来源于农业农村部《农产品供需形势分析月报》，2020年1月。

续表

作物	进口		出口	
	数量	同比增长	数量	同比增长
小麦	837.6	140.2	18.1	-42.1
玉米	1129.6	135.7	0.3	-87.3
大米	294.3	15.6	230.5	-16.1
大麦	807.9	36.3	78.4	-75.1
高粱	481.3	478.5	2.1	-48.3
木薯	335.5	18.2		
大豆	10032.7	13.3		

资料来源：中华人民共和国农业农村部官方网站公布的《2020年我国农产品贸易情况》。

（二）经济作物贸易情况

从经济作物进口情况看，除食用植物油中的棕榈油进口数量下降外，其他品种进口数量均出现不同程度增长。2020年，棉花进口数量达223.2万吨，比2019年增长15.2%。食糖进口数量达527.3万吨，比2019年增长55.5%。2020年食用油籽进口量为11000万吨，较2019年上涨13.8%，其中油菜籽进口量为311.4万吨，上涨13.8%。食用植物油进口数量为1169.5万吨，比2019年增长1.5%，食用植物油品种进口量普遍增加，其中，增长幅度最大的是葵花油和红花油，进口量增长59.0%，其次是菜油，增长19.6%，再次是豆油，增长16.6%。棕榈油进口量下降，同比减少14.4%（见表9）。

表9　2020年主要经济作物进口情况

单位：万吨，%

作物	数量	同比增长
棉花	223.2	15.2
食糖	527.3	55.5
食用油籽	11000	13.8
其中:油菜籽	311.4	13.8
食用植物油	1169.5	1.5
其中:棕榈油	646.1	-14.4

续表

作物	数量	同比增长
菜油	193. 2	19. 6
葵花油和红花油	195. 4	59. 0
豆油	96. 3	16. 6

资料来源：中华人民共和国农业农村部官方网站公布的《2020 年我国农产品贸易情况》。

三　2020年种植业市场变化情况

（一）粮食的市场价格变化情况

1. 稻米市场价格变化情况

从稻谷最低收购价政策层面看，2020 年稻谷最低收购价较 2019 年发生变化。综合考虑粮食生产成本、市场供求、国内外市场价格和产业发展等因素，2020 年生产的早籼稻（三等，下同）、中晚籼稻和粳稻最低收购价格分别为每 50 公斤 121 元、127 元和 130 元。其中，早籼稻、中晚籼稻每斤均比 2019 年提高了 1 分钱，粳稻与 2019 年持平。

从 2020 年国内外稻米价格变化看，2020 年国内稻米平均价格为 2. 07 元/斤，国际稻米平均到岸价格为 1. 98 元/斤，国内价格比国际价格高 4. 54%。从价格变化看，2020 年国内稻米平均价格比 2019 年高 0. 05 元/斤，上涨 2. 48%。从变化趋势看，受新冠肺炎疫情影响，2020 年全年稻米价格一直处于高位震荡，这与疫情防控力度较大、部分月份物流不畅、农户惜售心理、加工企业提前采购储备等因素有很大关系，2020 年 1 ~4 月稻米价格一直保持高位，1 ~3 月持续稳定在 2. 06 元/斤，4 月上涨至 2. 08 元/斤，5 ~8 月价格有所回落，回落空间有限，尤其是 10 月在部分省份启动 2020 年中晚稻最低收购价执行预案后，企业入市采购积极，农民惜售心理增强，价格上扬达到全年最高点 2. 10 元/斤，之后一直保持至 12 月（见图 1）。

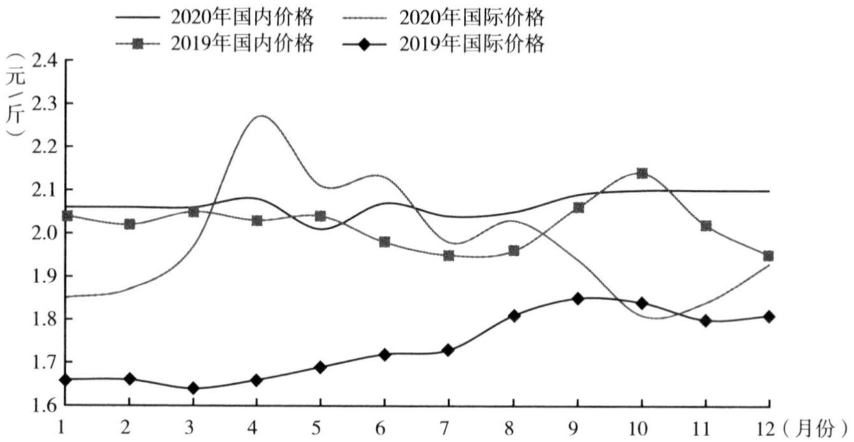

图1　2019～2020年1～12月稻米国内外价格变化情况

资料来源：农业农村部《农产品供需形势分析月报》，2021年1月。

2. 小麦市场价格变化情况

从小麦最低收购价政策层面看，2020年小麦最低收购价与2019年相比保持不变。2020年国家继续在小麦主产区实行最低收购价政策。综合考虑粮食生产成本、市场供求、国内外市场价格和产业发展等因素，2020年生产的小麦（三等）最低收购价为每50公斤112元，保持2019年水平不变。

从2020年国内外小麦价格变化看，2020年国内小麦平均价格为1.35元/斤，国际小麦平均到岸价格为1.17元/斤，国内价格比国际价格高15.38%。从价格变化看，受新冠肺炎疫情，部分学校、餐饮业等对面粉需求下降，物流不畅，供应充足等因素影响，2020年国内小麦平均价格比2019年低0.03元/斤，下跌2.17%。从变化趋势看，2020年1～6月，受新冠肺炎疫情、需求不太旺盛、供应充足等因素影响，小麦平均价格为1.35元/斤，较2019年前半年（1.44元/斤）下跌6.25%。之后随着小麦托市收购预案启动，市场主体入市采购积极，同时受玉米价格持续走高、市场对小麦需求量持续增加等因素影响，自7月以来，小麦价格持续走高，从7月的1.33元/斤上涨至12月的1.39元/斤（见图2），增幅达4.51%。

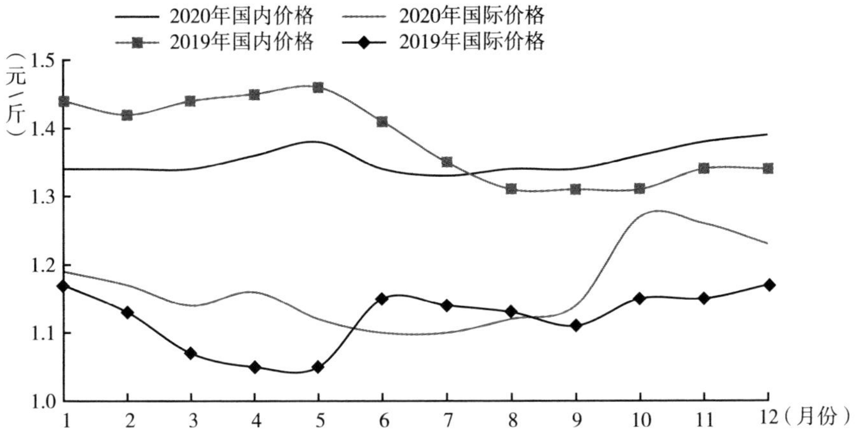

图2　2019～2020 年 1～12 月小麦国内外价格变化情况

资料来源：农业农村部《农产品供需形势分析月报》，2021 年 1 月。

3. 玉米市场价格变化情况

从玉米政策层面看，2020 年国家继续在三省一区实施玉米生产者补贴政策。例如，2020 年黑龙江省玉米补贴标准适当提高，大豆每亩补贴高于玉米 200 元。而 2019 年黑龙江玉米生产者补贴为 30 元/亩，大豆为 255 元/亩。吉林省 2020 年补贴金额与 2019 年相比保持相对平稳的水准，玉米生产者补贴标准为 86 元/亩。2020 年，受新冠肺炎疫情、玉米供给偏紧、需求回暖等因素影响，国内玉米平均价格为 1.14 元/斤，国际玉米平均到岸价格为 0.96 元/斤，国内价格比国际价格高 18.75%。2020 年国内玉米平均价格较高，比 2019 年高 0.16 元/斤，上涨 16.33%。从价格变化看，全年玉米国内价格一直处于增长趋势。从 1 月的 0.98 元/斤，增长至 12 月的 1.34 元/斤，涨幅达 36.73%。从国际价格波动看，从 1 月的 1.13 元/斤持续下跌至 5 月的 0.78 元/斤后又上涨至 12 月的 1.02 元/斤（见图 3），是一个先跌后涨的趋势，因此，2020 年玉米的国内价格走势与国际价格走势完全不同。

4. 大豆市场价格变化情况

从大豆政策层面看，2020 年国家继续在三省一区实施大豆生产者补贴政策。例如，2020 年黑龙江省大豆补贴标准基本保持稳定，大豆每亩补贴

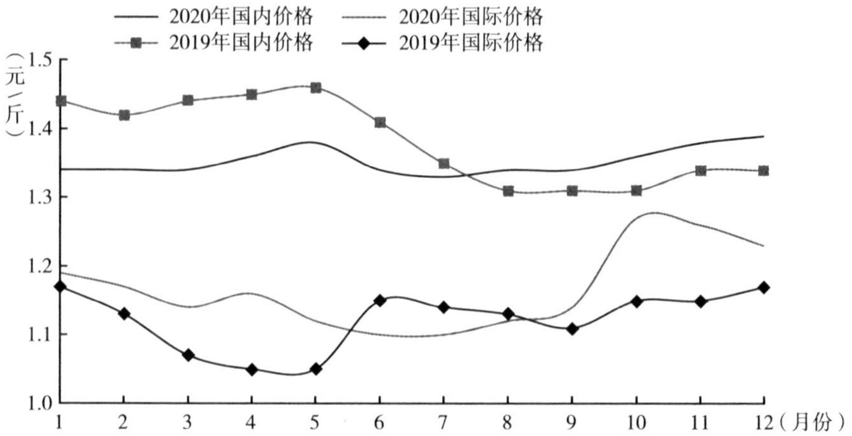

图3　2019～2020年1～12月玉米国内外价格变化情况

资料来源：农业农村部《农产品供需形势分析月报》，2021年1月。

高于玉米200元。吉林省2020年补贴金额与2019年相比保持相对平稳的水准，大豆补贴标准为265元/亩。2020年，受新冠肺炎疫情影响，东北地区物流不畅，供应偏紧，市场主体采购意愿较强，国内大豆价格上涨较多。2020年，国内大豆平均价格为2.64元/斤，比2019年高0.59元/斤，涨幅达28.78%。国际大豆平均价格为1.68元/斤，国内价格比国际价格高0.96元/斤，高57.14%。从价格变化看，2020年1～7月大豆价格持续走高，从1月的2.13元/斤上升至7月的2.92元/斤，增幅达37.09%。7月之后价格进入略微下跌阶段，从7月的2.92元/斤下跌至12月的2.86元/斤（见图4），下跌幅度不大，为2.05%。

（二）经济作物的市场价格变化情况

1. 棉花市场价格变化情况

2020年，受新冠肺炎疫情影响，前4个月，棉花需求意愿不足，国内棉花价格从1月至4月呈下降趋势，从4月至12月，居民消费持续恢复，对纺织品的消费持续增加，棉花价格也呈上升趋势。国内棉花平均价格为12941.42元/吨，比2019年下降1316.33元/吨，跌幅达9.23%。国际棉花

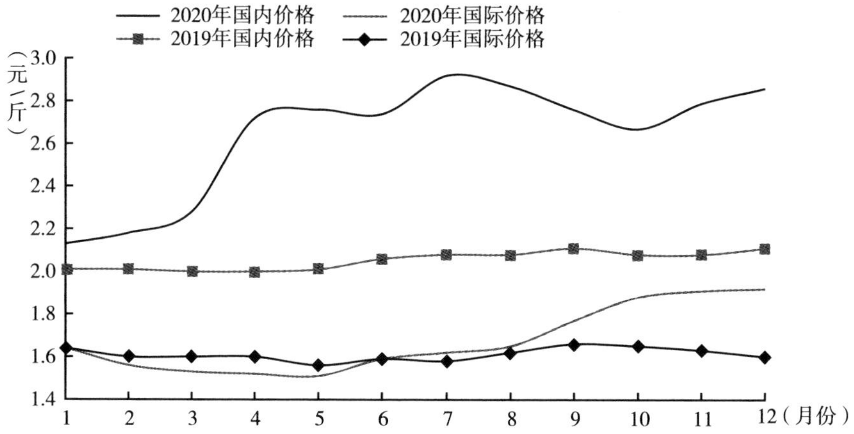

图4　2019～2020 年 1～12 月大豆国内外价格变化情况

资料来源：农业农村部《农产品供需形势分析月报》，2021 年 1 月。

平均到岸价格为 14039.08 元/吨，国内价格比国际价格低 1097.67 元/吨，低 7.82%。从价格变化看，2020 年 1～4 月国内棉花价格持续下跌，跌至 11396 元/吨，12 月达到最高价 14795 元/吨。4 月之后棉花价格进入快速上升阶段，从 4 月的 11396 元/吨上升至 12 月的 14795 元/吨（见图 5），增幅达 29.83%。从 2019 年和 2020 年两年国内外棉花价格变化趋势看，棉花国内市场价格与国际市场价格联动性较强。

2. 油料市场价格变化情况

2020 年，国内油料价格整体呈先降后稳再涨趋势。国内油料平均价格为 3.27 元/斤，比 2019 年增长 0.42 元/斤，涨幅为 14.74%。国际油料平均到岸价格为 3.38 元/斤，国内价格比国际价格低 0.11 元/斤。从价格变化看，国内油料价格从 1 月的 3.53 元/斤降至 5 月的 2.7 元/斤后，从 6 月开始持续上涨，至 12 月达到最高，为 4.1 元/斤（见图 6）。6 个月涨幅达到 45.8%。从国内外棉花价格变化趋势看，2020 年油料的国内市场价格与国际市场价格联动性较强。

3. 糖料市场价格变化情况

2020 年，国内糖料价格整体呈下跌趋势。国内糖料平均价格为 5431.67

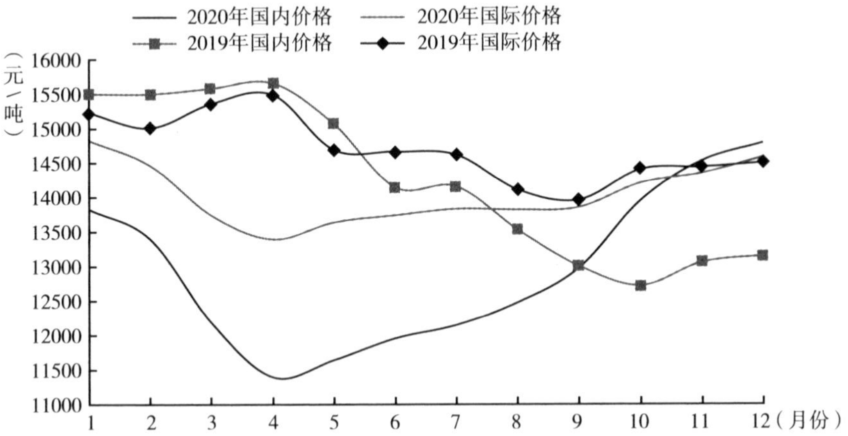

图5　2019～2020年1～12月棉花国内外价格变化情况

资料来源：农业农村部《农产品供需形势分析月报》，2021年1月。

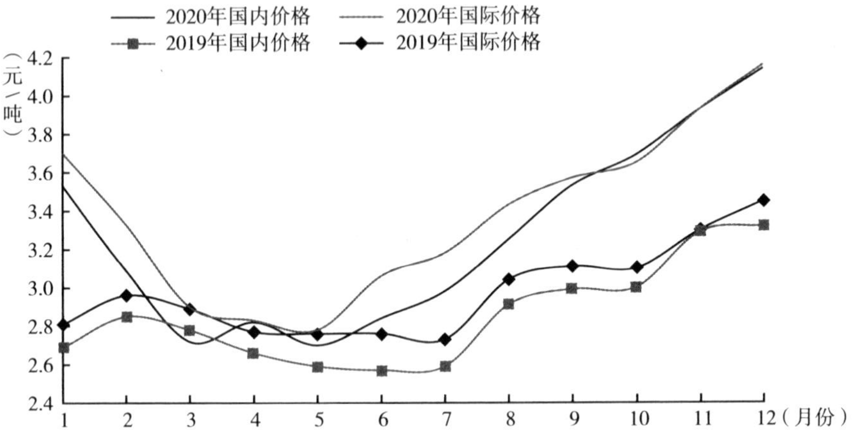

图6　2019～2020年1～12月油料国内外价格变化情况

资料来源：农业农村部《农产品供需形势分析月报》，2021年1月。

元/吨，比2019年增长35元/吨，增幅为0.65%。国际糖料平均到岸价格为3453.92元/吨，国内价格比国际价格高1977.75元/吨，高57.26%。从价格变化看，国内糖料价格从1月的5737元/吨跌至8月的5224元/吨（见图7），跌幅达8.94%。9月糖料价格上涨的主要原因是新旧榨季交替，市场糖料现货供应量有限，同时国内需求量增加。之后又开始小幅下跌至 12 月的 5054 元/吨。从国内外糖料价格变化趋势看，2020 年糖料的国内市场价格与国际市场价格联动性不强，相较于国际价格，国内糖料价格处于较高位运行态势。

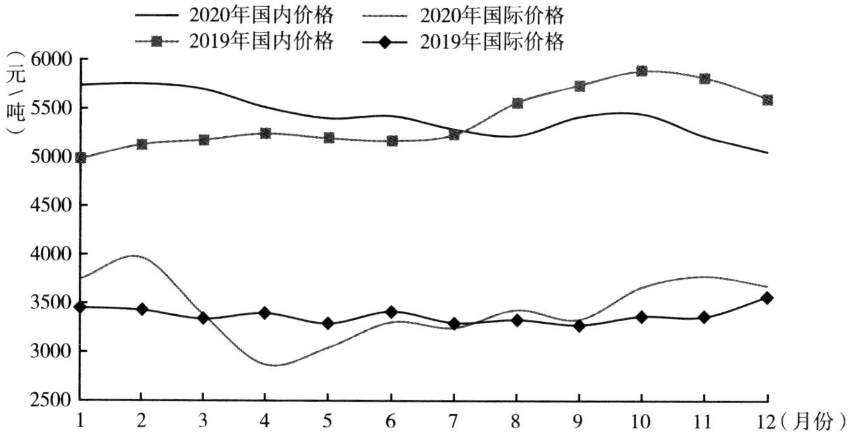

图 7　2019～2020 年 1～12 月糖料国内外价格变化情况

资料来源：农业农村部《农产品供需形势分析月报》，2021 年 1 月。

四　2020年种植业生产和市场展望

（一）种植业生产展望

粮食生产方面。2021 年 2 月 25 日，国家发改委等部门联合发布了《关于公布 2021 年稻谷最低收购价格的通知》：综合考虑粮食生产成本、市场供求、国内外市场价格和产业发展等各方面因素，公布了 2021 年生产的早籼稻（三等）、中晚籼稻和粳稻最低收购价分别为每 50 公斤 122 元、128 元和 130 元。除粳稻保持 2019 年同等水平外，早籼稻（三等）和中晚籼稻均比 2021 年高 1 元，这是连续第二次提高早籼稻（三等）和中晚籼稻最低收购价。2020 年 11 月，国家发改委等部门联合发布了《关于公布 2021 年小麦最低收购价格的通知》，2021 年生产的小麦（三等）最低收购价为每 50 公斤113元，较2020年增加1元。2021年小麦和稻谷继续实行限量收购。从最低收购价执行预案看，2021年国家加大了对稻谷和小麦的价格支持力度。随着国内疫情被控制，国内经济社会运行全面恢复，国家通过加大对粮食生产的支持力度，会充分调动种粮主体的积极性，增加种植面积，因此，2021年国内稻谷和小麦的种植面积会增加。受最低收购价限量收购影响，低质低效的稻谷和小麦种植面积会下降，优质高效的稻谷和小麦种植面积和产量均会增加。受大豆振兴计划影响，大豆补贴力度明显高于玉米，且2020年大豆价格较为坚挺，2021年东北地区大豆的播种面积下调的可能性不大。受2020年玉米大幅涨价的影响，山东、河北、河南等地玉米的播种面积会大幅增加。

经济作物生产方面。受农业供给侧结构性改革持续推进的影响，经济作物种植品种的区域优势会更加明显。受2020年下半年油料价格较为坚挺的影响，预测2021年国内油料种植面积和产量会继续增加。受新疆地区“控制面积、提质增效”原则的影响，新疆的棉花种植面积不会增加，但棉农种植优质棉花的积极性会持续提高，新疆的植棉优势会进一步凸显。受国内糖料作物经济效益较低影响，2021年糖料作物种植面积和产量增加的可能性不大。

（二）种植业市场展望

粮食价格方面。随着国内新冠肺炎疫情逐渐控制住，国内稻谷产能恢复较快，2021年稻谷价格上涨的可能性不大，质量高、品质优的稻谷种植面积会增加，优质优价体系会更加完善；2021年优质小麦产量和播种面积均有可能增加，普通小麦价格增加的可能性不大，但优质小麦的市场需求和价格优势会持续凸显；受玉米价格大幅上涨影响，2021年玉米的产量会有一定幅度增加，玉米价格继续上涨的可能性不大；受大豆补贴政策和大豆价格上涨的影响，2021年大豆种植面积会继续增加，大豆产量增加的可能性较大，因此，国内大豆价格上浮的可能性不大。

经济作物价格方面。2021年棉花产量有可能进一步下跌，新疆地区植棉面积会保持不变或继续增加，其他地区植棉意愿不强，2021 年棉花价格上行的可能性较大；预测 2021 年随着油料产量的增长，油料价格大幅上涨的可能性不大；受国内外形势影响，2021 年国内食糖价格会上行。

（三）种植业贸易展望

粮食贸易方面。考虑到新冠肺炎疫情对全球经济社会以及农业生产造成的重大影响，预测 2021 年稻谷、小麦、玉米进口压力较大，各级政府应继续压实粮食生产责任制，进一步加大对粮食生产的支持力度；引导做好闲置或撂荒地复垦复耕，完善农业支持保护制度；通过土地适度规模经营和健全农业社会化服务体系，推动小农户与现代农业发展的有机衔接，实现粮食作物增产增效；面临重大内外部风险，在打好一系列政策“组合拳”的基础上，保障重要农产品的自给自足。由于结构性需求、国内生产能力不足、政治经济不确定风险等因素影响，大豆大量进口的可能性依然很大。

经济作物贸易方面。受新冠肺炎疫情的影响，经济作物的贸易也会受到影响。预测 2021 年，随着疫情逐渐被控制，国外对纺织品需求会增加，棉花进口量和出口量均增加的可能性较大；受国内结构性需求、国内外价差等因素的影响，食用植物油的进口还是会保持增加态势。受国内食糖需求量较高、国内外价差、国内外生产成本差异等因素影响，2021 年食糖进口量的增加趋势依然明显。

G.5

2020年林业经济形势及2021年展望

赵海兰*

摘　要： 本报告分析了2020年中国林业投资和造林、林业生产、林产品贸易、林业国际合作和林产品市场状况，并对2021年林业生产和林产品市场的发展趋势进行了展望。2020年，林业投资规模略有下降，全国造林面积超过1亿亩。林业总产值出现负增长，国内木材产量有所减少。林产品进出口贸易额为1600亿美元，其中木质林产品占比约为66%。木质林产品的进口以木浆、原木和锯材等产品为主；出口以纸制品和木质家具为主，原木、锯材等出口有所下降。受疫情影响，林产品市场处于萎缩状态，绝大多数林产品市场分化现象严重。国内木材价格较为平稳。展望2021年，造林面积将大幅度调整，林业投资规模将逐步提高。林产品进出口贸易继续增加，林产品出口形势有所好转。国内林产品市场趋于稳定，木制品价格上涨空间有限。

关键词： 林业生产　林产品市场　林产品贸易

“十三五”时期，中国全方位开展生态文明建设，推动经济绿色发展。林业生态建设取得重大进展，为中国乃至全人类的福祉做出了巨大贡献。与

---

* 赵海兰，管理学博士，国家林业和草原局经济发展研究中心工程师，主要研究方向为资源与环境经济、林业国际合作、林业发展战略规划及林业经济理论与政策。

此同时，林业产业始终保持良好发展态势，林业经济发展也迈上新的大台阶。2020年是“十三五”规划收官之年，也是决胜全面建成小康社会和决战脱贫攻坚收官之年。2020年中央一号文件将抓好“三农”领域重点工作确保如期实现全面小康作为农业农村工作的核心内容，尽管文件中涉及林业发展的内容不多，但是包括扩大贫困地区退耕还林还草规模，支持农民群众开展村庄绿化行动，推进“美丽家园”建设等内容，仍然为林业发展提供了政策支撑和方向。特别是新修订的《森林法》正式实施，进一步为林业生态建设及林业经济发展提供了法律保障。党的十九届五中全会审议通过的《中共中央关于制定国民经济和社会发展第十四个五年规划和二〇三五年远景目标的建议》明确提出：“十四五”时期，要实现生产生活方式绿色转型，生态环境持续改善，生态安全屏障更加牢固，开展大规模国土绿化行动，促进经济社会发展全面绿色转型。2021年是“十四五”规划开局之年，中国进入新发展阶段，对林业提出更高的期望和要求，党中央、国务院将会给予林业发展更大的支持，林业面临着更加广阔的发展空间，在生态保护修复、生态经济惠民方面将会做出更大贡献，不断满足人们日益增长的生态产品和生态服务需求。

一　2020年林业投资和造林分析

（一）林业投资分析

“十三五”时期，中央对林业的投资累计达6333亿元。金融部门推出了适合林业特点的长周期、低利率开发性优惠贷款，累计放贷1130亿元①。2020年，中央投资中对林业的资金投入为1412亿元②。2011年以来，中国林业投资完成额呈增长趋势，从2011年的2632.61亿元增长到2019年的

① 《中国林草“十三五”成绩单》，《中国绿色时报》2021年1月26日，第1版。

② 根据投入总额和往年数据推算。

4525.59亿元，2020年受疫情影响，林业投资完成额同比减少3.65%①。林业投资完成额包括国家资金和社会资金，这两类资金的用途有明显的差异。其中，国家资金用于造林抚育、林业重点生态工程、森林质量精准提升工程等生态保护与修复项目，社会资金则主要用于林业生产发展。从国家投资与社会投资比例来看，由于国家对生态建设的重视，投入资金增长速度一直较快，社会资金的增速趋于缓慢。2011年，林业投资中国家资金与社会资金的比例约为42∶58，2019年该比例约为59∶41。从各个渠道的投资增速和投资完成情况来看，2020年林业投资中国家资金与社会资金的比例变化不大，但林业投资渠道更加广阔，投资结构进一步优化，投资效率进一步提高。

（二）造林情况分析

“十三五”时期，全国累计完成造林面积5.45亿亩，森林覆盖率提高到23.04%，森林蓄积量超过175亿立方米，连续30年保持森林面积、蓄积量的“双增长”，我国成为全世界森林资源增长最多的国家②。2020年，全年共计划造林面积1.01亿亩，实际完成造林面积1.02亿亩，比2019年实际完成造林面积减少4.20%。林业重点生态工程造林面积比2019年减少6.92%，创1998年以来的最低点。其中，天然林资源保护工程、退耕还林工程、京津风沙源治理工程、石漠化治理工程、国家储备林建设工程和三北及长江、珠江、沿海、太行山等重点防护林体系工程等分别完成造林面积369万亩、1240.50万亩、277.50万亩、370.50万亩、672万亩和1204.50万亩，分别占重点生态工程完成造林面积的8.93%、30.01%、6.71%、8.96%、16.26%和29.13%。重点生态工程造林的主体仍然是退耕还林工程和三北及长江、珠江、沿海、太行山等重点防护林建设工程，二者合计造林面积约为重点生态工程造林面积的60%。与2019年完成造林情况相比，

---

① 2020年数据来源于《2020年林业和草原主要数据统计快讯》，由于部分数据统计周期尚未覆盖到年末，另外统计项目也不是非常完整，因此这里只是与2019年同期进行的比较，最终结果会略有偏差。

② 《“十三五”期间我国完成造林5.45亿亩》，《人民日报》2021年1月27日，第14版。

天然林资源保护工程、退耕还林工程和石漠化治理工程分别增长 0.82%、2.99%和37.99%；京津风沙源治理工程、国家储备林建设工程和三北及长江、珠江、沿海、太行山等重点防护林体系工程则分别下降 19.91%、27.86%和9.06%①，降幅较大。

二 2020年林业生产分析

“十三五”时期，全国林业产业总产值累计达36.83万亿元。2020年，全国林业产业总产值继续负增长，但下降速度有所放缓。2020年，中国林业产业总产值达7.55万亿元（现价），相比2019年减少了0.01万亿元。受国内外疫情及经济形势的影响，林业产值出现负增长。作为林业产业三大支柱之一的森林旅游产业受疫情冲击影响较大。2020年，疫情较为严重的时间段内，森林旅游产业显著衰弱，在前三个季度中，森林旅游游客量分别仅为上年同期水平的19.20%、28.20%和44.70%。随着国内疫情的好转，全国森林旅游复苏势头强劲，全年游客量超过15亿人次，达到2019年游客量的84.20%。2020年，新修订的《森林法》正式实施。“森林旅游”一词首次在《森林法》中出现，《森林法》同时还对能够直接为林业生产经营服务的工程设施进行了相应的明确，如森林步道、科普教育设施等，新时代中国森林旅游产业有了坚实的法律保障。“十三五”时期，森林旅游蓬勃发展，森林旅游游客总量达到75亿人次，创造社会综合产值6.8万亿元。同时，依托森林旅游实现增收的全国建档立卡贫困人口达到46.50万户147.50万人，受益人数占贫困人口的9%，年户均增收约5500元②。

2020年，全国木材产量为8700亿立方米，比2019年减少13.38%。2020年，在全国范围内保护天然林，天然林的商业性采伐全面停止，得到休养生息的天然乔木林面积高达19.44亿亩。在此背景下，木材的供应保障

① 根据《2019年中国林业和草原统计年鉴》和《2020年中国国土绿化状况公报》中相关数据整理而得。

② 《“十三五”全国森林旅游发展十件大事》，新华网，2021年1月18日。

问题主要由人工林解决，尤其是广西桉树。2020年，广西桉树木材年产量达3000多万立方米，桉树面积占全国林地面积的6‰，生产出全国1/5的木材，为中国木材安全做了巨大的贡献。2020年，林业产业发展良好，林下经济作物面积近6亿亩。为了解决由经济林和林下经济发展带来的产销对接难问题，同时更好地促进森林旅游的发展，国家林草局与阿里巴巴集团高德软件有限公司合作，实行“全国采摘果园一张图”，利用高德地图软件功能对各地采摘果园进行数字地图免费上图标注，这一做法将林下经济与森林旅游很好地结合起来，拓宽了经济林和林下经济产品的市场销售模式，为林业产业高质量发展做出积极贡献。

三　2020年中国主要林产品贸易

2020年，中国林产品进出口贸易额为1600亿美元，比2019年增长1.73%；林产品进出口贸易以木质林产品贸易为主，占比约66%。木质林产品的出口额为581.79亿美元，比2019年减少1.91%；进口额为475.35亿美元，比2019年减少4.51%。

（一）木材和木制品进口

2020年，中国木材和木制品进口以木浆、原木和锯材等为主。木材产品中，原木、锯材、木炭进口均有所减少，木片进口量增加但进口额减少。木制品中，单板、刨花板、胶合板等进口增加，纤维板减少；印刷品和废纸进口减少，纸制品进口增加，木浆进口量增加但进口额减少；木框架等木制品进口增加，木家具和软木进口均减少。

1. 木材进口

2020年，中国木材进口以原木和锯材为主，占木材和木制品进口总额的38.68%。

2020年，中国进口原木5975万立方米，比2019年下降0.08%；进口额84.05亿美元，同比减少10.90%。在原木进口额中，针叶原木占比为

65.06%，阔叶原木占比为34.94%；在原木进口量中，针叶原木进口4685.62万立方米，比2019年增长5.33%，阔叶原木进口1289.57万立方米，比2019年减少14.80%。2020年，来自新西兰、德国、俄罗斯、澳大利亚、美国5国的原木进口量占比为68.65%。其中，来自新西兰和德国的原木进口量占比分别为27.15%和17.66%。从新西兰进口的原木数量为1622.39万立方米，比2019年减少8.52%。从德国进口的原木数量达1055.04万立方米，比2019年增长148.93%。从俄罗斯进口的原木数量为634.12万立方米，比2019年减少16.04%。从澳大利亚进口的原木数量为456.54万立方米，比2019年减少12.59%。从美国进口的原木数量为334.01万立方米，比2019年减少9.34%。2020年，全年累计进口红木原木35.30万立方米，比2019年减少37.01%，进口金额为3.22亿美元，同比减少44.7%。

2020年，中国进口锯材3454.64万立方米，同比减少6.75%；进口额为76.46亿美元，同比减少11.01%。其中，针叶锯材进口2537.22万立方米，同比减少8.12%，阔叶锯材进口917.41万立方米，同比减少2.74%。针叶锯材进口额占比为57.22%，阔叶锯材进口额占比为42.78%。来自俄罗斯、泰国、美国、加拿大、加蓬5国的锯材进口量占锯材进口总量的72.11%。从俄罗斯进口的锯材数量占比为45.40%，且以阔叶锯材进口为主，进口量达1568.27万立方米，同比下降14.25%。从泰国进口的锯材数量占比为10.27%，进口量达354.88万立方米，同比减少1.20%。从美国进口的锯材数量占比为5.86%，进口量达202.42万立方米，同比增长24.07%。从加拿大进口的锯材数量占比为8.93%，以针叶锯材进口为主，进口量达308.39万立方米，同比下降32.45%。从加蓬进口的锯材数量为57.06万立方米，同比增长4.40%，占进口总量的1.76%。

2020年，中国进口木片1355.45万吨，同比增长7.73%，进口额22.59亿美元，同比减少5.98%。木片进口高度集中，越南、澳大利亚、智利和巴西是进口额排名前4位的贸易伙伴，木片进口额占比分别为50.33%、24.32%、11.50%和5.00%，合计占进口总额的91.15%。进口木炭28.78

万吨，进口额7069.64万美元，同比分别减少30.12%和28.49%。

2. 木制品进口

2020年，中国木制品进口以木浆和纸制品为主，占木材和木制品进口总额的61.32%。

2020年，中国进口单板118.20万吨，进口额为2.49亿美元，同比增长26.68%和9.17%。单板主要从越南、俄罗斯和加蓬等国进口，3国全年进口量占比分别为62.78%、13.96%和2.93%。2020年，中国进口纤维板14.74万吨，进口额为1.08亿美元，比2019年分别减少18.34%和17.89%。新西兰、澳大利亚、德国、泰国和比利时是主要的进口来源国家，进口量占比分别为22.00%、19.64%、17.16%、7.33%和6.45%，其中来自澳大利亚的纤维板进口量上浮明显。2020年，刨花板进口量达77.17万吨，进口额为2.59亿美元，比2019年分别增加14.59%和10.67%。主要进口来源国家为泰国、罗马尼亚、巴西和马来西亚，4国刨花板进口量占比分别为29.16%、16.56%、11.32%和8.10%。2020年，中国胶合板进口27.87万立方米，比2019年增加96.22%；进口额1.3亿美元，同比增长2.45%。胶合板主要进口来源集中在俄罗斯、意大利和芬兰3个国家，3国胶合板进口量占比分别为27.89%、17.80%和17.64%。

2020年，中国进口木质家具810万件（其中木坐具占22.20%，木家具占77.80%），比2019年减少21.17%；进口额9.12亿美元（其中木坐具占26.89%，木家具占73.11%），比2019年减少14.32%。木家具进口来源主要集中在德国和意大利，进口额占比分别为26.13%和23.03%；木坐具进口来源主要集中在意大利，进口额占比为52.49%。

2020年，中国进口木浆3063.91万吨，比2019年增加12.70%，进口额为157.03亿美元，比2019年减少8.26%；2020年，中国进口废纸689.35万吨，进口额12.08亿美元，比2019年分别减少33.48%和37.83%。2020年，巴西是中国木浆进口第一大贸易伙伴，木浆进口额占比为24.24%；废纸进口集中度较高，来自美国、日本和中国香港的进口量占比为84.36%，2020年，中国进口纸制品1240.81万吨，进口额为72.85亿美元，同比分别增长 94. 67% 和 38. 25% 。纸制品进口前 5 位贸易伙伴为印度尼西亚、美国、日本、瑞典和台澎金马关税区，5 个地区的纸制品进口量占比分别为 14. 15% 、11. 60% 、9. 66% 、7. 77% 和 6. 73% 。2020 年，中国进口印刷品 5. 01 万吨，同比减少 15. 76% ；进口额为 22. 06 亿美元，同比减少 6. 63% 。印刷品进口前 3 位贸易伙伴排名与 2019 年一致，分别是美国、新加坡和英国，印刷品进口量占比分别为 24. 81% 、22. 48% 和 10. 50% 。

2020 年，中国木框架等木制品进口金额为 8. 88 亿美元，同比增加 38. 98% ；木制品主要进口来源国为厄瓜多尔，进口额占比 46. 02% 。2020 年，中国进口软木及制品 0. 67 万吨，进口额 3512. 93 万美元，同比分别减少 19. 02% 和 13. 32% 。软木及制品进口集中度较高，按进口额统计，前 3 位贸易伙伴为葡萄牙、意大利和阿尔及利亚，软木及制品进口额占比分别为 64. 51% 、13. 67% 和 6. 42% ，合计占比为 84. 60% 。

（二）木材和木制品出口

2020 年，中国木材和木制品出口以纸制品和木质家具为主，分别占木材和木制品出口总额的 36. 05% 和 34. 41% 。木材中，原木、锯材出口均有所下降；木炭和木片出口量下降，出口额增长。木制品中，刨花板等产品的出口均有所增长；单板出口量下降，出口额增长；胶合板、纤维板等产品出口呈下降态势；纸制品、印刷品和木浆出口减少；废纸出口增加；家具出口增加；木框架等出口额增加。

1. 木材出口

中国木材产品出口以木炭为主。尽管作为原木进口大国，但是中国也有部分原木销往海外，原木出口以阔叶原木为主；中国锯材出口规模大于原木出口规模。

2020 年，中国原木、锯材出口均有所下降。出口原木 2. 18 万立方米，出口额 648. 8 万美元，同比分别减少 57. 00% 和 57. 70% 。出口锯材 23. 48 万立方米，出口额 1. 49 亿美元，同比分别减少 1. 71% 和 7. 79% 。锯材出口市场主要集中于日本、美国、越南和韩国等 4 国，4 国的锯材出口量占比分别为47.71%、14.28%、13.33%和8.92%。出口木片2.47万吨，出口额968.58万美元，出口量比2019年下降14.07%，受价格因素影响，出口额上升10.40%；出口木炭7.96万吨，出口额1.81亿美元，出口量比2019年下降14.43%，受价格因素影响，出口额增长8.84%。

2. 木制品出口

相比2019年，2020年单板出口形势尚可，胶合板、纤维板出口形势不理想，而刨花板出口则大幅增长。人造板出口以胶合板为主，占2020年出口总额的73.41%。虽然国际胶合板市场呈现萎缩趋势，但中国人造板出口依旧排名世界第一。

2020年，中国出口单板32.53万吨，同比下降6.02%，出口额5.38亿美元，同比增长2.40%，单板出口市场主要集中在越南、柬埔寨、印度、台澎金马关税区等，出口量占比分别为23.45%、19.39%、11.40%和11.03%。2020年，中国胶合板出口数量和出口金额均下降：出口量516.98万吨，同比下降3.85%；出口额42.26亿美元，同比下降5.72%。中国胶合板市场主要集中在菲律宾、越南、英国、日本和美国，出口量占比分别为9.10%、6.78%、6.51%、5.60%和4.96%。2020年中国对菲律宾的胶合板出口量仍然排在第一位，对越南胶合板出口量从2019年的第三名上升到第二名，对英国胶合板出口量则从第二名降至第三名。2020年，中国纤维板出口完成151.88万吨，出口额8.29亿美元，比2019年分别减少7.11%和11.92%。尼日利亚、美国、沙特阿拉伯、加拿大和俄罗斯是纤维板的主要出口国家，纤维板出口量占比分别为17.28%、8.72%、7.21%、6.33%和5.21%，其中，中国对尼日利亚的纤维板出口量排在第一位，出口量同比增长14.49%。虽然市场竞争激烈，但是中国刨花板出口相比2019年大幅增加。2020年，中国刨花板出口完成24.56万吨，出口额16351.62万美元，比2019年分别增加11.21%和70.57%。2020年，中国刨花板出口地区主要集中在蒙古国、阿联酋、台澎金马关税区和越南，出口量占比分别为22.54%、8.02%、7.25%和6.26%。

传统木质家具出口大国出口市场低迷，部分国家对中国家具出口提出反倾销调查，对中国木家具出口产生了一定的压力。2020 年，中国出口木质家具 3.87 亿件（个），出口额 200.21 亿美元，比 2019 年分别增长 9.45% 和 0.51%。其中，出口木质家具 2.74 亿件，出口额 118.36 亿美元，比 2019 年分别增长 13.48% 和 1.75%；出口木质坐具 1.13 亿件，比 2019 年增长 0.75%，出口额 81.85 亿美元，比 2019 年下降 1.24%。木制品出口主要集中在美国，出口额占比为 30.94%。

2020 年，中国出口木浆 11.45 万吨，出口额 1.06 亿美元，同比分别下降 9.02% 和 14.23%；出口废纸 0.13 万吨，出口额 53.21 万美元，同比分别增加 68.77% 和 96.18%；出口纸制品 907.01 万吨，出口额 209.74 亿美元，同比分别减少 12.03% 和 4.09%；出口印刷品 89.40 万吨，出口额 34.93 亿美元，同比分别减少 14.30% 和 12.12%。纸、纸板及纸制品出口区域较分散，美国、越南、日本和澳大利亚为出口前 4 位的贸易伙伴，出口量占比分别为 13.88%、6.83%、5.94% 和 5.26%；印刷品的出口相对集中且稳定，前 3 位出口贸易伙伴与 2019 年相同，为美国、中国香港和英国，出口额占比分别为 36.10%、15.27% 和 8.15%。

2020 年，中国木框架等木制品出口额为 72.06 亿美元，同比增加 7.12%，按出口额计，前 3 位贸易伙伴的市场份额与 2019 年的比重和排位大体一致，依次为美国、日本、英国，其中美国的份额超过 32%，而日本与英国分别约为 9% 和 5%。2020 年，中国出口软木及制品 0.83 万吨，同比减少 2.91%，出口额 2828.56 万美元，同比增长 10.37%，出口到越南的软木及制品数量超过美国，出口量占比为 21.36%①。

（三）林业国际合作

在新冠肺炎疫情和国际环境多重冲击下，2020 年中国林业国际合作极不平凡，“急难险重”事务空前，但依旧积极维持正常国际交流与合作不中断，有效巩固了多领域多层次林业国际合作关系，在中国－中东欧、中国－

① 根据海关数据整理。

东盟、大中亚等高层对话机制下建立了3个林业常态化交流机制，构建了多层次、宽领域、全方位的林业草原对外开放格局。在自然生态保护、国土生态修复、国内国际双循环等方面均取得了新的成效。第一，服务自然生态保护。与法国生多局联合制定合作路线图，推进中法自然保护地结对，开展中法自然保护地战略研讨，与法开署推进中法生物多样性政策对话赠款项目。积极推动中德非自然保护三方合作项目并商签合作意向声明。第二，服务国土生态修复。推动中德林业政策对话平台项目取得积极进展，中德合作山西项目完成中期评估并达成第二期合作意向，为森林可持续经营的国际技术合作提供了中国样本。与美方磋商中美气候变化与森林倡议项下活动。启动中日植树造林项目。与乌兹别克斯坦、伊拉克、约旦等国推进荒漠化防治、湿地保护等合作磋商。第三，服务国内国际双循环。积极参与中挪自贸协定谈判林草案文。以视频方式召开中德林业工作组第六次会议，积极做好与日本、乌拉圭、越南、尼泊尔等启动双边工作组等活动准备。与新西兰开展木材贸易联合研究，召开中新林业碳汇交易线上研讨会。与斐济磋商启动中斐林业合作工作组机制。蒙古戈壁熊技术援助项目取得阶段性成果①。

四　2020年中国主要林产品市场分析

（一）林产品市场基本情况

2020年，中国林业采购经理指数（FPMI）② 全年平均为48.33，比2019年仅高0.33，中国林产品市场仍处于萎缩状态。从全年来看，疫情后恢复较快，尽管受年初的疫情影响，FPMI在全年的变化趋势仍与往年大致

① 根据国家林业和草原局国际合作司提供资料整理。

② 2012年开始，国家林业和草原局开展了中国林业采购经理指数（Forest Purchase Management Index，FPMI）调查工作。调查以问卷的形式在网上进行，调查问卷由国家林业和草原局经济发展研究中心和中国林业产业联合会参照国家统计局调查标准制定。FPMI是衡量林业行业发展状态的风向标，指数超过50，说明行业处于发展状态；等于50，行业为停滞状态；小于50，行业为衰退状态。

相同。1 月和 2 月疫情因素叠加春节过节因素，FPMI 分别为 28.81 和 22.10，分别比 2019 年同期水平下降 29.56% 和 28.94%，2 月处于历史最低点；3 月，随着复工复产加快，林业行业景气度明显上升，且达到全年最高点，为 61.86，但比 2019 年同期水平下降 2.43%；4～6 月，林产品市场处于萎缩状态，但并不连续，呈 V 形扩张，尽管有疫情因素，但还是高于 2019 年同期水平，分别为 54.75、51.73 和 53.98，比 2019 年上涨 5.09%、12.70% 和 26.12%；7 月和 8 月是暑期，迎来了全年的第二个低点，但市场形势要好于 2019 年，FPMI 分别为 45.43 和 45.89，分别比 2019 年同期增长 20.50% 和 10.31%；自进入 9 月后，FPMI 季节性反弹趋势明显。9～11 月，FPMI 总体高于 50，分别为 55.69、56.55 和 53.88，12 月接近 50，为 49.34，其中 9 月和 12 月接近 2019 年同期水平，9 月、11 月、12 月比 2019 年同期水平分别减少 2.30%、6.78% 和 1.32%，10 月比 2019 年同期水平上涨 1.70%。

2020 年，林业各种产品市场分化态势明显，且仅有木门窗和木质家具两个行业的全年平均产业调查指数处于荣枯线以上。木质家具在 2018 年、2019 年和 2020 年均为林产品市场里发展最好的行业，三年产业调查指数均在荣枯线以上，分别为 52.83、50.50 和 51.95。2020 年木质家具的产业调查指数有 8 个月均在荣枯线以上，在 3 月达到最高水平，为 70.85。木门窗近三年来年平均产业调查指数首次超过 50，为 50.52，产业调查指数在荣枯线以上的有 10 个月，为 3～12 月，行业发展状态良好。胶合板的产业调查指数全年平均数为 44.18，比 2019 年下降 0.38%，高于荣枯线的月份只有 1 个，行业继续处于衰退状态。木地板产业调查指数全年平均为 43.68，比 2019 年下降 5.76%，全年只有 3 个月在荣枯线之上，该产业衰退状态明显。2020 年最不景气的林业产业为纤维板行业，产业调查指数全年平均为 40.18，比 2019 年下降 9.81%，处于荣枯线以上的月份只有 1 个，即 3 月，其余月份均在荣枯线以下（见表 1）。

2020 年，在疫情影响下，中国林产品市场波动较大，FPMI 的变异系数约为 0.24，为“十三五”时期最高水平，约为 2017 年 FPMI 变异系数的

2.4倍，主要原因是2020年1月和2月受疫情严重影响，对行业的打击较大。2020年，各类林业产业调查指数的变异系数均高于2019年，市场波动加剧。其中，刨花板行业的变异系数超0.29，成为所有林业行业中波动最大的行业；木地板行业的变异系数最小，约为0.18，为2020年产业调查指数变异系数唯一低于0.20的行业；木质家具行业变异系数与2019年相比，基本一致（变化最小，仅相差0.02）；指接板行业变异系数与2019年相比，变化最大，相差接近0.17（见图1）。

表1　2020年全国林业采购经理指数及10类产业调查指数

类别	1月	2月	3月	4月	5月	6月	7月	8月	9月	10月	11月	12月
FPMI	28.81	22.10	61.86	54.75	51.73	53.98	45.43	45.89	55.69	56.55	53.88	49.34
胶合板	31.75	19.88	55.50	48.54	49.05	45.13	47.76	41.83	47.52	49.28	49.31	44.59
刨花板	24.72	18.12	64.06	61.67	48.33	52.22	45.56	46.25	53.00	46.43	46.87	39.04
木地板	32.13	28.04	51.08	43.71	43.70	50.70	53.08	48.17	46.83	48.17	41.15	37.40
纤维板	26.59	23.33	51.85	44.52	36.58	49.89	45.75	39.64	41.82	43.07	46.41	32.73
细工木板	39.63	20.38	53.96	57.41	54.77	51.09	47.50	44.57	57.16	51.85	49.42	52.39
木门窗	29.44	19.26	57.79	55.00	58.33	51.61	55.63	55.55	59.61	60.08	51.70	52.22
木质家具	25.40	22.57	70.85	62.01	56.50	61.49	42.78	47.89	61.09	62.00	58.21	52.56
造纸企业	36.25	35.00	70.83	61.88	45.00	45.00	41.67	43.13	56.88	46.88	54.38	53.13
竹产品	33.85	23.31	52.37	42.37	45.66	41.41	42.56	37.88	55.58	57.94	56.67	57.44
指接板	36.94	17.50	37.50	36.39	35.59	47.50	42.94	48.17	53.91	57.35	52.67	49.50

资料来源：根据国家林业和草原局经济发展研究中心产业研究室提供数据整理。

（二）木材价格变化

2020年，中国木材价格相对稳定，与2019年基本持平。“鱼珠·中国木材价格指数”① 显示，2020年中国木材市场价格指数平均为1081.06，

① 鱼珠·中国木材价格指数是国家发改委计划编制的12个重要商品和服务价格指数之一。由广东省物价局和广州市物价局组织编制，华南师范大学和广东鱼珠国际木材市场共同研发，2012年9月升级为国家级木材价格指数。该指数包括1个总指数、13个一级分类指数、21个二级分类指数，包括木材行业所有商品分类。中国木材价格综合指数确定2010年6月为指数基准月，基点为1000点。

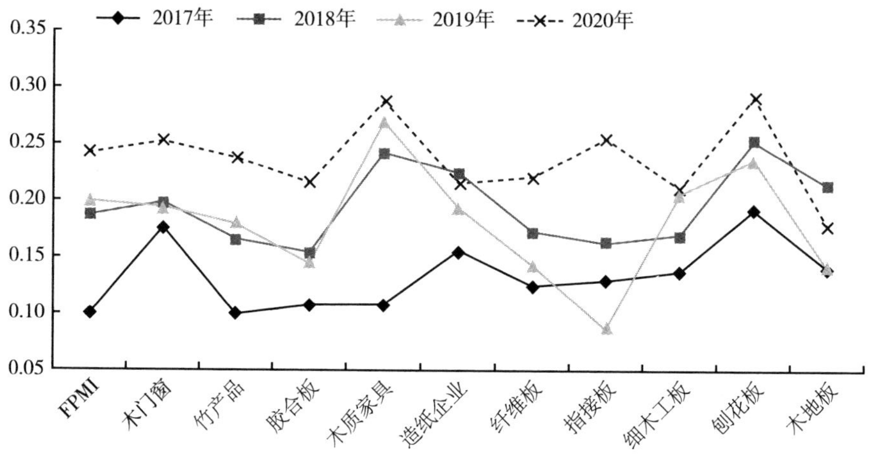

图1　2017~2020年林业采购经理指数变异系数

2019年该指数为1081.09，仅相差0.03。2020年，指数整体波动不大，全年范围在1070~1110。木材价格指数最低点出现在4月，为1071.74；全年的最高点是12月，达到1098.39，仅比最低点高2.49%。其中，1~3月以及11~12月，2020年月度木材价格指数略高于2019年同期水平，4~10月月度价格指数则低于2019年同期水平（见图2）。

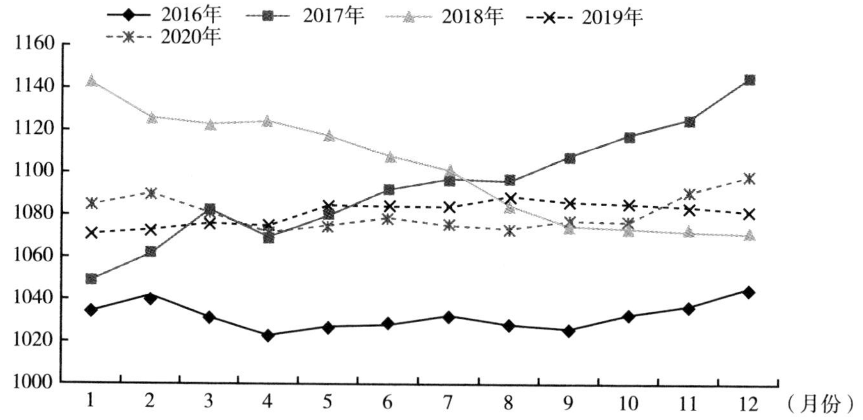

图2　2016~2020年中国木材价格指数变化

资料来源：中国木材价格指数网（www.yuzhuprice.com）。

(三)原木和锯材价格变化

2020 年，原木平均价格继续下降，平均价格指数为 1040.92，比 2019 年平均价格指数下降 2.66%，1～2 月原木价格指数均比 2019 年同期水平高，价格最高点出现在 2 月，从 3 月开始在轻微波动中呈下降趋势，9 月有小幅反弹，全年最低点出现在 10 月。2020 年，国内外原木价格倒挂扩大，进口原木价格指数与原木价格指数基本保持同步变化。进口原木价格波动较大，从 6 月起，降至 1000 以下。国产原木价格较为平稳，全年各月度平均价格指数为 1112.94，偏离不超过 1%，最高为 9 月，达到 1123.09。延续 2019 年的变化态势，全年国产原木价格高于进口原木价格，二者之差呈先扩大后缩小然后又扩大的趋势（见图 3）。

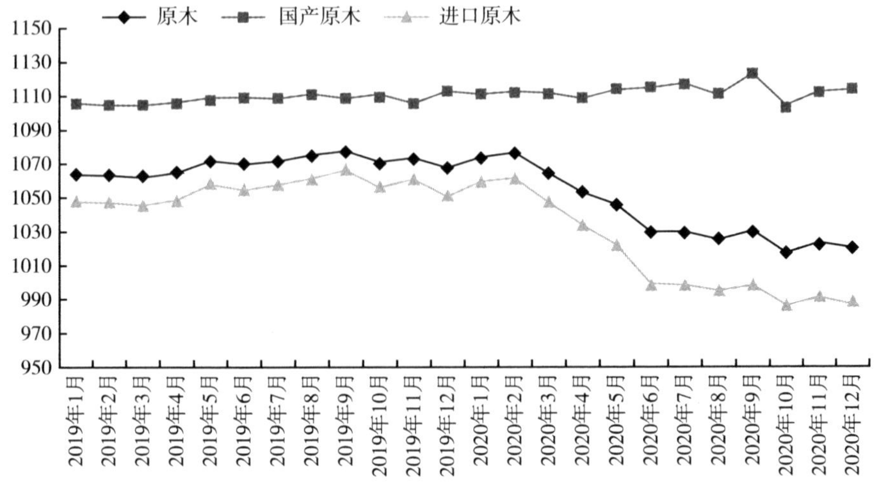

图 3　2019～2020 年中国原木价格指数变化

资料来源：中国木材价格指数网（www. yuzhuprice. com）。

2020 年，锯材平均价格略有下降，2020 年锯材平均价格指数为 1034.87，比 2019 年平均价格指数下降 0.88%。全年进口锯材的各月度价格指数均高于国产锯材，进口锯材平均价格指数为 1067.73，比 2019 年下降

1.06%。相对进口锯材而言，国产锯材的年内价格指数波动幅度更小，国产锯材平均价格指数为945.51（见图4），比2019年下降0.54%。

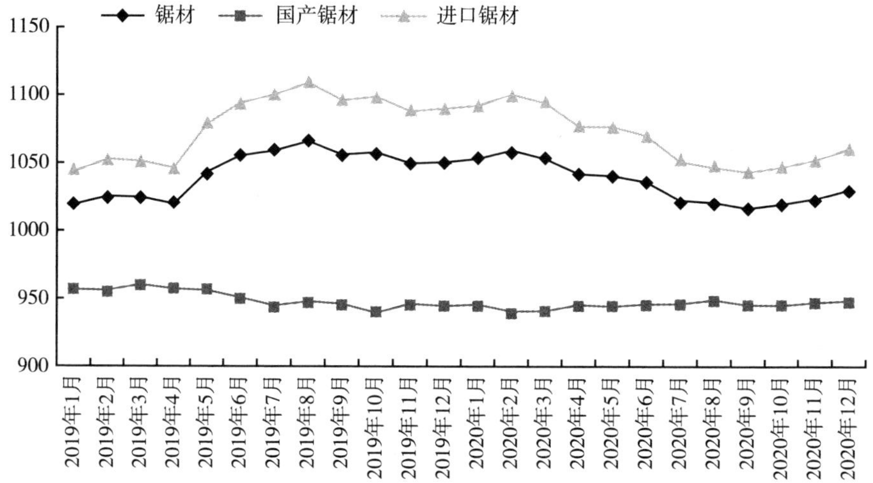

图4　2019～2020年中国锯材价格指数变化

资料来源：中国木材价格指数网（www.yuzhuprice.com）。

（四）人造板价格变化

2020年，人造板价格略有上升，波动幅度较小，平均价格指数为1068.37，比2019年平均价格指数上涨0.34%。中国人造板经过长期的发展，产品结构基本趋于稳定，人造板制造行业以胶合板为主。2020年，胶合板的平均价格指数略有下降，为1064.54，较2019年下降0.19%。2020年，胶合板市场经营压力较大，随着人们对环保需求的加大，环保查处力度也随之不断加大，生产成本不断攀升，但在终端销售市场，制造业总体受到疫情等因素的影响，胶合板价格不升反降。中纤板和刨花板平均价格指数均比2019年略高，分别为1083.44和1234.92（见图5），较2019年上涨0.47%和0.48%。

（五）木质地板价格变化

2020年，木质地板平均价格指数为1242.64，比2019年的木质地板平均

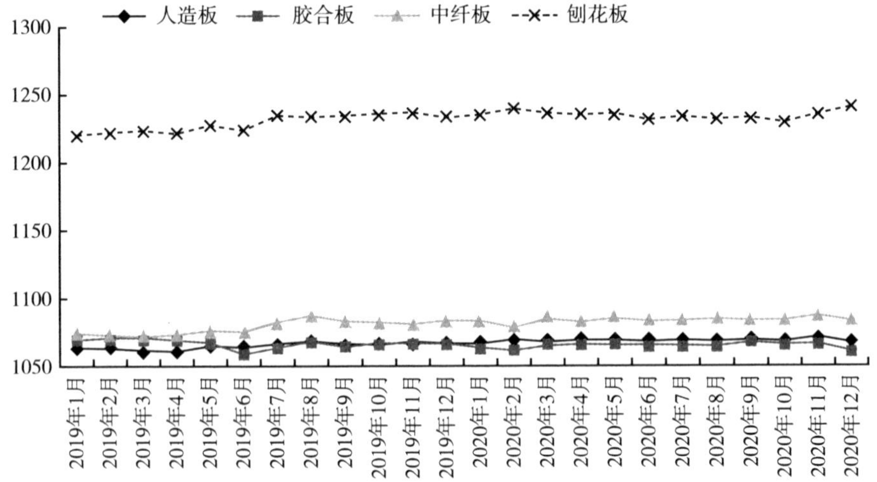

图 5　2019～2020 年中国人造板价格指数变化

资料来源：中国木材价格指数网（www. yuzhuprice. com）。

价格指数下降 0. 82%。2020 年，实木地板价格指数为 1244. 68，比 2019 年下降 0. 57%。实木复合地板和竹地板价格指数略有上涨，二者的平均价格指数分别为 1025. 65 和 1045. 88（见图 6），分别比 2019 年上涨 0. 27% 和 0. 49%。

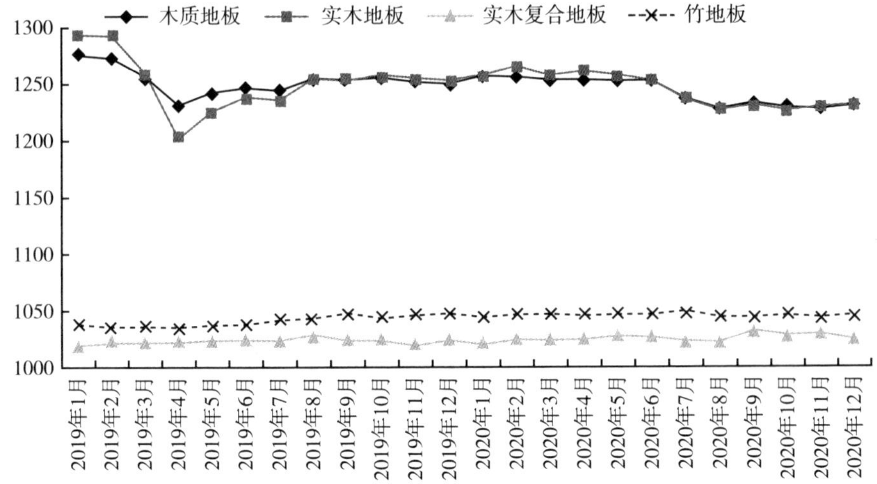

图 6　2019～2020 年木质地板价格指数变化

资料来源：中国木材价格指数网（www. yuzhuprice. com）。

（六）名贵林产品价格变化

2020 年，红木平均价格指数为 1232.48，比 2019 年上涨 3.58%。经历疫情之后，红木的供应端发生了巨大的变化，主要表现为源头供给收紧、全球新冠肺炎疫情影响导致的国际海运费用不断增加、产材国出口政策的不稳定等，尽管随着经济的整体逐步复苏，顺周期市场红利的逐步释放，以大果紫檀、巴里黄檀、奥氏黄檀为代表的红木原材交易整体呈现上涨势头，但明显不如往年。需求端也出现不可逆的缩量态势，受红木行业供给侧结构性调整的影响，加之国内红木总需求萎缩，2020 年新冠肺炎疫情影响下，国内楼市成交低迷，高端家具消费下降。4 月，红木平均价格指数降至全年最低，为 1151.29；从 5 月起，价格逐步回升，到了 12 月，红木平均价格指数上升到 1361.83（见图 7），达到近五年的较高值（除了 2017 年外，远比其他几年要高）。究其原因，红木家具消费处于低位状态，厂家接单量有限。在各方压力之下，资金实力较弱的厂家被迫退出红木市场，市场竞争力降低，在供给与需求的推动下，存货企业上调红木家具等成品价格，以此缓解因原材料价格不断上涨导致成本急剧增加的压力。

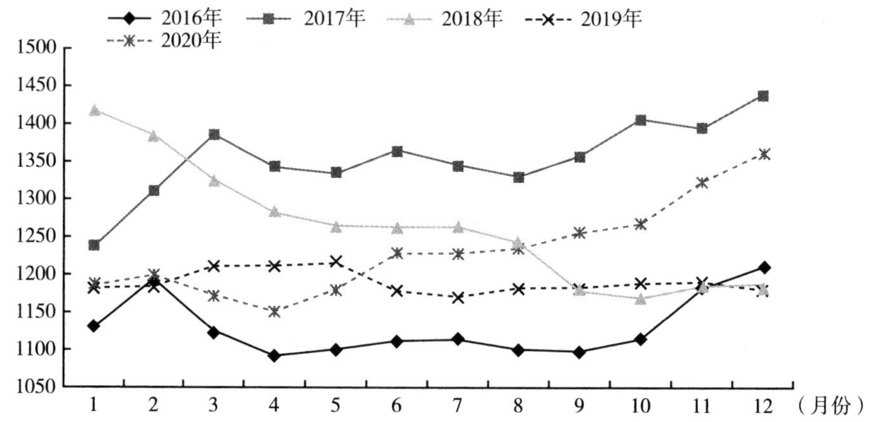

图 7　2016～2020 年中国红木价格指数变化

资料来源：中国木材价格指数网（www.yuzhuprice.com）。

五　2021年林业生产和林产品市场展望

2020 年，虽然国内外经历的新冠肺炎疫情对林业经济发展造成了较大的影响，但林业产业发展和林产品市场复苏较快，依旧保持了良好的发展态势。2021 年是“十四五”开局之年，中国林业经济发展的良好势头将继续保持，并将取得新的突破，为林业经济新发展格局的形成开好头、起好步，为“十四五”时期林业高质量发展打下坚实基础。

（一）造林面积将大幅度调整，林业投资将逐步提高

开展大规模国土绿化行动是“十四五”规划的重点任务。为做好应对气候变化工作，中国承诺到 2030 年前实现碳排放达峰，到 2060 年前实现碳中和，作为自主贡献目标之一的森林蓄积量，2030 年要比 2005 年增加 60 亿立方米，这是必须完成的硬任务，与此相对应的，必将倒逼造林计划每年按照一定速度进行。2021 年，造林面积将进行较大幅度调整，国家林业和草原局计划年度完成造林面积 5400 万亩。尽管 2020 年受疫情影响，完成造林面积任务时段往后顺延，且造林面积有所减少，但依旧超额完成了年初的造林计划。2021 年，受气候变化和用地用水品种资金等诸多因素影响，造林将面临新的问题，为确保数量质量并重，不断提质增效，林业投资将继续保持增长势头。随着后疫情时代加强经济内循环的政策调整，中共中央、国务院《关于新时代推进西部大开发形成新格局的指导意见》出台，西部地区有望进入快速增长的通道，基础设施仍是重点任务，或将释放大量基础设施投资，建筑用材等将大幅提升。

（二）林产品进出口贸易继续增加，林产品出口形势有所好转

随着我国经济社会的发展，国内需求结构的升级，我国对木质林产品的需求会不断增加。然而，天然林商业性禁伐的全面实施，一定程度上减少了木材的供应量，特别是《天然林保护修复制度方案》要求：中国的天然林

面积保有量到2035年将稳定在2亿公顷左右，质量实现根本好转，并给出到21世纪中叶的目标，表明了这项制度会在中长期内持续发挥效力。2020年我国的木材对外依存度已经超过50%，林产品进口量将继续保持在一个较高的水平。2021年林产品贸易可能依旧存在结构性变动，然而，在疫情防控常态化下，经济全球化的趋势并没有改变，中国经济正在逐步复苏，并将积极带动全球相关国家以及国内相关行业的快速发展，受国家宏观调控及市场自动调节的双重作用，中国林产品进出口贸易将会继续增加，林产品出口困难的形势将会有所好转，林产品国际贸易总体向好。

（三）国内林产品市场趋于稳定，木制品价格上涨空间有限

尽管在疫情席卷全球的大背景下，国际木材市场的流转受到严重影响，原产地木材难以出口，而进口国需求不减，导致原材价格持续上涨。但就中国而言，2020年底高端木材如红木等价格呈上涨趋势，不过由于当前中国木材市场正处于结构性调整的阵痛期，尤其是备受关注的中高端木材市场虽有刚需支撑，但未来增量的可能性不大，高端木材价格上涨空间有限。尽管2021年有市场结构性机会，受市场基本面改善推动的周期性利好影响，木材市场将迎来一波新的行情，但进出口贸易将进一步扩大，林产品供应有一定保障。房地产的发展将推动林产品的发展，但在新发展格局下，房地产进入深刻变革与新发展阶段，林业也将适应这一形势的变化，不断迈入高质量发展阶段。在疫情防控常态化下中国经济复苏趋势明确的情况下，在国家宏观调控及市场需求刺激不足的情况下，国内木制品价格将继续保持平稳。

G.6

2020年畜牧业经济形势及2021年展望

王术坤　韩　磊*

摘　要： 2020年猪肉产量小幅下降，牛肉和羊肉产量小幅增长，禽肉和生鲜奶产量增长明显。受供需缺口、国内外价差及贸易政策变化等因素影响，2020年除羊肉外，其他畜产品进口量均有所增长，猪肉和禽肉进口量大幅增长。2020年禽肉价格下降明显，其他畜产品价格仍然高位运行，生猪和奶牛养殖效益年度内呈下滑趋势。展望2021年，畜产品供需整体宽松，价格将逐步回调，随着国内产能的释放，畜产品进口增速将放缓。

关键词： 畜产品　畜牧业　市场价格　养殖效益

畜牧业是中国现代农业发展的重要组成部分，畜产品是老百姓“菜篮子”的重要农产品。随着居民消费结构升级，畜产品在农产品中的地位显得更加突出。改革开放以来，中国畜牧业得到长足发展，综合生产能力显著提高，专业化、组织化、产业化程度更加完善，且随着人们消费结构升级，畜产品在居民生活中的地位逐渐凸显。2018 年以来，非洲猪瘟疫情、中美贸易摩擦以及新冠肺炎疫情等不确定性因素对国内畜产品的生产和贸易产生

---

* 王术坤，管理学博士，中国社会科学院农村发展研究所助理研究员，主要研究方向为农业政策评估、农业技术经济、畜牧业经济等；韩磊，管理学博士，中国社会科学院农村发展研究所副研究员，主要研究方向为粮食安全、农产品市场、畜牧业经济等。

了重大影响。在国家各项政策的扶持下，2020 年畜牧业稳定发展，肉类产量与上年基本持平，生鲜奶产量大幅增长。同时，畜产品进口量大幅增加，国内供给宽松导致畜产品价格整体呈下降走势，生猪和奶牛养殖效益年度内呈下滑趋势。

一　2020年畜产品生产变化

（一）畜产品总产出变化

改革开放以来，中国畜牧业总产值表现出先增加后下降的态势。畜牧业总产出占农林牧渔业比重由 1978 年的 14.98% 增加到 2008 年的最高值 35.45%，然后开始逐渐下降，2019 年下降至 26.67%。总体来看，中国肉类总产量于 2000 年前后进入低速增长阶段，2018～2020 年由于非洲猪瘟以及新冠肺炎疫情的影响，肉类产量下降明显。而牛奶总产量受到 2008 年“三聚氰胺”的冲击较大，在这之后处于一段徘徊期，2013 年开始产量在波动中增加。

2020 年，猪牛羊禽肉总产量为 7639 万吨，比 2019 年下降 0.1%；牛奶总产量为 3440 万吨，比 2019 年增长 7.5%。肉类分品种来看，2020 年猪肉总产量为 4113 万吨，比 2019 年下降 3.3%；牛肉、羊肉、禽肉总产量分别为 672 万吨、492 万吨、2361 万吨，分别比 2019 年增长 0.8%、1.0% 和 5.5%（见表 1）。

表 1　2020 年中国不同畜产品产量变化

单位：万吨，%

年份	猪牛羊禽肉	猪肉	牛肉	羊肉	禽肉	牛奶
2019	7649	4255	667	488	2239	3201
2020	7639	4113	672	492	2361	3440
同比增长	-0.1	-3.3	0.8	1.0	5.5	7.5

资料来源：国家统计局。

从各品种肉类产量占肉类总产量的比重来看，猪肉仍然是中国消费者最主要的肉类消费品种。随着居民消费水平的提高，居民肉类消费逐渐向多元化结构转变。改革开放以来，猪肉占比一直稳居首位，但是长期看比例逐渐下降；牛肉和羊肉产量虽然占比相对较低，但总体呈现增长趋势；禽肉作为第二大产量品种，因其价格优势明显，在肉类总产量中的占比呈稳步增长态势（见图1）。2020年，中国猪肉产量继续下降，猪肉产量占猪牛羊禽肉总产量的53.84%，比2019年下降1.79个百分点，比2018年下降9.61个百分点。作为猪肉替代品的其他肉类品种的产量出现不同程度的增加，禽肉作为最大的替代品，2020年其产量占比达到30.91%，比2019年增加1.64个百分点；牛肉和羊肉产量占比分别为8.80%和6.44%，两者与2019年占比基本持平。

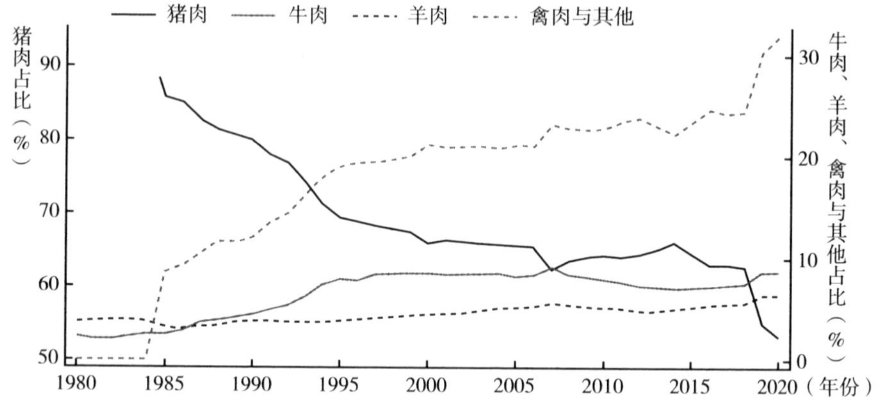

图1　1980～2020年肉类分品种产量占肉类总产量比例变动趋势

注：由于2020年肉类总产量数据尚未发布，本文在2019年和2020年“其他肉类”产量相同的假设下对2020年的肉类总产量进行了推算。

资料来源：国家统计局。

（二）畜产品区域分布变化

根据国家统计局公布的最新数据，2019年，全国肉类总产量排名前五的省份分别为山东、河南、四川、湖南、河北，以上五省肉类总产量占全国肉类总产量的35.02%，其中山东产量最高，占全国总产量的9.07%；牛奶生产排名前五的省区为内蒙古、黑龙江、河北、山东、新疆，以上五省区牛奶产量占全国总产量的59.46%，其中内蒙古产量最高，占全国总产量的18.03%。肉类分品种来看，2019年，猪肉生产排名前五的省份为四川、湖南、河南、云南、山东，以上五省产量占全国总产量的37.33%，其中四川产量最高，占全国总产量的8.31%；牛肉生产排名前五的省区为山东、内蒙古、河北、黑龙江、新疆，以上五省区产量占全国总产量的42.62%，其中山东产量最高，占全国总产量的10.99%；羊肉生产排名前五的省区为内蒙古、新疆、山东、河北、河南，以上五省区产量占全国总产量的54.57%，其中内蒙古产量最高，占全国总产量的22.52%（见表2）。

表2　2019年畜产品产量区域分布

单位：%

肉类	地区	山东	河南	四川	湖南	河北	广东	云南	安徽
	占比	9.07	7.22	7.21	5.92	5.59	5.31	5.23	5.19
	累计占比	9.07	16.30	23.51	29.43	35.02	40.33	45.56	50.75
猪肉	地区	四川	湖南	河南	云南	山东	湖北	河北	广东
	占比	8.31	8.19	8.09	6.76	5.99	5.71	5.68	5.21
	累计占比	8.31	16.50	24.59	31.35	37.33	43.04	48.73	53.94
牛肉	地区	山东	内蒙古	河北	黑龙江	新疆	吉林	云南	四川
	占比	10.99	9.56	8.57	6.82	6.67	6.28	5.85	5.46
	累计占比	10.99	20.55	29.13	35.95	42.62	48.90	54.74	60.20
羊肉	地区	内蒙古	新疆	山东	河北	河南	四川	甘肃	云南
	占比	22.52	12.37	7.57	6.36	5.76	5.56	5.13	4.10
	累计占比	22.52	34.89	42.45	48.81	54.57	60.13	65.26	69.36
牛奶	地区	内蒙古	黑龙江	河北	山东	新疆	河南	宁夏	辽宁
	占比	18.03	14.53	13.39	7.12	6.38	6.38	5.73	4.18
	累计占比	18.03	32.56	45.95	53.07	59.46	65.83	71.56	75.75

注：本表只列出产量排名前八的省区市的产量占全国总产量的比例及累计占比。

资料来源：根据国家统计局数据计算得到。

以产量排名前五个省区市的产量合计占全国总产量的比例来衡量集中度，2011年以来中国肉类生产集中度在小幅范围内波动，基本稳定在

35%~37%，牛奶生产集中度下降趋势相对明显，从2011年的68.95%下降到2019年的59.46%。与2018年相比，2019年肉类生产集中度减少2个百分点，牛奶生产集中度减少0.2个百分点。2019年，各肉类品种生产集中度排名和集中省份基本保持不变，羊肉生产集中度仍然最高，其次是牛肉，猪肉最低。但是各个品种的集中度略有变化，相较于2018年，2019年各肉类品种均出现不同程度的下降，猪肉下降最为明显，达到3.43个百分点，牛肉和羊肉下降较小，分别下降0.68个和0.15个百分点。

从2018~2019年各省区市产量变化情况来看，大部分地区的肉类产量在减少，牛奶产量基本上都有所增加（见图2）。2019年肉类产量排名全国前五的省份山东（-17.63%）、河南（-16.28%）、四川（-15.83%）、湖南（-15.19%）、河北（-7.13%）都出现了一定程度的下降[①]。在31个省区市中，只有新疆和青海肉类产量出现小幅增加；北京市和2018年一样，仍然是下降幅度最大的省区市，降幅达到70.86%，其次是上海、湖北、山东、江苏、河南、海南、四川和湖南，8个省市的产量降幅都在15%以上（见图2A）。2019年牛奶产量排名前五的省区内蒙古（+2.05%）、黑龙江（+2.04%）、河北（+11.41%）、山东（+1.29%）、新疆（+4.87%）的牛奶产量都有不同程度的增加。在31个省区市中，共有21个地区的牛奶产量出现增加，其中江苏增加幅度最大，达到24.80%；有8个地区产量有所减少，其中江西产量减少幅度最大，为23.96%（见图2B）。

二　2020年畜产品贸易变化

（一）肉类贸易变化

与2019年相比，2020年猪肉、牛肉、禽肉进口量和进口金额都出现不同程度增加，出口量和出口金额都出现不同程度减少，羊肉进出口量和进出

① 本段中括号内的数据表示与2018年相比产量变化幅度。

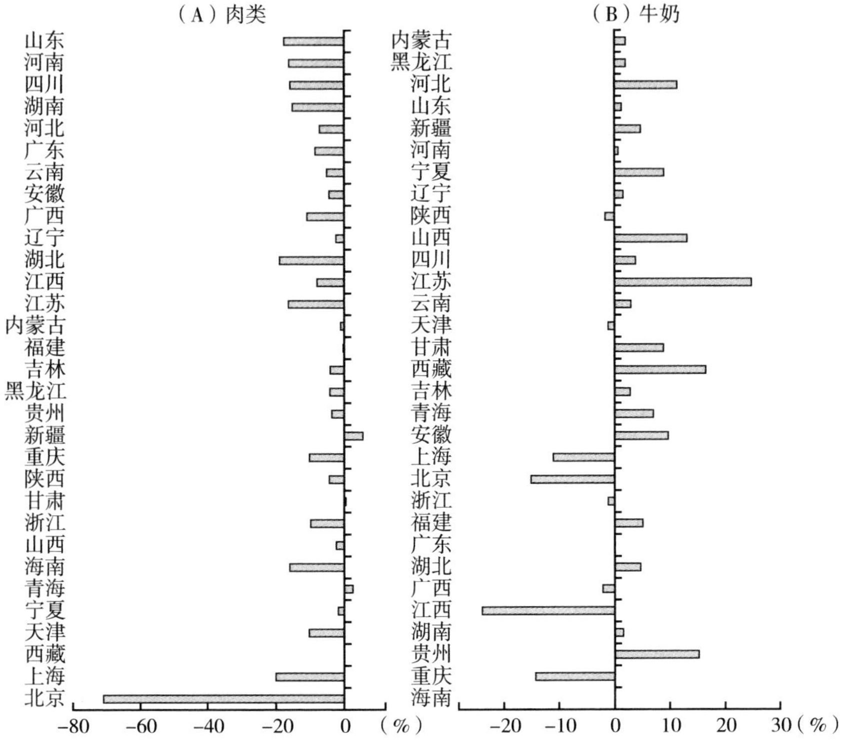

图2　2019年肉类和牛奶各地区产量同比变化

注：地区按2019年产量由高至低排序。

资料来源：根据国家统计局数据计算得到。

口金额都在减少。

根据中国海关统计数据，2020年中国猪肉进口量和进口金额分别为439.22万吨和120.41亿美元，分别同比增长108.34%和157.56%。与此同时，中国猪肉出口量和出口金额分别下降59.85%和36.36%。自非洲猪瘟发生以来，中国猪肉进口量逐年攀升，2020年进口量分别是2019年和2018年猪肉进口量的2.08倍和3.68倍。进口快速增长有利于缓解国内产需缺口较大带来的压力。自2020年1月1日起，中国将冻猪肉进口关税暂时从12%下调至8%，促进了国外猪肉进口，有效缓解了国内猪肉的供应问题。新冠肺炎疫情期间，国外屠宰企业出现停产、港口限行、国内相继在进口冷冻肉制品包装上发现新冠病毒等，在一定程度上影响了猪肉的进口。根据中国海关数据，中国对发生员工感染新冠肺炎的20个国家99家生产企业采取了暂停其产品进口的措施①。尽管新冠肺炎疫情在一定程度上影响了中国猪肉进口，但是由于国内缺口较大以及价位较高，2020年中国进口量较上年仍然增加1.16倍。

2020年，中国牛肉和禽肉进口量也出现了不同程度的增加，羊肉进出口量都出现减少。根据中国海关统计数据，2020年牛肉进口量为211.83万吨，同比增长27.65%，出口量为0.01万吨，同比减少50.00%；禽肉进口量为156.23万吨，同比增长96.02%，出口量为46.17万吨，同比减少10.59%；羊肉进口量为36.50万吨，同比减少6.96%，出口量为0.17万吨，同比减少15%（见表3）。

表3　2020年中国肉类进出口情况

品种	年份	进口量（万吨）	进口金额（亿美元）	出口量（万吨）	出口金额（亿美元）
猪肉	2020	439.22	120.41	2.69	0.91
	2019	210.82	46.75	2.69	1.43
	2020年同比增长（%）	108.34	157.56	-59.85	-36.36
牛肉	2020	211.83	101.79	0.01	0.01
	2019	165.95	82.25	0.02	0.02
	2020年同比增长（%）	27.65	23.76	-50.00	-50.00
羊肉	2020	36.50	17.44	0.17	0.19
	2019	39.23	18.61	0.20	0.21
	2020年同比增长（%）	-6.96	-6.29	-15.00	-9.52
禽肉	2020	156.23	35.2	46.17	16.26
	2019	79.70	20.29	51.64	18.62
	2020年同比增长（%）	96.02	73.48	-10.59	-12.67

资料来源：中国海关。

① 《海关总署：对发生员工感染的20国99家企业采取暂停进口其产品的措施》，中国新闻网，2020年11月12日。

（二）乳制品贸易变化

2020 年，乳制品进口增速放缓，奶粉和婴幼儿配方奶粉进口量下降。根据中国海关统计数据，2020 年中国乳制品进口总量和进口额分别为 328.1 万吨和 117.1 亿美元，分别同比增长 10.4% 和 5.2%（见表 4）。与 2019 年相比，增速分别下降了 2.5 个和 5.4 个百分点。全年乳制品净进口 323.8 万吨，折合原料奶 1887.2 万吨①，同比增长 9.0%，增速与 2019 年相比提高了 1.9 个百分点。如果 2020 年全国奶类总产量按照 3544 万吨估算，2020 年奶源自给率为 65.3%，比 2019 年下降 0.3 个百分点。

表 4　2020 年乳制品进口情况

类别	进口量		进口额	
	总量(万吨)	同比增长(%)	总额(亿美元)	同比增长(%)
乳制品	328.1	10.4	117.1	5.2
液态奶	107.2	16	13.7	17.8
鲜奶	104	16.8	13.1	18.9
酸奶	3.2	-4.9	0.6	-1.6
干乳制品	220.9	7.8	103.4	3.8
奶粉	97.9	-3.5	32.9	5.4
乳清	62.6	38.2	8.2	34.9
奶酪	12.9	12.5	5.9	13.1
奶油	11.6	35.2	5.5	17.1
炼乳	2.4	-31.6	0.4	-27.5
婴幼儿配方奶粉	33.5	-3.0	50.5	-2.7

资料来源：中国海关。

分品种来看，2020 年鲜奶、奶酪进口量明显增加，鲜奶进口量首次突破 100 万吨，同比增长 16.8%。奶酪进口量为 12.9 万吨，同比增长 12.5%；乳清和奶油进口量增长较大，乳清进口量为 62.6 万吨，同比增长 38.2%，奶油进口量为 11.6 万吨，同比增幅为 35.2%；炼乳进口量出现较

① 折算标准：奶酪按 1∶10 的比例折算，其他干乳制品按 1∶8 折算，液态奶按 1∶1 折算。

大下降，同比减少31.6%，降至2.4万吨；酸奶、奶粉和婴幼儿配方奶粉的进口量出现小幅下降，进口量分别为3.2万吨、97.9万吨和33.5万吨，分别同比减少4.9%、3.5%和3.0%；奶粉和婴幼儿配方奶粉近几年首次出现下降。

三　2020年畜产品市场变化

（一）猪肉价格变化

2020年国内猪肉集贸市场价格震荡下行，但是总体价格仍然处于高位（见图3）。2020年全国生猪和能繁母猪存栏持续增加，前期新增的生猪产能陆续释放，非洲猪瘟疫情导致的供需紧张形势得到改善。国家统计局数据显示，2020年中国猪肉产量同比仅减少3.3%，大幅低于2019年21.3%的同比减少幅度；年末生猪存栏40650万头，比上年末增长31.0%；全年生猪出栏52704万头，比上年减少3.2%。2020年国内大型生猪养殖企业纷纷扩大生产规模，下半年产能逐步释放，全年猪肉价格也在震荡中逐渐回落，1～12月猪肉周平均价格出现两个波峰和两个波谷，最高价格达到59.21元/公斤，最低价格为45.79元/公斤。但是，2020年猪肉仍然处于供需偏紧状态，全年猪肉价格一直处于高位，平均价格为52.29元/公斤，分别比2019年和2018年平均价格高56.4%和132.7%。

具体的，2020年猪肉价格在1～2月持续上升，主要是因为春节期间消费者对猪肉需求增加导致的猪肉周期性价格上涨。猪肉价格从1月上旬的51.23元/公斤上升到2月下旬的59.64元/公斤，上升了16.42%；随后猪肉价格开始下降，5月中旬下降到45.98元/公斤；6～8月，猪肉价格再次上涨，达到56.02元/公斤；9～12月猪肉价格下降到全年的最低价格45.79元/公斤后又开始回升。

纵向来看，在非洲猪瘟疫情及环保政策实施等多重因素共同影响下，2019年以来猪肉价格持续暴涨，从2019年2月下旬的22.36元/公斤上涨到

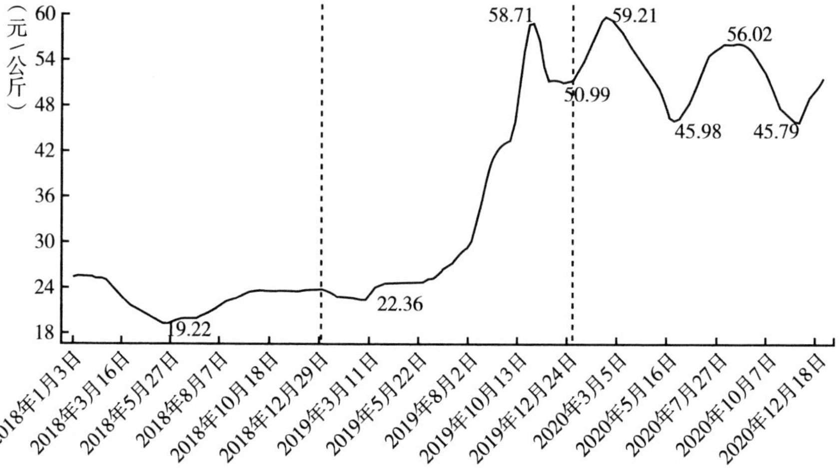

图3　2018～2020年猪肉价格走势

资料来源：农业农村部。

11月上旬的58.71元/公斤，上涨了162.57%。随着猪瘟疫情的稳定、受到市场价格刺激产生的产能兑现、国家冷藏肉的投放以及进口猪肉的增加，2020年猪肉价格开始在波动中逐渐降低，但是非洲猪瘟导致的缺口较大，全年猪肉价格依然处于高位。

（二）牛羊肉价格变化

猪肉价格高位运行，促进了消费者对牛羊肉的替代性消费，2020年牛肉和羊肉价格也在高位区间波动。2020年，牛肉和羊肉价格走势高度一致，整体表现出和往年一样的季节性波动趋势，在春节期间消费需求增加的影响下价格上涨，年中价格则表现出先下降后上升的趋势（见图4）。牛肉和羊肉全年平均价格分别为84.07元/公斤和80.52元/公斤，分别同比增长15.18%和11.86%。对于牛肉而言，年初价格上涨，到2月初达到85.70元/公斤的高点后价格回落，到6月底降到81.80元/公斤的最低点后开始反弹，12月达到历史新高的87.17元/公斤。2019年4月以来羊肉价格持续上涨，2020年2月上旬达到82.58元/公斤，随后回落到6月中旬的全年最低价 78.10 元/公斤，之后持续上升到年底 84.36 元/公斤的历史最高位。

纵向来看，2014～2017 年，牛肉价格在基本稳定的基础上呈现周期性和季节性波动，羊肉价格持续下降到 2016 年底后才开始回升。2017 年下半年以来，国内牛肉和羊肉集贸市场价格均呈波动上涨趋势，到 2020 年底牛羊肉价格均达到历史高位。除 2015 年初和 2019 年初的两个短暂的时间段，牛肉价格普遍高于羊肉价格。2014 年以来，牛肉和羊肉价差呈现“缩小、扩大”的周期趋势，2015 年初两者价格持平后价差逐渐扩大，2016 年 9 月达到最大价差，2018 年价格再度持平，之后价差又开始扩大，2020 年牛肉价格平均比羊肉价格高 4.4%（见图 4）。

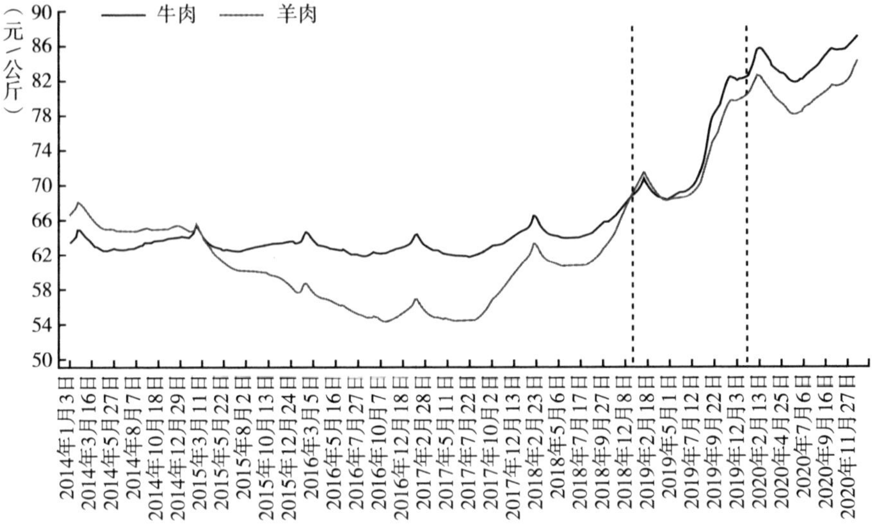

图 4　2014～2020 年牛肉和羊肉价格走势

资料来源：农业农村部。

（三）鸡肉价格变化

2020 年，国内白条鸡集贸市场价格整体呈现“先大幅下降，后小幅回升，再小幅下降”的变动过程（见图 5）。在中国，鸡肉为仅次于猪肉的第二大肉类消费品种，猪肉和鸡肉消费的替代效应较强，相对于猪肉价格，

2020年鸡肉价格下降更加明显。2020年上半年鸡肉价格快速下降，由2019年底的26.92元/公斤下降到6月中旬的年度最低点，价格为21.13元/公斤；6月由于新冠肺炎疫情减弱，餐饮业逐步恢复营业，消费者对鸡肉需求有所增加，价格出现小幅回升；随后又呈现“下降-上升”的小幅波动。全年白条鸡平均价格为22.04元/公斤，同比下降0.45%。

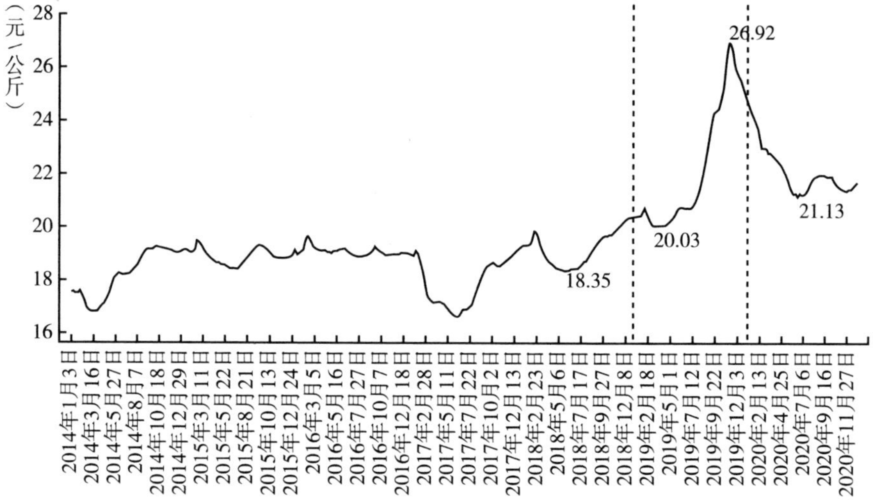

图5 2014~2020年鸡肉价格走势

资料来源：农业农村部。

纵向来看，2014~2017年国内鸡肉价格变动相对较小，其间最高价格与最低价格差为2.55元/公斤。2018~2020年，鸡肉价格呈现先大幅波动上升后又快速下降的趋势，最高与最低价格差达到8.57元/公斤。该期间，鸡肉价格由2018年最低点的18.35元/公斤上升到2019年最高点的26.92元/公斤，上涨幅度达到46.7%；随后鸡肉价格快速下降到2020年最低点21.13元/公斤，下降幅度达到21.51%。2018年鸡肉价格波动主要是季节性消费变动引起的，2019年前三个季度鸡肉价格的大幅快速上涨主要是非洲猪瘟致生猪产能下降和猪肉价格暴涨，进而增加了对鸡肉的需求，推高了鸡肉价格。2020年鸡肉价格下降主要受多方面影响：一是上年产能扩张导致 2020 年产量增加；二是生猪产能逐渐恢复，猪肉价格开始下降，消费者开始减少对鸡肉的需求；三是新冠肺炎疫情导致消费市场疲软。

（四）牛奶价格变化

2017~2020 年，国内生鲜奶价格均呈现先下降后上升的季节性变动且波动程度逐渐增加（见图 6A）。根据农业农村部在全国生鲜奶主产省的监测数据，2020 年生鲜奶全年平均价格为 3.79 元/公斤，比 2019 年高 3.84%。具体的，2020 年 1 月生鲜奶价格较高，2 月开始生鲜奶价格持续下降，5 月降到年度最低点，平均价格为 3.57 元/公斤，6 月生鲜奶价格开始持续上涨，12 月达到 2015 年以来最高的 4.15 元/公斤。为进一步验证生鲜奶价格的变化趋势，采用国家奶牛产业技术体系监测的国内近 200 家规模养殖场的生鲜奶收购价格数据与农业农村部监测的数据进行对比分析。结果显示，2020 年，国家奶牛产业技术体系各月监测的平均价格比农业农村部监测价格高 0.09 元/公斤，但是价差比 2019 年低 49.4%。主要原因是国家奶牛产业技术体系监测牧场平均规模更大，其相对于中小规模牧场能够获得更好的销售价格，但在原料奶供求偏紧的情况下这种优势有所缩小①。

纵向来看，2020 年生鲜奶价格走势与前三年相似，在上半年都有一个比较明显的季节性回调。与前三年不同的是，2020 年生鲜奶价格波动幅度更大，2018~2020 年，年度内最高和最低价格差分别是 0.22 元/公斤、0.31 元/公斤、0.59 元/公斤，2020 年价差比 2018 年提高了 168.18%。

从国内外价格比较情况来看，国内外生鲜奶价格差距较大，2020 年国内生鲜奶收购价格依然高于进口奶粉折合原料奶的到岸价格，而且下半年国内生鲜奶价格大幅上升，二者价差进一步扩大（见图 6B）。2020 年，根据农业农村部监测的生鲜奶主产省平均价格 3.79 元/公斤计算，进口奶粉折合原料奶的到岸价格平均值为 2.91 元/公斤，前者比后者高 30.2%。2020 年，国内生

① 刘长全、韩磊：《2020 年中国奶业经济形势回顾及 2021 年展望》，《中国畜牧杂志》2021 年第 3 期。

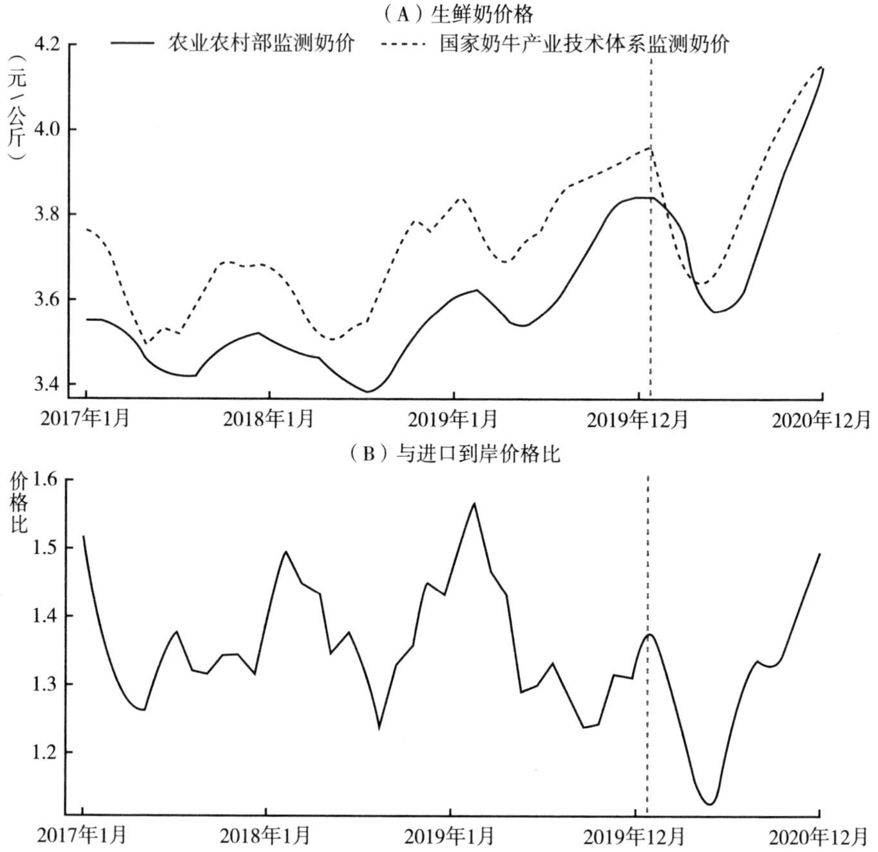

图6　2017～2020年国内生鲜奶价格变动趋势及与进口到岸价格的比较

资料来源：农业农村部、国家奶牛产业技术体系。

鲜奶收购价与进口奶粉折合原料奶的到岸价格的比值表现为“先下降后上升”的趋势，由1月的1.39持续下降到5月的1.12后，又上升到12月的1.50。

四　2020年畜牧养殖业盈利状况

（一）生猪养殖盈利状况

近年来，畜牧业养殖盈利状况波动较大，且不同畜种之间的波动趋势也不尽一致。2020 年猪粮比[①]整体呈下降趋势，全年均值为 14.68，比 2019 年高 43.36%；自 2019 年以来，全年猪粮比基本都高于 6（见图 7），生猪养殖盈利水平大幅提高，主要是非洲猪瘟疫情引起生猪产能供给减少导致活猪价格大幅上涨的结果。2020 年猪粮比在波动中出现下降，首先由 2 月中旬的最高点 17.52 下降到 5 月中旬的 12.90，然后小幅增加到 7 月中旬的 16.03 后又开始出现下降，11 月中旬达到全年最低点的 11.45 后又开始出现回升迹象。2020 年，猪粮比下降趋势比猪肉价格下降趋势更明显，主要原因是玉米饲料成本的增加，玉米价格由年初的 2.09 元/公斤一直增加到年底的 2.65 元/公斤，增幅达到 26.79%。由于 2020 年猪肉价格依然处于高位，即使 2020 年玉米饲料成本增加，生猪养殖盈利水平仍然相对较高。

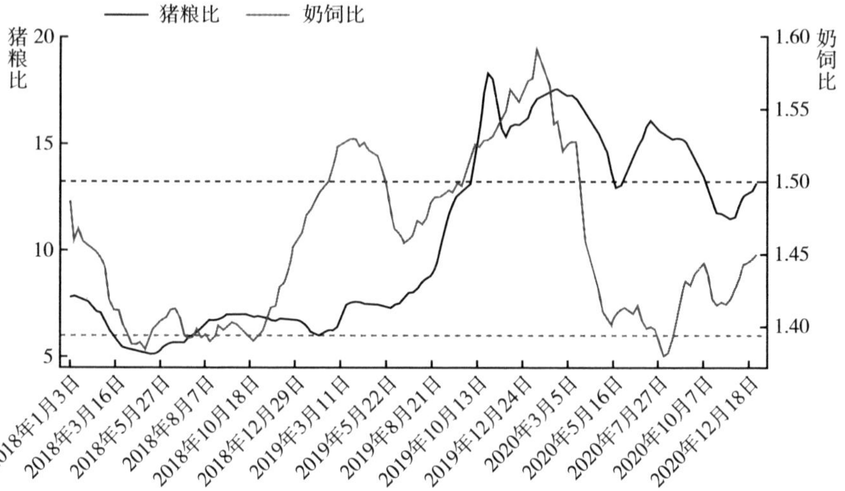

图 7　2018～2020 年猪粮比与奶饲比走势

注：图中的两条虚线分别是 6∶1 的生猪养殖盈亏平衡线和 1.5∶1 的奶牛养殖盈亏平衡线。

资料来源：农业农村部。

① 根据农业农村部畜产品与饲料周监测数据的活猪价格与玉米价格计算得到。

（二）奶牛养殖盈利状况

2020 年，国内奶牛养殖效益出现先下降后上升的趋势。从反映奶牛养殖经济环境的奶饲比①来看，2020 年奶饲比有所下降，由 2019 年的年均 1.50 下降到 2020 年的年均 1.45，同比下降 3.3%。从趋势看，奶饲比由 2020 年 1 月下旬的 1.59 下降到 8 月上旬的 1.38，然后在小幅波动中上升，达到年底的 1.45。生产成本上升是奶饲比下降的主要原因，根据国家奶牛产业技术体系牧场监测数据，2020 年，每公斤生鲜奶总成本的平均值为 3.36 元，比 2019 年均值高 1.2%。2020 年生鲜奶的生产成本先下降后上升，从 1 月的 3.37 元/公斤下降到 4 月的 3.29 元/公斤后开始上升，12 月达到 3.46 元/公斤，4 ~ 12 月单位总成本增长了 5.2%。在下半年饲料成本上升以及生鲜奶价格增加的共同作用下，奶饲比从 8 月上旬开始出现上升趋势。

2020 年生猪和生鲜奶收益出现下降的主要原因是生产成本增加，而生产成本增加的原因主要包括以下几点。一是新冠肺炎疫情期间，全国各地对道路交通管控严格，养殖场生产资料投入品供应不足以及雇用劳动力难度增加，导致饲料采购和雇工成本上升；二是国内玉米和豆粕等饲料成本大幅上涨，根据农业农村部的监测数据，玉米和豆粕价格分别上涨约 25.4% 和 6.5%；三是非洲猪瘟、新冠肺炎疫情的发生，导致防疫成本增加。

五　2021年畜牧业发展展望

2020 年，突如其来的新冠肺炎疫情叠加非洲猪瘟疫情对国内畜牧业发展造成重大冲击，畜产品稳产保供面临众多挑战，产业发展风险明显增多。但是，随着疫情的有效防控及国家相关支持政策的落实，2020 年畜牧业稳定发展，猪肉产量小幅下降，牛肉和羊肉产量小幅增长，禽肉和生鲜奶产量

① 根据农业农村部畜产品与饲料周监测数据的主产省生鲜奶价格与玉米、豆粕价格计算得到，玉米和豆粕在饲料综合价格中的权重分别为 70% 和 30%。

增长明显。展望2021年，在疫情得到控制的情况下，畜产品供需整体宽松，价格将逐步回调，随着国内产能的释放，畜产品进口增速将放缓，具体如下。

对于猪肉而言，预测2021年生猪产能将明显增长，猪肉价格下降明显，进口量将恢复到常年水平。从目前国内生产形势看，在政策推动和市场拉动的双重作用下，2019年底生猪生产已经出现止降回升的趋势。截至2021年1月，国内能繁母猪存栏量实现连续16个月增长，预计上半年生猪存栏量有望恢复到2017年的水平，到年底生猪出栏量和猪肉供给有望恢复到正常水平。随着猪肉供应形势逐渐宽松，预测2021年猪肉价格同比下降，其中上半年猪肉价格依然会在高位运转，下半年下降趋势明显且伴随季节性周期波动。同时，随着国内猪肉供给增加以及国外新冠肺炎疫情依然严峻，预测2021年中国猪肉进口量将回归常年水平，与2020年相比猪肉进口量将有所下降。

对于牛肉和羊肉而言，预测2021年供需仍然偏紧，价格高位运行，进口量稳中有增。随着居民收入水平提高，国内消费者对牛羊肉的需求量逐渐增加，国内供需缺口逐年扩大。同时，随着新冠肺炎疫情逐步得到控制，餐饮业的恢复带动牛羊肉消费逐步增加，由于牛羊养殖周期较长，短期内牛肉和羊肉的供给难以大幅提高。预测2021年，牛肉和羊肉供需仍然延续偏紧形势，价格将在高位运行且呈季节性波动。同时，由于供需缺口相对较大，预测2021年牛肉和羊肉进口量将稳中有增。

对于禽肉而言，预测2021年供需宽松，价格继续下滑，进口量有所下降。2020年禽肉产能增加，例如白羽肉鸡祖代存栏同比增加17.16%，父母代存栏同比增加18.09%。2021年禽肉产能有可能进一步增加，但增速会放缓，而猪肉供给增加、价格下降将会在一定程度上抑制禽肉消费，禽肉价格将会在季节性波动下呈现下降趋势。如果2021年全球新冠肺炎疫情未能得到有效控制，禽肉出口量仍然较低，由于国内产能充足，进口量也将出现小幅下降。

对于牛奶而言，预测2021年产量继续增加，价格同比有所下降，进口量将小幅增加。2021 年奶牛养殖投资对供求关系的影响将开始逐步显现，牛奶产量将会继续增加。受到新冠肺炎疫情下中国经济发展的不确定性，猪肉供给得到恢复、猪肉价格下降抑制乳品消费以及饲料供求紧张关系还将持续等因素的影响，预测 2021 年上半年奶价将季节性回调，下半年价格回升动力不足，全年奶价将低于 2020 年平均水平。在国内供给增加、乳制品消费减缓、国内奶价下降等抑制进口因素和国际奶价下降促进进口因素并行条件下，2021 年乳制品进口量可能小幅增长。

G.7

2020年渔业经济形势及2021年展望

操建华*

摘　要：　2020年初突发的新冠肺炎疫情，对中国当年渔业生产、消费和贸易均产生了较大冲击，但是渔业产量依然实现增长。上半年生鲜水产品出现压塘、卖难问题，市场交易减少，出口下滑严重。随着国内疫情缓解和及时有效的行业调控，下半年渔业生产和贸易有所恢复。同时，随着疫情在全球的恶化，水产品进口迅速下滑。全年渔业生产者价格、交易价格和消费价格微涨。在严峻的形势下，渔业依然坚持走绿色高质量发展道路，健康养殖方式获得广泛推广，并保证了养殖产量的增长。围绕长江流域重点水域禁捕攻坚，资源养护和野生水产品的捕捞管控力度进一步强化，捕捞产量继续下降。2021年随着全球疫情缓解，预计中国渔业生产和进出口贸易将继续恢复性增长。中美贸易争端和疫情暴露出来的新问题，凸显了绿色科技创新、数字经济和冷链加工业的重要性，这些都将成为未来渔业现代化和绿色发展的重要支撑。

关键词：　渔业经济　水产养殖业　捕捞业　水产品

为应对新冠肺炎疫情对渔业生产的不利影响，2020 年 3 月 6 日，农业

* 操建华，管理学博士，中国社会科学院农村发展研究所副研究员，研究方向为资源与环境经济。

农村部印发了《2020 年渔业渔政工作要点》（以下简称《工作要点》），提出了以稳产保供为核心的八大工作要点，包括：疫情防控期间的水产品稳产保供、水产养殖业绿色发展的全面推进、渔业三个产业的融合发展、渔业改革创新、渔业资源养护和水域生态修复、渔业法制建设的强化、对内渔业扶贫、对外积极推进渔业“走出去”和国际合作。随后的一系列举措，一方面缓解了疫情带来的生产压力，确保了水产品有效供给；另一方面，保障了渔业继续沿着既定发展战略，向养殖业绿色高质量发展和资源保护的方向前行。

一 2020年水产品生产分析

（一）渔业生产总体变化

1. 水产品总产量增长，“以养为主”的生产结构继续强化

中国水产品总产量继续增长。国家统计局数据显示，2020 年中国水产品总产量为 6545 万吨，同比增长 1.0%（见表 1）。

表 1 2018～2020 年水产品总产量及年增长速度

年份	水产品总产量(万吨)	较上年增长速度(%)	养捕比
2018	6457.66	0.19	77.3∶22.7
2019	6480.36	0.35	78.4∶21.6
2020	6545.00	1.00	79.7∶20.3

资料来源：2018～2019 年基础数据来自《2020 中国渔业统计年鉴》附录 2，2020 年数据来自《中华人民共和国 2020 年国民经济和社会发展统计公报》。

从结构看，来自水产养殖业的产量所占比重进一步提高，2020 年达到 79.7%，较上年提高 1.3 个百分点。水产品养殖产量和捕捞产量之比达到 79.7∶20.3，渔业生产结构进一步优化。

2020 年渔业生产面临来自新冠肺炎疫情和宏观政策调控两方面的压力。

水产品年初就因为疫情出现了压塘、卖难的新问题，“压塘”不仅会使鱼类病死率上升，还会增加养殖成本。同时，生产用工、原料饲料的购买和物流运输等环节都受到影响，不利于当年春季渔业生产。其次，不断突发的相关舆情也持续带来不利影响：从早期疫情溯源引发的野生动物保护争议，到6月“北京新发地三文鱼案板”和下半年多地在进口冷链水产品包装上检测到新冠核酸阳性等事件，涉及牛蛙、三文鱼、黄鳝、黑鱼、南美白对虾、带鱼等多个重要水产品品种。这些与疫情相关的舆情和其他事件，如“3·15”晚会曝光的海参养殖用药问题，对渔业生产和销售均带来负面影响。从政策角度看，长江大保护、黄河大保护等重大国家生态发展战略以及大水面生态功能导向的渔业政策等的实施，使淡水捕捞业迎来更为严厉的禁限捕约束，水产养殖业则面临养殖面积和容量的限制。

在这种情形下，2020年渔业总产量继续保持增长非常不易。这一方面归功于相关部门针对疫情防控在年初及时出台了稳产保供措施，另一方面归功于在国内持续多年推进的渔业绿色养殖模式中，科技含量更高的规模化、工厂化养殖以及深水网箱养殖等方式的快速发展。

2. 水产品的质量安全仍然保持较高水平

养殖水产品的质量安全仍然稳定在较高水平。农业农村部发布的2020年国家产地水产品兽药残留监控抽检结果①显示，国家产地水产品兽药残留监测合格率为99.1%。该指标已连续8年保持在99%以上。主要检出氧氟沙星、硝基呋喃类代谢物、氯霉素、诺氟沙星和孔雀石绿等5种禁（停）用药残留超标。2021年1月13日，农业农村部发布的2020年全年国家农产品质量安全例行监测结果②显示，水产品抽检合格率为95.9%，较2019年的97%下降1.1个百分点。从监测品种看，抽检的大宗养殖水产品中，鲢鱼全部合格，鳙鱼、罗非鱼、草鱼和鲤鱼抽检合格率分别为99.6%、98.5%、97.9%和97.5%。

① 《2020年国家产地水产品兽药残留监测合格率为99.1%》，农业农村部，2020年12月26日。

② 《2020年农产品质量安全例行监测合格率达97.8%》，农业农村部新闻办公室，2021年1月13日。

（二）水产养殖业生产变化

1. 养殖水产品产量继续增长

2020年，养殖水产品产量为5215万吨，较2019年增加了135.93万吨，同比增长3.00%，继续延续增长态势，且年增长速度较前两年更高（见表2）。

表2 2018～2020年养殖水产品产量及增长速度

单位：万吨，%

年份	2018	2019	2020
养殖水产品产量	4991.06	5079.07	5215.00
养殖水产品产量同比增长速度	1.73	1.76	3.00

资料来源：2018～2019年数据来自2019～2020年《中国渔业统计年鉴》，2020年数据来自《中华人民共和国2020年国民经济和社会发展统计公报》。

2020年中国水产养殖业的增长与全球趋势并不一致。联合国粮农组织发布的一份报告预计2020年全球水产养殖产量将下降约1.3%，这是该行业几年来的首次下降①。因此，中国水产养殖业逆势增长的原因值得探究。首先，部门和行业应对得力。2020年初农业农村部就及时针对水产品压塘、难卖问题提出了四项应对措施：强化"点对点"联系机制，增加水产品收储；及时调度和发布水产品供销信息和拓展电商、直供等水产品流通模式；做好存塘水产品病害防治；推进水产苗种繁育企业复工复产和供需对接等，这对渔业生产的恢复起到了积极作用。其次，多年推进的水产养殖业绿色发展方式逐渐成形、成规模，效益已经开始显现。疫情下，2020年工作要点在提出做好疫情防控和稳产保供的同时，继续将水产养殖业绿色发展放在重要位置，要求加强水产养殖业规划编制发布和养殖证核发、推进水产健康养殖、强化产地水产品兽药残留监控，以及促进稻渔综合种养产业高质量规范发展等四个方面的工作。农业农村部还提出从2020年起实施水产绿色健康

① 《粮农组织：全球水产养殖产量预计将下降约1.3%》，中国新闻网，2021年2月3日。

养殖“五大行动”，即生态健康养殖模式推广行动、养殖尾水治理模式推广行动、水产养殖用药减量行动、配合饲料替代幼杂鱼行动和水产种业质量提升行动，其中的每项行动都提供了多种经过多年实践比选得出的选择方案，这些行动成为2020年全国各地水产养殖业绿色发展的抓手，促进了全国各地渔业健康养殖效率的提升。

2. 传统水产养殖面积趋于减少，但健康养殖面积不断增长

2020年的水产养殖业生产是在养殖面积进一步减少的基础上进行的。《2020中国渔业统计年鉴》的数据显示，2019年末，水产养殖总面积为7108.5千公顷，在2018年下降3.48%的基础上进一步减少1.13%。其中，海水养殖面积减少2.49%，淡水养殖面积减少0.59%（见表3）。淡水养殖面积中，除湖泊增加3.21%外，池塘、水库和河沟的养殖面积分别减少了0.83%、1.74%和13.39%，河沟养殖面积大幅减少。海水养殖各水域面积也都在减少，2019年海上和滩涂的养殖面积较2018年分别减少了3.02%和1.96%。

表3　2018～2019年水产养殖面积及增长速度

单位：千公顷，%

年份	2018	2019	2019年增长
海水养殖面积	2043.07	1992.18	-2.49
淡水养殖面积	5146.45	5116.32	-0.59
总养殖面积	7189.52	7108.50	-1.13

资料来源：《2020中国渔业统计年鉴》。

从养殖方式看，传统养殖面积明显缩减，健康养殖面积较快扩张。《2020中国渔业统计年鉴》的数据显示，传统养殖面积的缩减突出表现在淡水围栏养殖、淡水网箱养殖和海水普通网箱养殖上。2019年末三种方式的养殖面积比2018年末分别减少了60.37%、43.48%和55.74%。同时，健康养殖面积大幅增长。在淡水养殖中，2019年工厂化养殖面积较2018年增长了13.37%。海水养殖中，2019年深水网箱、工厂化和吊笼养殖面积较上

年增长了43.62%、4.20%和6.62%（见表4）。2020年水产传统养殖面积稳定或进一步降低。同时，健康养殖面积将会进一步增长。

表4　2019年水产养殖面积较2018年的变化率

单位：%

项目	海水养殖							淡水养殖		
	池塘	普通网箱	深水网箱	筏式	吊笼	底播	工厂化	围栏	网箱	工厂化
变化率	-6.02	-55.74	43.62	-4.07	6.62	-3.87	4.20	-60.37	-43.48	13.37

资料来源：《2020中国渔业统计年鉴》。

此外，稻渔综合种养作为一种绿色生态的农渔发展模式，“十三五”以来发展迅速，面积从2015年的2200多万亩增长到2020年的3800万亩，稻米产量达到1900万吨，水产品产量超过300万吨，带动农民增收超过650亿元。由于各地积极贯彻执行农业农村部发布的《关于规范稻渔综合种养产业发展的通知》，稻渔综合种养规范化、标准化、规模化发展水平稳步提升，各地形成一批渔农品牌，在水产品稳产保供、促进农业绿色发展、渔业扶贫和乡村振兴等方面的作用凸显。

（三）水产捕捞业生产变化

1. 捕捞水产品产量进一步下降

2020年，中国捕捞水产品总产量1330万吨，较2019年下降71.29万吨，下降了5.0%（见表5），延续了自2016年以来的下降趋势。

表5　2018～2020年水产品捕捞产量及增长速度

单位：万吨，%

年份	2018	2019	2020
捕捞总产量	1466.60	1401.29	1330
同比增长	-4.73	-4.45	-5.09

资料来源：2018～2019年数据来自2019～2020年《中国渔业统计年鉴》，2020年数据来自《中华人民共和国2020年国民经济和社会发展统计公报》。

捕捞水产品产量的下降也受到政策和疫情的叠加影响。经过多年的减船转产，中国2020年初的捕捞能力继续下降。《2020中国渔业统计年鉴》数据显示，2019年末生产性捕捞渔船的数量已经较2018年末减少了10.60%，功率数减少了2.60%。但是，由于资源衰竭的问题依然存在，2020年的海水、淡水禁限捕管控措施仍在持续强化，如长江十年禁捕，打击非法渔船和非法捕捞活动等。疫情通过限制和减少捕捞活动深化了这种趋势。同时，疫情暴发初期，全网呼吁禁食野味，之后多地的水产品外包装检出核酸阳性等，也抑制了野捕水产品的消费。

2. 海洋捕捞和内陆捕捞水产品产量下降，远洋捕捞较稳定

近几年，中国海洋捕捞能力已经持续下降。《2020中国渔业统计年鉴》相关数据显示，2019年末全国拥有生产性的海洋捕捞渔船14.7万艘，比2018年末减少了5.81%，功率下降1.13%。然而，2019年末海洋捕捞产量仍然达到1000.15万吨。为实现“2020年中国海洋捕捞总产量将减少到1000万吨以内”的政策要求，2020年进一步严格实施渔船“双控”目标管理，降低捕捞强度。疫情下海洋捕捞活动被动减少也间接促进了该目标的实现。

内陆捕捞水产品产量的明显下降应该也是没有疑义的。首先，内陆捕捞能力也在持续下降。《2020中国渔业统计年鉴》相关数据显示，2019年末，内陆捕捞渔船有18.8万艘，较2018年末降低了14.01%，功率降低了9.73%。其次，2020年是落实长江十年禁捕政策的第一年，打击长江流域非法捕捞活动和实施渔民转产转业是当年渔业工作的重中之重。2020年6月以来，沿江各地和长江航运公安机关会同农业农村部等部门，开展了打击长江流域非法捕捞专项整治行动，取得明显成效：截至2020年底，长江流域重点水域各级渔政执法机构累计没收非法捕捞渔获物53.34吨，清理取缔涉渔“三无”船舶3.38万艘、违规网具26.67万张（顶）。同时，沿江各地和长航公安机关已侦破非法捕捞刑事案件4900余起，打掉非法捕捞犯罪团伙368个，非法捕捞刑事发案

数大幅下降①。“三无”渔船的数量和违法捕捞行为数量的下降，推动了淡水捕捞产量的进一步降低。

影响2020年远洋渔业产量的因素有正负两方面。从积极因素看，2020年初的远洋捕捞能力较2019年初有了一定的增长。《2020中国渔业统计年鉴》数据显示，2019年末中国拥有远洋渔船2701艘，功率2846993千瓦，分别较2018年增长了1.77%和3.89%。但是，疫情已经使2020年全球海洋活动萎缩，中国远洋渔业的生产活动将不可避免地受到影响。

二 2020年水产品市场交易与消费变化

（一）水产品市场交易量变化

1. 水产品市场交易量和交易额同比双双下降

疫情对水产品市场交易的影响较大。根据全国可对比的水产品批发市场的成交情况监测统计数据，2020年4～12月（除5月）全国主要大型水产品批发市场成交量和成交额均下降。其中，8个月的成交量较2019年同期下降5.78%，成交额较2019年同期下降4.64%②。由于1～3月处于疫情期，5月也刚刚开始缓解，可以判断这几个缺省月份的成交量和成交额同比下降幅度应高于综合平均水平。据此可以推断全国水产品的交易量和交易额将呈现同样的减量趋势。

2. 水产品成交量和成交额年初明显下降，下半年降幅收窄

全国可对比的水产品批发市场的成交情况监测统计数据显示，2020年水产品月成交量和成交额上半年下降幅度显著，4月较上年同期分别下降

① 公安部、农业农村部：《推进打击长江流域非法捕捞专项整治 确保“十年禁渔”取得实效》，2021年1月25日，https://app.mps.gov.cn/gdnps/pc/content.jsp?id=7694299。

② 基础数据来自2020年4月、6～12月《水产品市场价格监测简报》，增长速度根据2019年和2020年同期数据比较得出。

17.11%和9.86%，之后降幅减小。除9月的成交额和11月的成交量较上年同期分别增长1.83%和1.29%外，其余月份各指标均较上年同期减少。年尾降幅有所扩大，12月成交量和成交额较上年分别下降了5.97%和5.3%（见图1）。这与新冠肺炎疫情相关负面舆情的出现有关，如进口水产品外包装中新冠病毒检测阳性等事件，人们对水产品的消费态度又趋于谨慎。

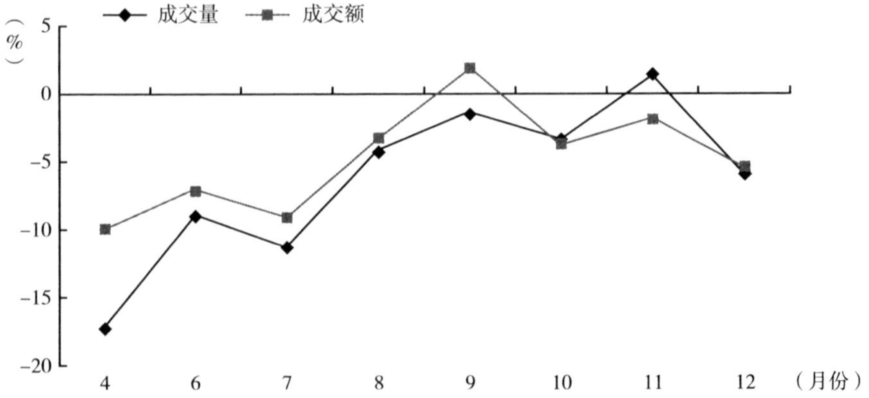

图1　2020年水产品成交量和成交额的变化（上年=100）

资料来源：根据2020年4月、6~12月《水产品市场价格监测简报》中相关数据计算而来。

（二）水产品市场消费变化

从供给层面看，2020年，中国水产品人均占有量约为46.7公斤（基于2019年末人口），较2019年增加了0.3公斤，增加了0.65%，也高于2018年，供给是充足的。

从消费需求看，2020年上半年，水产品在餐饮渠道的销售变得非常困难，至今也没有完全恢复正常。但与此同时，超市、家庭烹饪及线上销售，受疫情影响相对较低，尤其是电商销售稳步增长。从品种看，以冷冻为主的品种消费受到的影响要小于鲜活类水产品。

三　2020年水产品贸易变化

（一）水产品总体贸易形势

1. 进出口总量和进出口总额同比双双下降

2020 年中国水产品的进出口贸易受新冠肺炎疫情的影响较大。根据农业农村部发布的《2020 年我国农产品贸易情况》①，2020 年中国水产品进出口总额为 346 亿美元，较 2019 年下降 12.1%，较 2018 年下降 7.0%。

海关总署公布的数据显示，2020 年 1～12 月，中国水海产品进出口累积总量为 777 万吨，较 2019 年下降了 10.0%，但是较 2018 年增长了 1.6%。水海产品 2020 年进出口总额为 316.89 亿美元，较 2019 年下降了 12.4%，较 2018 年下降了 6.8%。

2. 进出口总量为逆差，进出口总额仍然是顺差

农业农村部发布的《2020 年我国农产品贸易情况》显示，2020 年中国水产品进出口总额顺差为 34.8 亿美元，较 2019 年增长 77.7%，较 2018 年下降 53.4%。

海关总署 2020 年 1～12 月水海产品的进出口累积数据表明，当年水海产品进出口量出现逆差，但是进出口额仍然是顺差。其中出口量比进口量少 27 万吨，出口额较进口额多 58.22 亿美元。对这种量、额的不一致，一种合理解释是，由于担忧疫情可能会影响中国的水产品进口需求，国外水产品特别是高档海鲜的进口价格出现了较大幅度下跌。

（二）水产品进口形势

1. 进口量和进口额同比均减少

农业农村部发布的《2020 年我国农产品贸易情况》显示，2020 年中国

① 《2020 年我国农产品贸易情况》，http：//www.moa.gov.cn/ztzl/nybrl/rlxx/202103/t20210303_6362754.htm。

水产品进口额为155.6亿美元，较2019年减少16.8%，较2018年增长4.7%。

海关总署水海产品的进口数据显示，2020年1～12月，水海产品进口总量为402万吨，较2019年减少了12.5%，但是较2018年增长了18.2%。从进口额看，2020年进口额为129.33亿美元，较2019年减少了19.6%，但是较2018年增长了7.7%，多年进口迅猛增长的趋势有较大幅度的减缓。

2. 水海产品月进口量同比上半年增长，下半年下降，进口额全年同比减少

海关总署2020年1～12月水海产品进口的月度数据显示（见图2），与2019年同期相比，上半年除1月外，水海产品各月的进口量均是增长的，6月增长了19.1%，其中2月大幅度增长了40.9%。但是自7月开始，进口量同比大幅度下降，8月下降达45.2%，12月同比下降仍然高达32.3%。

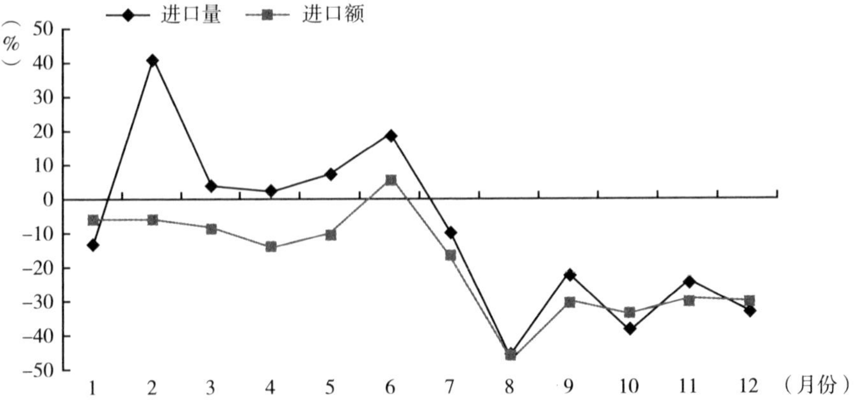

图2　2020年水海产品进口量和进口额变化（上年=100）

资料来源：中国海关总署。

从进口额看，除6月同比增长外，其他月份同比均下降，下半年降幅较上半年明显加大，进口市场萎缩更严重。1月同比下降5.5%，12月同比下降幅度就达到29.8%，最大降幅在8月，达到45.6%。分上、下半年看，上半年的进口总额较上年同期下降6.5%，下半年的进口总额较上年同期下降约30%。

水产品进口量月度变动的另一个特点是：6 月之前水海产品的进口量和进口额的增减变动方向是背离的，量增额减。6 月之后海水产品的进口量和进口额才恢复了变动的同步性。这说明进口水产品的价格上半年同比有显著下跌。

以虾和三文鱼为例，2020 年冷冻暖水虾类产品的进口量约 54.4 万吨，较 2019 年下降 16%，其中下半年的进口降幅高达 48%。冰鲜三文鱼的进口额约 4.18 亿美元，较 2019 年下降 47%。

进口的下降除国内餐饮消费渠道的萎缩外，与国外进口水产品多次新冠病毒核酸检测阳性有较大关系。2020 年 7 月，中国海关总署在部分进口白虾外包装及集装箱内部检出新冠病毒核酸阳性，多家厄瓜多尔出口商资质被暂停。随后越来越多的进口冷链食品被检阳性。截至 2021 年 1 月 13 日 24 时，中国海关在抽检的 1295692 个样本中，检出新冠病毒核酸阳性结果 47 个。这导致消费者、进口商和国外供应商对进口海产品逐渐变得更为谨慎。中国已经对发生员工感染新冠肺炎的 21 个国家的 124 家冷链食品生产企业采取了暂停其产品进口措施（包括 107 家出现疫情后自主暂停对华出口的企业）。进口海鲜等冷链食品成为防控疫情输入风险的检测重点，海关清关速度放缓，产品到港后须接受消毒，滞港期延长，导致物流成本上涨。种种因素结合在一起，导致水产品的进口下降。

（三）水产品出口形势分析

1. 出口量和出口额继续下滑

农业农村部发布的《2020 年我国农产品贸易情况》显示，2020 年中国水产品进出口额为 190.4 亿美元，较 2019 年减少 7.8%，较 2018 年减少 14.7%。

海关总署水海产品的出口数据显示，2020 年 1～12 月水海产品的出口量合计 375 万吨，较 2019 年降低了 10.8%，较 2018 年降低了 11.8%；出口额为 187.55 亿美元，较 2019 年降低了 8.0%，较 2018 年降低了 14.8%。因此，水产品的出口延续了下滑趋势，疫情的发生加剧了这一趋势。2020 年上半年，多个国家对中国的水产品进口采取较长时间的入境管制或进口中国水产品的态度趋于谨慎。

2. 水海产品月出口量和出口额同比上半年降幅较大，下半年降幅收窄

海关总署水海产品的月度数据显示（见图3），2020 年，水海产品的月度出口量和出口额在上半年均明显下降，最大降幅在 2 月，出口量和出口额同比分别减少了 35.7% 和 28.5%。

下半年出口量、出口额较上年同期降幅减少。从出口量看，除 11 月较 2019 年同期增长 2.8% 外，其他月份的出口量较 2019 年同期仍然下降，但是降幅较上半年明显减少，最大降幅是 10 月的 -12.8%。从出口额看，8 月、9 月和 11 月较 2019 年同期增长，最大增幅是 11 月的 7.8%。尽管年尾出口量和出口额同比分别下降 9.9% 和 2.7%，但是就整年的趋势变化看，是波动向上的，这与中国疫情控制形势相关。2020 年底，一些国家逐渐解除了对中国活鱼和水产品暂停进口的措施。

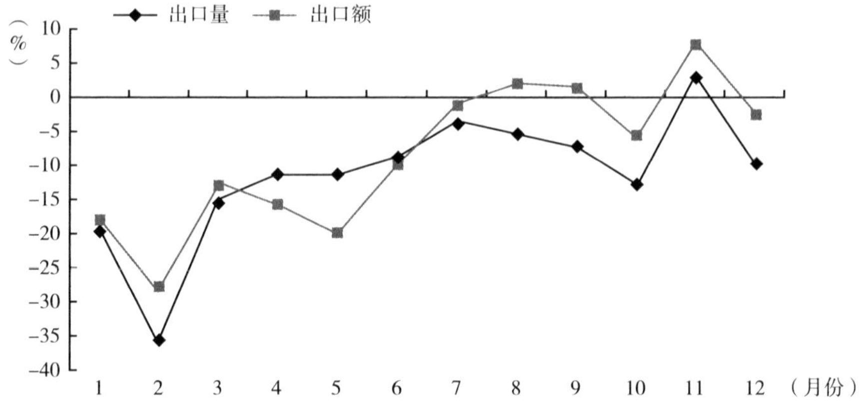

图 3　2020 年水海产品出口量和出口额变化率（上年 =100）

资料来源：中国海关总署。

四　2020年水产品价格变化

（一）水产品生产者价格变化

国家统计局数据表明，与 2019 年相比，2020 年渔业产品生产者价

格总体基本持平，微涨0.2%。分季度看，2020年第一、二季度渔业产品生产者价格较上年同期分别下跌了0.1%和3.5%，第三、四季度回升，分别上涨了1.3%和1.4%，与国内疫情的发展态势呈现较强的同步性。

分类别看，淡水养殖产品生产者价格较上年上涨2.0%，海水养殖产品和海水捕捞产品的生产者价格分别较上年下跌3.7%和0.4%。分季度看，海水捕捞产品和淡水养殖产品的生产者价格第一季度下跌，但是从第二季度开始就基本恢复到2019年同期的价格水平，下半年小幅上涨，淡水养殖产品涨势更好一些。海水养殖产品的生产者价格除第一季度同比上涨1.4%外，之后连续三个季度均同比下跌，其中，第二季度跌幅较大，同比下跌达13.3%，第三、四季度跌幅逐渐收窄（见表6）。

表6　2020年第一至第四季度水产品生产者价格指数当季值（上年同期=100）

类别	第一季度	第二季度	第三季度	第四季度
渔业产品	99.9	96.5	101.3	101.4
海水捕捞产品	98.1	99.9	103	101.9
海水养殖产品	101.4	86.7	94.9	98.1
淡水养殖产品	99.9	100.4	103.5	102.5

资料来源：国家统计局。

（二）水产品市场交易价格变化

1. 水产品交易价格总体变化

水产品、海水产品和淡水产品综合平均价均同比上涨，且先跌后涨。根据全国80家水产品批发市场成交价格情况监测统计，2020年3～12月的水产品批发价格算术平均值为23.26元/公斤，同比上涨0.97%。其中，海水产品价格的算术平均值为43.06元/公斤，同比上涨1.41%；淡水产品价格的算术平均值为15.65元/公斤，同比上涨0.71%。

2020年各类水产品月度价格同比涨幅呈上升态势（见图4）。淡水产品的交易价格较海水产品同比更快实现上涨，自5月起淡水产品价格就高于2019年同期，海水产品价格在8月才开始上涨，但是涨势更猛。

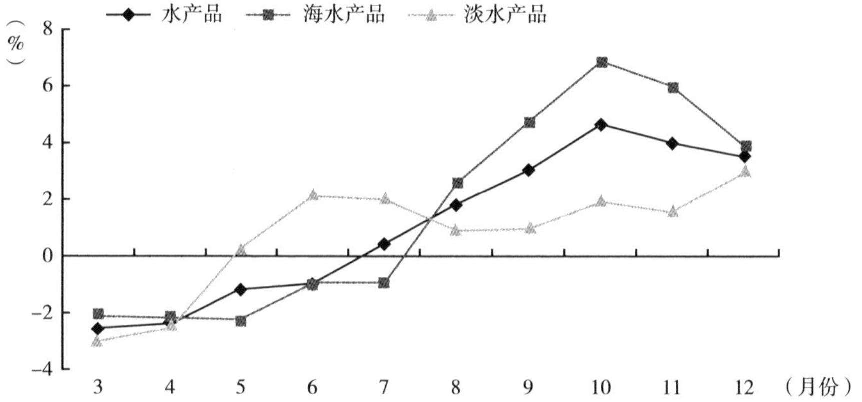

图4　2020年水产品价格变动幅度（上年=100）

资料来源：根据2020年4月、6~12月和2019年3月、5月《水产品市场价格监测简报》中相关数据计算而来。

从年度内月度价格走势看，水产品价格比较平稳，波动相对不大。以3月价格为基数（见图5），水产品的价格于7月达到年内最高，较3月约上涨3.2%；淡水产品月度价格均高于3月价格，于8月达到最高，较3月约上涨6.7%；海水产品年内价格在6月达到最高，较3月约上涨3.2%；9月和11月低于3月价格。

2. 海水产品价格变动

（1）海水鱼类和甲壳类价格同比先跌后升，下半年升幅较大；贝类均同比上涨，头足类基本与上年持平

根据全国80家水产品批发市场成交价格情况监测统计，2020年4~12月（5月除外），海水鱼类9月之前，价格较上年同期都是下跌的，最深跌幅达到5.34%，但是幅度逐渐减小，最后三个月价格同比上涨幅度较大，11月最高达到8.09%。海水甲壳类价格7月之前同比下跌，下半年同比上涨，而且幅度较大，最高10月达到13.13%。海水贝类各月价格较上年同

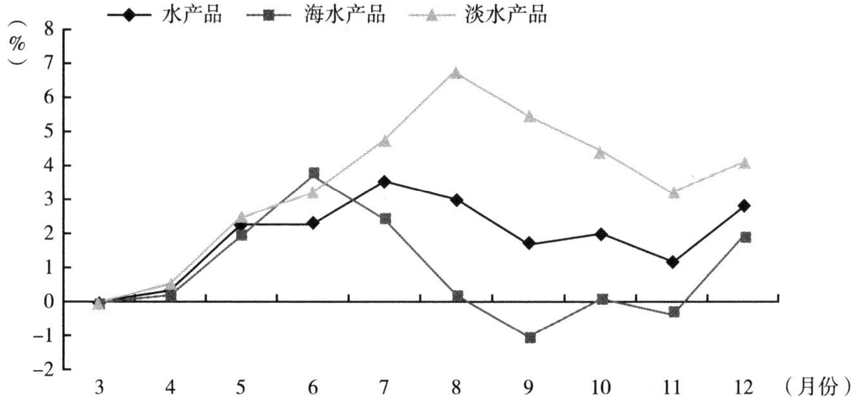

图5　2020 年水产品价格变动幅度（3 月 =100）

资料来源：根据 2020 年 4 月、6 ~ 12 月《水产品市场价格监测简报》中相关数据计算而来。

期均上涨，最高涨幅为 3.98%。头足类在 7 ~ 8 月价格同比略有下跌，其他月份同比小幅上涨（见图 6）。

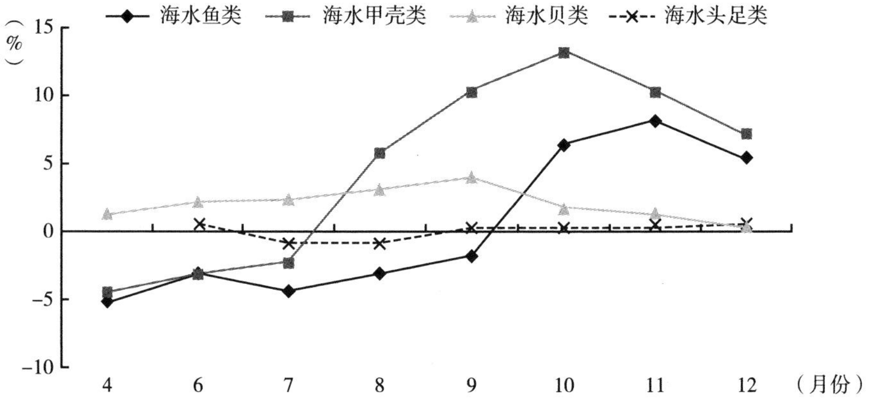

图6　2020 年海水产品价格变动幅度（上年 =100）

资料来源：根据 2020 年 4 月、6 ~ 12 月《水产品市场价格监测简报》中相关数据计算而来。

（2）海水贝类和头足类下半年价格相对年初小幅下跌，鱼类和甲壳类有波动

根据全国 80 家水产品批发市场成交价格情况监测统计，以 2020 年 5 月

为价格比较基准，各类海水产品 2020 年 5 ~ 12 月的价格逐月变动呈现以下特点。①头足类和贝类产品年内价格都低于 5 月价格，相对跌幅在 3% 以内，变动较小。②鱼类价格有波动，两头高，中间低，但是幅度在 ±2% 以内。③甲壳类海水产品价格波动相对较大。6 月价格最高，相对上涨约 5.0%；9 月价格最低，相对下跌约 4.4%。甲壳类海水产品价格也呈现两头涨、年中低的特点（见图 7）。

总体来说，2020 年度内价格波动幅度较 2019 年减小了很多，价格比较稳定。

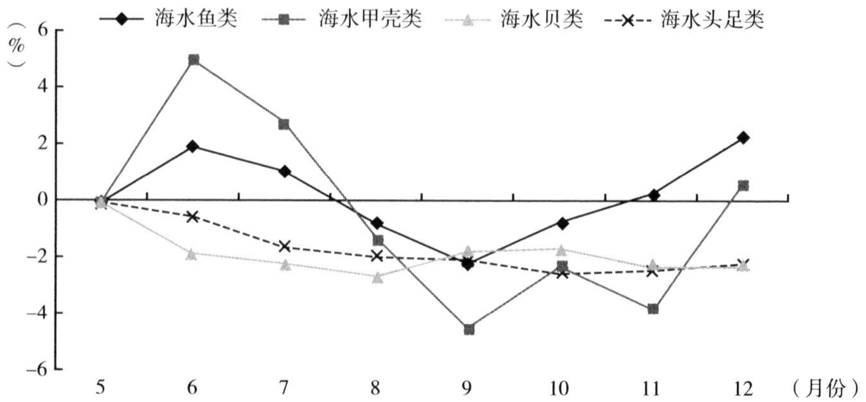

图 7　2020 年下半年海水产品价格变动幅度（5 月 =100）

资料来源：根据 2020 年 6 ~ 12 月《水产品市场价格监测简报》中相关数据计算而来。

3. 淡水产品价格变动

（1）淡水鱼类价格同比均明显上升，甲壳类价格同比均明显下跌

根据全国 80 家水产品批发市场成交价格情况监测统计，2020 年 4 ~ 12 月（5 月除外）淡水鱼类产品各月综合平均价格相对 2019 年同期都是上升的。6 月以来，各月同比价格上升幅度都高于 6%。相反的，甲壳类各月综合平均价格同比下跌，其中 4 月跌幅最大，下跌 12.02%，此后跌幅逐渐缩小（见图 8）。

（2）淡水鱼类和甲壳类年内价格均上下波动，变动幅度不大

根据全国 80 家水产品批发市场 2020 年 4 ~ 12 月（5 月除外）成交价格

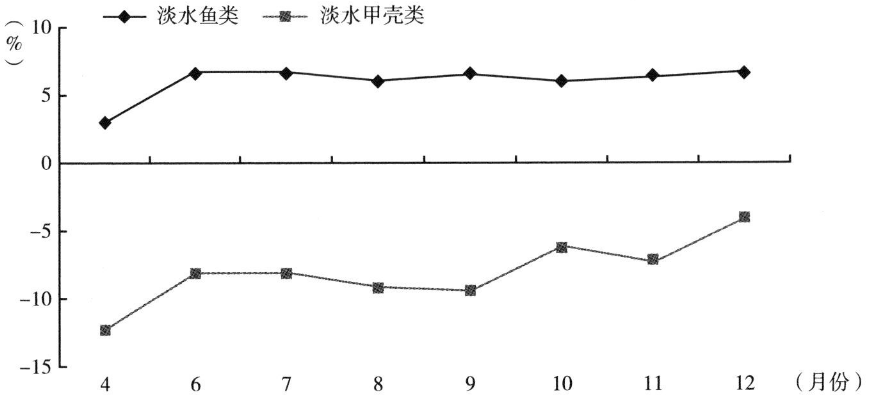

图 8　2020 年下半年淡水产品价格变动幅度（上年 =100）

资料来源：根据 2020 年 4 月、6 ~ 12 月《水产品市场价格监测简报》中相关数据计算而来。

情况监测统计，若以 5 月价格为比较基准，则年内鱼类价格均上涨，涨幅先扩大再缩小。其中最高点在 8 月，相对 5 月价格上涨了 4.4%。甲壳类价格年内波动频繁，分别在 6 月和 11 月出现两个低点，8 月和 12 月出现两个高点，波动幅度在 -2.13% ~3.53%，波动幅度不大（见图 9）。

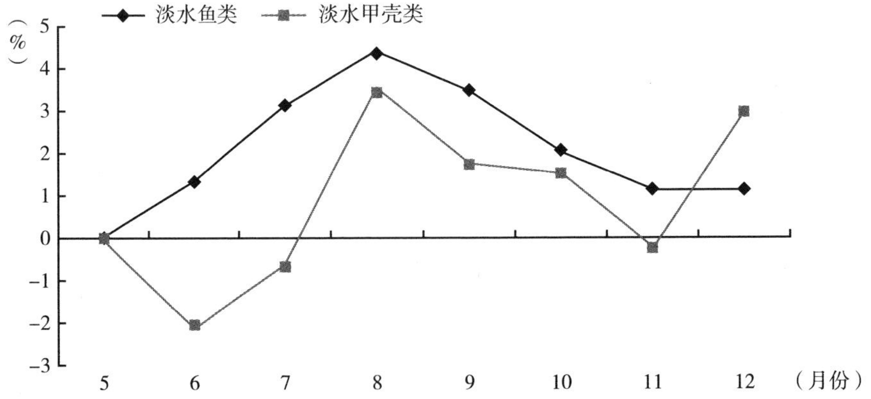

图 9　2020 年淡水产品年度内价格变化幅度（5 月 =100）

资料来源：根据 2020 年 6 ~ 12 月《水产品市场价格监测简报》中相关数据计算而来。

（三）水产品消费价格变动

从居民消费价格指数来看，水产品消费价格指数同比上涨，但是涨幅不大。国家统计局数据显示，2020 年水产品居民消费价格相比 2019 年同期上涨 3%，其中城市居民水产品消费价格同比上涨 2.9%，农村居民水产品消费价格同比上涨 3.2%，总体上涨幅度较小，低于同期蔬菜类的 7.1% 上涨幅度，更远低于同期畜禽类 38.4% 的上涨幅度。2020 年 1～12 月，水产品居民消费价格较上年同月均上涨，但是上涨幅度呈波动下降趋势。从城乡看，上半年水产品类城市居民消费物价指数略低于农村，下半年略高于农村，二者变动趋势一致（见图 10）。

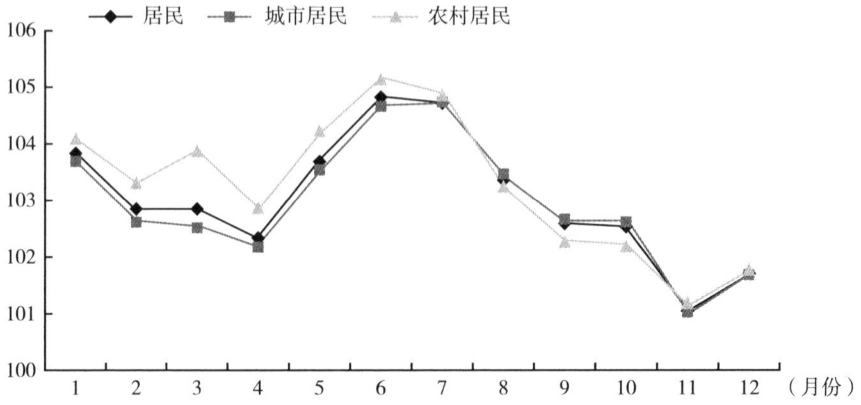

图 10　2020 年 1～12 月水产品居民消费物价指数

资料来源：国家统计局。

五　2021年渔业经济形势展望

（一）2021年渔业经济发展机遇与挑战

渔业发展的机遇和挑战都蕴含在国内外经济形势和宏观政策变化上。从国际形势看，全球渔业和水产养殖业总体的上升趋势因为新冠肺炎疫情被打断，2020 年全球水产养殖产量和野生渔业捕获量预计都将下降，2021 年可能进一步下滑。从宏观政策看，2020 年中央已经提出要形成以国内大循环为主体、国内国际双循环相互促进的新发展格局。从渔业角度看，意味着渔业生产更多地要在国内消化、国内循环。2021 年初，《中共中央国务院关于全面推进乡村振兴加快农业农村现代化的意见》发布，与渔业相关的内容体现在“加快推进农业现代化”部分，在提升粮食和重要农产品供给保障能力、打好种业翻身仗和推进农业绿色发展中，分别提出要“推进水产绿色健康养殖。推进渔港建设和管理改革”“加强海洋渔业生物种质资源库建设”“加强水生生物资源养护，推进以长江为重点的渔政执法能力建设，确保十年禁渔令有效落实，做好退捕渔民安置保障工作”。

从机遇看，主要表现在以下五个方面。一是尽管疫情持续，但影响在减弱，国际市场可能逐渐回暖，这将拉动中国水产品进出口。其中，共建“一带一路”国家经济的恢复将起到更为积极的正向作用。由于中国疫情控制良好，渔业生产相对全球其他国家和地区已经提前恢复，有利于中国渔业“走出去”。二是国家对以种业为核心的渔业科技创新和绿色养殖技术推广将更为重视。“十四五”期间，国家将加强渔业科技发展战略研究，推动开展水产种业基础理论和育种技术创新、渔业关键装备与设施研制、资源养护与生态修复共性技术研发和水产绿色增养殖技术与模式集成。基于科技创新的渔业绿色发展模式将获得青睐，种业以及拥有自主创新能力的苗种企业将获得更好的发展环境。三是加工业、冷链存储及物流业的发展，包括病毒消杀技术的运用。在缓解生鲜水产品压塘、售难问题上，渔业生产恢复较快省份的做法表明，加工和冷链储存技术对行业的发展起到了关键作用，使水产品临时收储政策能够落到实处。此外，疫情之下的消费者偏好发生了变化，对包装和冷冻产品的需求在增长。这些产品方便储运、烹饪，也易消毒，并能够助力电商发展，能更有效保障水产品的供给，还有利于提升养殖品种的竞争优势和普及率，顺应了社会发展需求。四是自动化、智能化、物联网技术将在渔业生产链条中获得更广泛的运用。这次从疫情中能够较早较好复工复产的企业，都是设备自动化、智能化程度相对较高的企业，这反过来也将推动智能化技术在渔业中的运用。不仅如此，由于能够通过线上线下相结合的销售模式实现消费者、产品、配送、供应链、供给侧改革的融合，水产生鲜电商行业将在2021年更加欣欣向荣。五是海港经济区建设。渔业改革创新的一个重点是，通过推进渔港建设和综合管理改革，形成一批带动力强、经济与社会效益相互促进的渔港经济区，渔港经济区建设将迎来发展的新机会。

渔业发展的挑战在于以下几点。一是全球疫情的持续时间和严重程度具有不确定性，全球水产品市场可能持续低迷，叠加贸易摩擦，将影响水产品进出口形势和产业发展前景。此外，在进口环节，如何做好进口冷链的防疫工作以保障进口水产品的安全供给，也是一大挑战。二是如何保障渔业养殖面积，以及渔业生产如何在渔业养殖面积可能继续减少的情况下来保质保供。渔业养殖面积也亟须通过规划和养殖确权来稳定并给予法律保证。三是如何培育出大型具有自主创新能力的水产种业企业。四是应对水产品进口可能的快速增长。RECP签订后，进口水产品成本降低，东盟等中国进口主要来源地的水产品可能会有较快增长，将冲击国内同类水产品的生产和市场。五是面对长江等流域禁捕，既有捕捞渔民转产转业的压力如何疏解。同时，清理海洋非法捕捞渔船也仍然是难题。六是如何及时应对国家对野生水生动物的养殖和水生动物进出口政策的变化，以及各种突发不利舆情，以保障生产者利益或提振国内水产品消费市场。

（二）未来形势展望

随着全球经济好转及疫情防控措施的完善，2021年水产品进出口形势将逐渐回暖。由于国内禁捕力度不断加大，而人们对高档优质进口水产品的需求量仍在不断增加，预计水产品进口量和进口额均将随着贸易环境趋好而出现较大幅度增长，全年水产品贸易顺差可能收窄，甚至可能出现逆差。必须意识到，中国已经同时成为水产品出口和进口大国。

由于国际市场的不确定性，中国国内渔业生产将立足国内大循环，扩内需、促消费政策将持续发力，这将有助于水产品国内消费市场的稳定和恢复。从国内生产看，《长江保护法》的出台，将要求禁捕法律法规体系进一步完善。2021 年长江“十年禁渔”全面启动实施，长江野生江鲜禁售禁食是大趋势，捕捞水产品在未来较长时期内将没有增量空间，水产品的供给将进一步依赖水产养殖业的发展。由于将长期面临养殖面积和水环境约束，养殖水产品的稳产保供将主要靠科技进步，但是同时，盐碱水养殖和深海网箱养殖的潜力值得期待。

G.8

2020年农业对外开放形势及2021年展望

胡冰川*

摘　要： 2020年受到非洲猪瘟导致的猪肉产出下降叠加新冠肺炎疫情影响，农产品贸易逆差进一步扩大。从走势来看，由于国内疫情防控得当，顺利实现经济恢复，农产品市场下半年也实现了V形反转。全球农产品价格在中国需求拉动和美国货币宽松作用下也实现了快速上涨。在农业国际合作方面，在众多利好因素的影响下，预计农业双向投资在2021年会有积极增长，农业科技合作也将有新的进展。展望2021年，随着全球疫苗的广泛应用，新冠肺炎疫情将趋于好转，全球经济也将逐步恢复；需要注意的是，由于当前全球农产品处于高位运行，市场风险也在累积，需要关注并及时干预。

关键词： 农产品贸易　对外投资　科技合作

一　农产品贸易

2020年，中国农产品贸易额2468.3亿美元，同比增长8.0%。其中，进口额1708亿美元，增长[①] 14.0%，出口额760.3亿美元，减少3.2%，逆

* 胡冰川，管理学博士，中国社会科学院农村发展研究所研究员，研究方向为农产品贸易、农产品市场政策的数量评估。

① 如果无特殊说明，本文的“增长（减少）”均指“同比增长（减少）”。

差947.7亿美元，扩大32.9%。农产品贸易在货物贸易中占比为5.3%，处于2001年加入WTO以来的最高水平，其中农产品出口额占总出口额的比例为2.9%，而农产品进口额占总进口额的比例为8.3%，农产品进口比重大幅提高。从2020年的农产品贸易数据来看，农产品出口已经降至历史最低水平，而农产品进口出现大幅提高，主要原因在于：①2020年非洲猪瘟的产能恢复；②新冠肺炎疫情提高了粮食安全的心理预期；③中美一阶段经贸协议的履行。从历史来看，2020年是不同寻常的一年，就农产品贸易而言，全球格局和市场秩序都受到了前所未有的挑战，这也将对未来产生深远影响。

（一）谷物

2020年中国谷物进口快速增长，出口大幅下降。从进口来看，大米进口294.3万吨①，同比增长15.6%；小麦进口837.6万吨，增长140.2%；玉米进口1129.6万吨，增长135.7%；大麦进口807.9万吨，增长36.3%；高粱进口481.3万吨，增长478.6%。主要谷物进口均呈现大幅增长。从谷物出口来看，出口259.3万吨，减少19.9%，其中，大米出口230.5万吨，减少16.1%；小麦出口18.1万吨，减少42.1%；玉米出口0.3万吨，减少87.3%；大麦出口78.4万吨，减少75.1%；高粱出口2.1万吨，减少48.3%。从谷物贸易来看，2020年呈现巨大变化，其中原因按照主次可以归纳为如下几点。

第一，玉米产销不平衡加剧。根据汇易粮油数据推算，2020年中国玉米库存消费比降至37.8%，为2013年以来的最低水平。从市场供需来看，包括以下两点原因。①非洲猪瘟背景下生猪养殖复产扩产大幅增加了饲料需求，尤其是玉米需求。其原因在于，2018年非洲猪瘟之前，全国生猪养殖结构以小规模和散养为主。2019年以来，在猪肉价格大幅上涨和政策激励

① 本章涉及农产品进出口贸易额数据来源为中国海关总署官网。分品种贸易数据按农业农村部农产品分类口径编写（下同）。

下，全国生猪养殖复产扩产快速推进，由于中小规模养殖主体无法有效解决防疫技术问题，因此生猪养殖复产和扩产以大规模，甚至是超大规模养殖场为主，其养殖方式主要是标准化养殖，因此大幅增加了饲用玉米需求。毕竟，中小规模养殖主体的饲料来源相对较为多元。此外，疫情导致的病死猪也增加了一部分饲料粮的损耗。②前期玉米去库存导致玉米产出受到一定约束，同时玉米深加工产能提高，增加了工业消费需求。在此背景下，玉米进口快速增长。

第二，玉米市场不平衡导致的价格上涨，市场出现了一定程度的饲料替代，影响到相关替代品市场，包括大麦、高粱进口快速增长，另外部分饲用小麦需求也增长，特别在肉禽、水产饲料当中，小麦对玉米的替代较大。这也使一部分小麦需求增长。整体来看，除了玉米之外，水稻、小麦市场结构并未发生太大变化。

第三，除市场基本供需之外，美国宽松货币政策增加了通胀预期，增加了国际资本对大宗商品的投入，从而在市场层面加剧了大宗农产品，特别是国内主要进口农产品的价格上涨预期，并推动了农产品进口的快速增长。

（二）油料

2020 年，中国大豆进口 10033 万吨，增长 13.3%；食用植物油进口 983 万吨，增长 3.1%。其中，豆油进口 96 万吨，增长 16.6%；棕榈油进口 466 万吨，减少 17.0%；菜籽油和芥子油进口 193 万吨，增长 19.6%。油料进口增长大致可以归因为：补偿性增长和被动性进口增长。

第一，从国内食用植物油消费来看，补偿性增长包括两部分。①对棕榈油进口下降的结构性补偿。近年来，植物油消费总量大体保持稳定，可以判断的是，食用植物油消费总量趋于市场饱和。从食用植物油消费结构来看，消费升级更趋于多元化、小品种、高价值油脂，例如葵花籽油、红花籽油等。在食用植物油消费层面，市场结构此消彼长；当棕榈油进口受到全球供给，主要是马来西亚和印度尼西亚产出下降带来的进口下降影响，其他油脂油料进口则出现了相应增长，以补偿棕榈油进口量的下降。②对肉类消费下降的消费性补偿。2019 年以来，受到非洲猪瘟导致的猪价上涨，居民肉类消费呈现较大幅度的下降，对肉类消费下降的重要补偿是增加食用植物油的消费，2020 年国内豆油消费呈现一定幅度的增加。

第二，除了补偿性增长之外，油料进口增长的另一个重要因素是被动性增长。①2020 年主导油料进口增长的主要因素仍然是非洲猪瘟之后的生猪养殖的复产扩产。如前所述，在生猪养殖复产扩产的带动作用下，饲用玉米消费量大幅增长，可以佐证的是，豆粕与相关粕类饲料的需求都快速增长，间接带动油料进口增长。以豆粕为例，根据汇易粮油数据估计，2020 年豆粕消费量为 7625 万吨，同比增长 4.7%，处于历史最高水平。②另一个进口被动增长的原因源于中国履行中美一阶段经贸协议带来的大豆进口增长。

对比两种因素作用，就大豆而言，未来消费增长，特别是进口增长，主要取决于生猪养殖的重新平衡。

（三）棉花、食糖

1. 棉花

2020 年，中国棉花进口 223.3 万吨，同比增长 15.2%；棉纱线进口量为 190 万吨，同比下降 2.7%。值得一提的是：2020 年中国纺织品服装对外贸易总额为 3198.8 亿美元，同比增长 8.0%，占全部货物贸易的 6.9%。其中，出口额 2962.3 亿美元，仅次于 2014 年出口额 2984.9 亿美元的历史峰值，同比增长 9.1%，占全国货物贸易出口的 11.4%，进口额 236.5 亿美元，下降 4.1%。实现贸易顺差 2725.8 亿美元，占全国货物贸易顺差的 51%，同比增长 10.4%，拉动全国货物贸易整体出口增长 1 个百分点[①]。

棉花贸易增长的主要原因在于，全球新冠肺炎带动了以口罩为主的纺织品出口快速增长，以美国为例，2020 年对其出口纺织服装 553.8 亿美元，增长 22.6%，其中纺织品类防疫物资出口额 215.9 亿美元，占对美出口总额的 39%，同比增长 4 倍多。与此同时，受全球疫情影响，海外纺织品服

① https://www.sohu.com/a/452407559_313396.

装产业链受到很大冲击，使得全球纺织品服装需求回流中国。

在此背景下，由于国内棉花产量保持稳定，因此棉花进口出现较大幅度的增长。当然，这里也包含了中美一阶段经贸协议增加美国农产品进口的因素。

2. 食糖

2020 年，中国食糖进口 527. 3 万吨，增长 55. 5%。除此之外，2020 年糖浆进口量为 108 万吨，为 2019 年的 6. 5 倍。食糖和糖浆进口呈现大幅增长，从食糖和糖浆进口来看，最主要原因在于国内外价格差异。

第一，由于中国取消了维持 3 年的食糖保障措施性关税率，食糖配额外关税从 2019 年的 85% 下降至 2020 年的 50%。以 2020 年 12 月为例，配额内 15% 关税的巴西食糖到岸税后价每吨 3678 元，比国内糖价低 1376 元；而进口配额外 50% 关税的巴西食糖到岸税后价每吨 4691 元，比国内糖价低 363 元，内外价差促进了食糖进口的进一步增长。不仅如此，中国对自东盟地区进口糖浆维持零关税，也促进了糖浆进口的快速增长。第二，国内玉米供需缺口导致的价格上涨，也提高了淀粉糖的成本，使得淀粉糖对白糖的替代快速下降。可以料定，如果玉米价格维持高位，而国内食糖价格受进口增长下降时，淀粉糖对白糖的替代会出现结构性反转。

（四）蔬菜、水果

1. 蔬菜

2020 年中国蔬菜出口量 1198. 5 万吨，较上年增长 3. 0%，出口额 149. 3 亿美元，较上年减少 3. 7%；其中，新鲜蔬菜或冷藏蔬菜出口额 57. 7 亿美元，增长 4. 1%。2020 年蔬菜进口量 46. 6 万吨，较上年减少 7. 1%，进口额 10. 4 亿美元，较上年增长 8. 6%，贸易顺差 138. 9 亿美元，较上年减少 4. 5%。当前来看，蔬菜进出口都维持在相对较高的水平，2020 年蔬菜进出口波动在很大程度上反映了疫情对蔬菜贸易的影响。未来，随着全球疫情防控形势的好转，蔬菜贸易将会逐步恢复并有所增长。

2. 水果

根据农业农村部农产品分类口径，水果出口额83.5亿美元，同比增长12.1%；进口额110.4亿美元，增长6.5%；贸易逆差26.9亿美元，减少7.7%。另据海关统计口径，2020年中国水果出口386.9万吨，同比增长7.0%。按出口额排列，全年新鲜水果出口主要品类为苹果，出口额14.5亿美元，同比增长16%，出口量105.8万吨，同比增长9%；葡萄出口额12.1亿美元，同比增长23%，出口量42.5万吨，同比增长16%；柑橘出口额11.6亿美元，同比增长38%，出口量71.4万吨，同比增长12%；另外，加上鲜梨、柿子、柠檬及酸橙、葡萄柚（包括柚）、鲜桃（包括油桃）、鲜或干的橙，以上品类出口额占中国水果总出口额的82%。

2020年，中国水果进口量630.2万吨，同比减少8%。按进口额排列，全年新鲜水果进口主要品类为榴梿，进口额23.0亿美元，同比增长44%，进口量57.5万吨，同比减少5%；其次为樱桃，进口额16.3亿美元，同比增长16%，进口量21.0万吨，同比增长9%；香蕉位列第三，进口额9.3亿美元，同比下降15%，进口量174.7万吨，同比下降10%；随后为山竹、葡萄、火龙果、龙眼、猕猴桃、干或鲜的橙，以上主要品类进口额占水果总进口额的78%。

总体来看，中国水果进口得益于国内消费升级，健康消费需求增长，加之近年来与东盟、智利、新西兰等国或地区签订的自贸区协定。从农产品出口角度，同样也受惠于区域贸易一体化带来的贸易便利，另外中国水果生产效率和质量都在快速提升，新市场开拓，例如对中亚等国的出口增长也促进了水果出口。

（五）畜产品

根据海关公布的数据：2020年全年，畜产品进口额475.7亿美元，增长31.3%；出口额54.3亿美元，减少16.5%；贸易逆差421.4亿美元，增41.8%。从种类来看，肉类（含杂碎）累计进口991万吨，增长60.4%，累计进口额307.3亿美元，增长59.6%；其中猪肉进口439.2万吨，增长

108.3%；鸡肉进口143.3万吨，增长98.3%；牛肉进口211.8万吨，增长27.7%；羊肉进口36.5万吨，下降7.0%。

1. 猪肉

根据海关公布的数据，2020年中国猪肉进口439.2万吨，增长108.3%，猪肉进口额达120.4亿美元，同比增长157.6%，平均到岸价格2742美元/吨，同比上涨23.64%。2020年进口猪肉占国内猪肉供应量的比重已达10.7%，而在非洲猪瘟爆发前的2017年进口猪肉占比仅为2.3%。

进口的猪肉来自西班牙、美国、德国、巴西、加拿大、丹麦等20个国家，其中西班牙是第一大进口来源国，进口量达96.2万吨，占比21.9%；而后依次是美国69.9万吨，占比15.9%；巴西48.2万吨，占比11.0%；德国47万吨，占比10.7%；加拿大42.2万吨，占比9.6%；丹麦36.7万吨，占比8.4%；荷兰27.0万吨，占比6.2%；其余从智利、法国、英国、墨西哥、爱尔兰、奥地利、阿根廷、葡萄牙、芬兰、意大利、哥斯达黎加、瑞士等国进口。

根据国家统计局公布的数据，2020年末生猪存栏40650万头，比上年末增长31.0%。按照农业农村部口径，2020年末生猪存栏已经恢复到2017年的92%，预计到2021年第二季度，生猪存栏将恢复到2017年正常水平。由于当前生猪进口规模较大，2021年进口惯性仍将保持。需要注意的是，待2021年下半年生猪产能恢复以后，国内猪肉市场将会面临激烈竞争。

2. 其他肉类

根据海关的数据，2020年中国鸡肉（含整鸡、鸡块、鸡爪、鸡翅）进口量达143.3万吨，增长98.3%，进口额32.8亿美元，增长74.8%，平均到岸价格2291美元/吨，下跌11.9%。进口的鸡肉来自巴西、美国、俄罗斯、泰国等12个国家，其中巴西是第一大进口来源国，进口量达63.8万吨，占比44.5%，而后依次是美国39.1万吨，占比27.3%；俄罗斯14.2万吨，占比9.9%；泰国10.3万吨，占比7.2%；阿根廷9.2万吨，占比6.4%；其余从智利、白俄罗斯、法国、波兰、塞尔维亚、乌克兰、土耳其进口。

2020年中国牛肉进口211.8万吨，增长27.7%，进口额101.8亿美元，增长23.8%，平均到岸价格4805美元/吨，下跌3.05%。进口的牛肉来自巴西、阿根廷、澳大利亚、乌拉圭、新西兰等29个国家。其中来自巴西的进口量为84.8万吨，占比40.1%；阿根廷48.3万吨，占比22.8%；澳大利亚25.3万吨，占比12.0%。从进口结构来看，冷冻去骨牛肉进口量177.3万吨，进口额90亿美元，占绝对多数。

2020年中国羊肉进口36.5万吨，下降7.0%，进口额17.4亿美元，下降6.3%，平均到岸价格4779美元/吨，上涨0.7%。进口的羊肉来自新西兰、澳大利亚、乌拉圭等7个国家。其中从新西兰进口20.1万吨，占比55.0%；澳大利亚15.2万吨，占比41.7%；乌拉圭0.8万吨，占比2.3%。

3. 乳品

根据海关统计数据，2020年中国乳制品进口总量达到328.1万吨，增长10.4%；进口额为117.1亿美元，增长5.2%。将进口乳制品折合生鲜乳供给1887.2万吨[①]，增长9.0%。从大类看，干乳品进口220.9万吨，增长7.8%，进口额103.4亿美元，增长3.8%；液态奶107.2万吨，增长16.0%，进口额13.7亿美元，增长17.8%。

从进口的主要品类来看，大包粉、婴配粉进口量略有减少，其余多数品类，尤其是乳清、奶油以及奶酪和包装牛奶进口量大幅增长。其中，大包粉进口97.9万吨，减少3.5%，进口额32.9亿美元；婴配粉进口33.5万吨，减少3.0%，进口额50.5亿美元，下降2.7%；奶酪进口12.9万吨，增长12.5%，进口额5.9亿美元，增长13.1%；奶油进口11.6万吨，增长35.2%，进口额5.5亿美元，增长17.1%；乳清进口62.6万吨，增长38.2%，进口额8.18亿美元，增长34.9%；炼乳进口2.4万吨，减少31.6%，进口额0.4亿美元，下降27.5%；包装牛奶进口104.0万吨，增长16.8%，进口额13.1亿美元，增长18.9%。

分来源地看，折合原料奶后，2020年中国乳制品进口总量的45.3%来

① 折算标准：干制品中奶酪按1∶10，其他按1∶8；液态奶按1∶1折算。

自新西兰，其次是美国，占13.7%，澳大利亚居第三位，占6.6%。由于进口产品结构与附加价值不同，按进口额的来源构成与按折合原料奶的来源构成有一定差异。2020年进口总额的53.5%来自新西兰，澳大利亚居第二位，占9.3%，德国居第三位，占6.7%①。

（六）水产品

根据海关统计数据，2020年中国水海产品进口129.3亿美元，减少19.6%；出口总额187.6亿美元，减少8.0%。看出2020年水海产品贸易受到新冠肺炎疫情冲击最直接。举例而言，冻虾进口约54.4万吨，较上年下降16%；冰鲜三文鱼的进口额约4.18亿美元，较上年下降47%，都出现了较大的降幅。

众所周知，2020年7月，中国海关在部分进口白虾外包装及集装箱内部检出新冠病毒核酸阳性，多家厄瓜多尔出口商资质被暂停，随后越来越多的进口冷链食品被检阳性，对消费者信心造成极大的打击。除此之外，关于进口水产与疫情关联的舆情也是此起彼伏，中国水产流通与加工协会共监测到水产行业舆情信息264.8万条，不仅涉及新冠肺炎疫情，还涉及水产品质量安全等，对水产行业产生较为严重的负面影响。

（七）简要小结

1. 关于价格波动与走势

整体来看，2020年中国农产品价格呈现V形反转，全球农产品价格也是如此，主要反映出中国与全球农产品市场的深度互嵌。关于2020年农产品价格走势与中国农产品贸易之间的关系，关键因素在于两点：一是中国非洲猪瘟疫情影响导致生猪产能下降，受到猪肉价格高位运行的影响，2020年国内生猪养殖复产和扩产速度进一步加快，扩大了对上游饲料的需求；

① 刘长全、韩磊：《2020年中国奶业经济形势回顾及2021年展望》，《中国畜牧杂志》2021年第3期。

二是饲料粮需求快速扩大，形成了一定的缺口。受到全球主要经济体货币宽松，尤其是美国宽松货币政策影响，对全球大宗商品的价格，尤其是维持紧平衡状态的商品的价格，形成了快速推动作用，而大宗商品价格上涨又加剧了现货市场囤积和进一步上涨预期，从而形成循环反馈，例如玉米价格的上涨。

从2020年全球农产品市场与中国农产品贸易来看，一言以蔽之："中国猪肉短缺" + "美国货币宽松" 构成了市场运行的基本逻辑。当然，全球新冠肺炎疫情也带来了一定的影响，需要指出的有两点：一是新冠肺炎疫情使得全球农产品贸易的秩序被打破，从疫情开始的部分国家宣布限制农产品出口到最后又重新放开出口，不仅破坏了全球农产品贸易秩序，而且也人为制造了紧张情绪，在很大程度上源于政策的盲目性；二是新冠肺炎疫情导致全球经济衰退，恶化发展中国家贫困边缘人口的收入，进而导致食物消费降级，促进了谷物消费的增长，特别是粗粮食用消费的增长，在一定程度上加剧了谷物的紧张状况。

显然，无论根据人们的认知，还是当前消费价格指数的权重，中国农产品市场的基本面由粮价和肉价决定，当粮食和肉类市场的基本逻辑明确以后，其他农产品市场的波动无非受到间接影响的程度大小。例如水产，新冠肺炎疫情对进口水产品的影响，使得国内水产品价格走势也呈现V形反转。此外包括蔬菜、水果等具体产品，都服从当前农产品市场的基本逻辑，包括2020年大葱价格暴涨都是如此。

2. 农产品价格V形反转的实现途径

2020年新冠肺炎疫情暴发以后，全国部分城市出现了哄抢粮油物资的非理智行为，这些与社会心理和信息公开有关，随着供给稳定和信息公开，哄抢行为很快得到平抑。综观2020年农产品市场平衡，除了猪肉消费仍然存在较大缺口以外，其他主要农产品市场供求并没有发生太大变化，即便是玉米的库存消费比存在大幅下降，根据汇易粮油提供的数据匡算，大致从2016年的107%下降到2020年的38%，当前的玉米库存消费比数据不仅高于全球平均的23%，从历史数据来看，也处于中等水平。大体来看，市场基本面变化不大，之所以发生价格V形反转，如前所述，其基本逻辑是“中国猪肉短缺”+“美国货币宽松”，但是从国内实现途径来说，具有典型意义，不妨以月度时间进行复盘。

（1）2020年初，由于新冠肺炎疫情防控，整个经济下行，2020年第一季度GDP同比下降6.8%，国内农产品价格持续下降，此时城市农产品和民生物资价格上涨主要源于隔离带来的市场流通效率下降，根据农业农村部公布的农产品批发价格指数，2020年1～6月，全国农产品批发价格指数从129.0下降到112.9，猪肉也出现了一定幅度的下跌。

（2）2020年6月以后，随着全国疫情防控常态化，经济出现企稳回升，农产品消费稳步增长，价格也开始快速回升。另外，由于南方洪涝灾害等消息的作用，加之生猪养殖复产扩产提速，全国在夏粮收购时出现与往年很大的不同，相当数量的中小贸易商、加工企业进入小麦收购环节，致使主产区夏粮收购大幅下降；除此之外，地方政府出于安全冗余的考虑，开始增加地方粮油物资储备，在年中推高了小麦价格。

（3）夏粮收购价开始上涨以后，国内农产品供需平衡偏紧的信息被不断放大，并被传导至国际市场，叠加美国宽松货币政策，流动性增加导致全球大宗农产品价格快速上涨，然后与国内农产品价格上涨形成正向反馈，并不断推高全球农产品价格；根据FAO公布的数据，全球食物价格指数从2020年7月的93.9飙升到2020年12月的108.5；同期，中国农产品批发价格指数也从116.4增长到125.5。

3. 必要的讨论

第一，综观2020年全球农产品市场，基本面最大的影响因素是中国非洲猪瘟疫情影响引发的需求缺口，但是真正推动全球农产品价格快速上涨的却是美国的宽松货币，毕竟中国非洲猪瘟最早发生在2018年，2019年猪肉缺口比2020年还要大，但是2019年全球农产品价格却是同比下降的。因此，在全球新冠肺炎疫情影响下，货币因素对价格上涨的推动作用更为明显，但前提是商品的紧平衡或者短缺状态，意即“中国猪肉短缺”是前置条件，否则相关的信息放大作用不会产生。

第二，如果上述逻辑“中国猪肉短缺” + “美国货币宽松”成立的话，那么说明中国对全球农产品市场产生了足够的影响。从中国与全球农产品市场关系来看，在加入 WTO 以前，基本是国际市场对国内市场产生影响，中国是全球农产品价格的被动接受者。加入 WTO 以后，到 2012 年中国成为全球最大的农产品进口国之前，中国与全球农产品市场的关系日益加深；2012 年以来，中国对全球农产品市场的影响持续加大，例如非洲猪瘟引发的全球饲料价格上涨也不会导致国内猪肉价格出现大幅上涨。

二　农业投资

（一）农业吸引外资情况

根据国家统计局公布的《2020 年国民经济和社会发展统计公报》数据，2020 年全年外商直接投资（不含银行、证券、保险领域）新设立企业 38570 家，比上年下降 5.7%。实际使用外商直接投资金额 10000 亿元，增长 6.2%，折 1444 亿美元，增长 4.5%。其中共建“一带一路”国家对华直接投资（含通过部分自由港对华投资）新设立企业 4294 家，下降 23.2%；对华直接投资金额 574 亿元，下降 0.3%，折 83 亿美元，下降 1.8%。全年农林牧渔业外商直接投资企业 493 家，比上年减少 0.4%，实际使用资金 40 亿美元，比上年增长 4.9%。从比例看，农林牧渔业利用直接投资额比例为 0.4%，占比与 2019 年持平。

2020 年 12 月 27 日，国家发展改革委和商务部公布《鼓励外商投资产业目录（2020 年版）》，自 2021 年 1 月 27 日起实施。《鼓励外商投资产业目录》连续两年修订，2020 年版总条目较上年版增加 127 条，全国范围增加 65 条，中西部地区增加 62 条，增加幅度超过 10%；修改 88 条，主要是对原条目的涵盖领域进行了扩展。进一步鼓励外资投向中西部地区优势产业，促进区域协调发展，黑龙江、云南等省份新增加农产品加工、旅游开发等条目。

2020 年 12 月 31 日，国家发展改革委和商务部公布《海南自由贸易港外商投资准入特别管理措施（负面清单）（2020 年版）》，自 2021 年 2 月 1 日起施行。农业领域中加强了对种业的重视，要求小麦、玉米新品种选育和种子生产的中方股比不低于 34%。

（二）农业对外投资情况

根据国家统计局公布的《2020 年国民经济和社会发展统计公报》数据，2020 年全年对外非金融类直接投资额 7598 亿元，折 1102 亿美元，下降 0.4%。其中，对共建“一带一路”国家非金融类直接投资额 178 亿美元，增长 18.3%。在对外非金融类投资中，农林牧渔业投资总计 13.9 亿美元，下降 9.7%。截至 2020 年 11 月，中国已与 138 个国家、31 个国际组织签署共建“一带一路”合作文件。

从农业对外投资目的国来看，当前中国农业对外投资主要集中在欧洲和亚洲，占绝大多数；对比美国农业海外投资来说，也是如此，多数农业投资也是集中在欧洲和亚洲。这里有两点主要原因，一是农业的海外投资日益呈现合规化经营的趋势，二是农业产业链投资不断增长。当前，对中美两国来说，真正意义上的海外农业投资，即从事农业生产的比重非常低，主要侧重于上游的育种、装备，中游的生产性服务，下游的农产品贸易，因此在欧洲与亚洲进行大量农业投资就容易理解了。

（三）简要小结

2020 年，受到新冠肺炎疫情影响，无论是农业吸引外资还是农业对外投资，能够保持惯性发展已经十分不易，尽管具体数字仍然尚未公开，但是透过《2020 年国民经济和社会发展统计公报》，还是可以窥见一斑。2021 年，随着全球新冠肺炎疫情的逐步好转，在全球经济快速恢复的背景下，特别是在乡村振兴的利好因素推动下，农业对外资的吸引力必然会进一步增加；与此同时，在中国农产品贸易，特别是农产品进口持续增长的背景下，农业对外投资也将会出现积极增长。

三　农业科技合作

党的十九届五中全会提出，坚持实施更大范围、更宽领域、更深层次对外开放，依托中国大市场优势，促进国际合作，实现互利共赢。随着中国不断迈进对外开放的步伐，农业越来越成为国际多双边交流磋商和“一带一路”经贸、科技合作的重点内容。

站在新起点上，农业对外合作将紧紧围绕服务国家外交、外经、外贸大局和“三农”发展，以助力形成农业双循环新发展格局为重要任务，以助推乡村振兴和农业农村现代化为重要目标，加快构建新型农业对外合作伙伴关系，优化农产品贸易，扩大农业对外投资，深化农业科技合作和援外，深度参与全球粮农治理。

从政策角度，除了深化与发达国家的农业技术合作之外，应积极增加对共建“一带一路”和发展中国家的农业技术援助，提高全球农业生产能力，提高发展中国家的农业生产水平，改善发展中国家粮食安全状况。目前，共建“一带一路”发展中国家普遍对农业技术需求巨大，而且农业技术的传递交流易为受援国政府及民众欢迎和接受。应发挥中国农业技术先进和多样的优势，针对共建“一带一路”国家的不同农业发展状况和需求，综合采用多种手段帮助共建“一带一路”发展中国家提升农业技术水平。

加大农业技术专家的派遣力度，推动培训、试验示范技术及成果在受援国产业化。通过试种、试验、示范积极探索出更多适应受援国当地生产条件的新品种和新技术，确保这些新品种和新技术既适应受援国农业发展的自然条件，又能够适应当地农业生产组织方式、社会基础和风俗习惯。创新技术传递方式，提升技术传递的效果，扩大技术覆盖范围，授人以渔的同时确保技术能够可持续地应用于受援国的农业生产中，不断提升受援国的农业生产效率和产量。

四 2021年展望

（一）农产品贸易

基于之前全球农产品市场的因素分析，在“中国猪肉短缺”+“美国货币宽松”双重因素主导下来观察2021年全球和中国农产品市场。2021年下半年中国猪肉将会面临一次较大幅度的下降，叠加猪肉惯性进口，使猪肉价格下跌会呈现“踩踏性”；受此影响，玉米等饲料粮价格也将被拖累，一旦猪价“踩踏性”下跌，势必引发玉米等饲料价格的恐慌性情绪，资本会加速抽离，国内玉米价格会迅速回归，从而全球农产品价格中轴会重新回归。整体来看，2021年全球农产品价格在上半年仍将维持高位，下半年将会进入下行通道。

从市场因素来看，具体因素有如下几个。

（1）2021年，在新冠肺炎疫苗快速推广的背景下，全球疫情将出现整体性好转，国际机构普遍预测2021年全球经济将出现大幅反弹，国际货币基金组织在2021年1月《世界经济展望》报告中预测2021年全球经济将增长5.5%。在此背景下，全球经济和就业状况都将大为好转，这也为全球农产品消费增长提供了支撑。例如，全球水产品消费和贸易将会随着疫情好转快速恢复。这些因素将在2021年下半年逐步显现出来。

（2）当前全球农产品的高位运行将会激励年度农业生产的放大。能够看到，受到大豆价格上涨的刺激，美国和巴西年度产出将会呈现较大幅度增长；如前所述，2021年中国生猪产能恢复、粮食生产积极性意愿明显增强……当前迹象表明，2021年全球农业产出会出现一次历史性增长。以油籽为例，根据联合国粮农组织预测，2020～2021年度全球油籽产量将达到6.13亿吨，同比增长4.4%。此外，全球新冠肺炎疫情缓解不仅会增加农产品消费，同时也会增加农业产出。综合来看，2021年全球农产品增产趋势明显。

（3）当前全球农业生产的迹象表明，全球农业产能恢复将会超过需求恢复。原因在于，2020年新冠肺炎疫情之前，全球农产品市场长期处于紧平衡状态，中国非洲猪瘟和全球新冠肺炎疫情影响（美国宽松货币政策），导致全球农产品市场失衡状况加剧并最终导致全球农产品价格上涨。从全球角度来看，全球农产品价格上涨带动的增产显然大于需求增长，因此全球农产品价格也会在2021年下半年以后进入下行区间，这种走势会与中国国内价格变化一致。

（4）2020年下半年以来全球农产品价格上涨，美元货币宽松是重要实现方式。从大宗商品角度来看，往往是紧平衡加剧或者边际缺口加大时，更容易成为资本追逐对象，一旦这种缺口消失，即市场基本面恢复，资本往往会率先获利退出，从而形成"踩踏式"下跌，2008年、2011年的大幅波动也是如此。因此，在2021年，尤其要留意下半年国内、国际大宗农产品价格下跌，特别是国内相关政策需要做出相应调整。

（二）农业投资

2021年随着全球新冠肺炎疫情缓和与好转，中国农业双向投资将会出现快速反弹，一是出于国内粮食安全和重要农产品保障的需要，二是国内乡村振兴的利好因素，三是中国农业生产发展与海外，特别是与共建"一带一路"国家存在代际差异。除此之外，2021年中国政府将会推动区域全面经济伙伴关系协定尽早生效实施、中欧投资协定签署，加快中日韩自贸协定谈判进程，积极考虑加入全面与进步跨太平洋伙伴关系协定，这都将为农业双向投资提供全新机会。

热点篇

Hightlights Reports

G.9

“双循环”新发展格局下现代农业高质量发展的思路与对策

胡 祎*

摘 要： 农业是国民经济的基础，“双循环”战略离不开农业的参与。作为“双循环”新发展格局的起点和基础，中国农业面临自然资源不足、增产潜力有限、供求结构错位等现实问题，必须统筹利用产品、资金、技术三个层面的内外循环，才有机会实现保障国家粮食安全、支持食物消费升级和保证资源可持续的三重目标。在“双循环”新发展格局下，要实现现代农业的高质量发展，应着重做好七个方面的工作：切实保护好国内耕地资源、适度调整国内农业生产结构、大力推进农业科技进步、建立现代化粮食收储体系、优化农产品进出口结构、加快农业“走出去”步伐、积极参与国际贸易

* 胡祎，管理学博士，中国社会科学院农村发展研究所编辑，主要研究方向为农村区域发展。

规则制定。

关键词： 现代农业 粮食安全 食物消费升级 双循环

党的十九届五中全会通过了《中共中央关于制定国民经济和社会发展第十四个五年规划和二〇三五年远景目标的建议》，提出要加快构建“以国内大循环为主体、国内国际双循环相互促进的新发展格局”。构建“双循环”新发展格局，是中国基于复杂多变的国际政治环境和企稳向好的国内经济态势做出的重大决策，是应对百年未有之大变局做出的主动调整，将会对中国乃至世界经济的繁荣和发展产生深远影响。

农业是国民经济的基础，发挥着重要的“压舱石”作用。中国农业除向社会供给食物和工业原材料外，还具备为5.5亿农村人口提供就业岗位和维持生计的重要功能。可以说，没有农业的稳定，就没有全国的稳定；没有农业的现代化，就没有国民经济的现代化。在“双循环”新发展格局下，中国农业被赋予了新的要求和使命，亟须明晰自身定位，明确发展路线，为中国经济高质量发展做出应有的贡献。

一 “双循环”新发展格局的背景与内涵

改革开放以来，依靠统筹利用国内国外两种资源、两个市场，中国经济以年均9.5%左右的速度持续增长了40多年。随着国内外环境变化，过去出口拉动型战略如今已不再符合中国的发展现实。在这样的情况下，党中央适时调整发展路线，提出构建“双循环”新发展格局，这是对当前发展阶段和环境的准确判断，是对未来发展道路的重要部署和规划。

（一）“双循环”新发展格局提出的背景

当今世界正处于大发展大变革大调整时期，大国间发展的不平衡导致力量对比和战略关系显著变化，加之各种“黑天鹅”事件，国际形势日趋错综复杂。中国在这样的背景下提出构建“双循环”新发展格局，具有历史必然性。

1. 国内要素禀赋结构变化对发展战略提出新要求

经过40多年的发展，国内要素禀赋发生了深刻变化，劳动力增速放缓，资本成为相对富裕要素，科技水平走到世界前列，石油、淡水等自然资源的短缺更为严重。在新的禀赋条件下，过去以出口劳动密集型产品为主的出口拉动型战略不再适合当前国内的资源格局，中国亟须调整发展战略以找到新的经济增长点。考虑到中国已经成长为世界第二大经济体，2019年GDP达到99.09万亿元，人均GDP超过1万美元①，仅靠贸易难以推动如此体量经济体的增长，因此将经济发展的重心转移到国内成为一种必然选择。

2. 国际环境变化倒逼中国调整发展战略

伴随着中国的崛起，中国与西方发达国家之间的关系从互补合作为主转变为互补和竞争合作并存②。在大国博弈的逻辑下，中国发展的国际环境趋于恶化，大国之间的摩擦、冲突和贸易争端不断出现，中国产业链、供应链的安全和地位受到挑战，技术壁垒不断出现。在这样的国际环境下，再想依靠出口带动经济增长，既不现实，也不安全。此外，新冠肺炎疫情导致的全球经济衰退和国际供应链变化，也使得国际市场难以继续承接国内产品和服务的供给。国际政治经济环境的变化倒逼中国走出一条以内循环为主体的新发展道路。

3. 经济积累为以内循环为主体的新格局奠定了基础

改革开放以来积累的生产和消费能力，为中国调整发展战略、构建“双循环”新发展格局奠定了基础。生产能力方面，中国是全世界唯一拥有联合国产业分类中全部工业门类的国家，包括39个工业大类191个中类和525个小类，这为以内循环为主体的发展模式创造了条件。消费能力方面，

---

① 数据来源于《中国统计年鉴2020》。如未单独说明，本文中数据皆来自历年《中国统计年鉴》。

② 江小涓、孟丽君：《内循环为主、外循环赋能与更高水平双循环——国际经验与中国实践》，《管理世界》2021年第1期。

中国人均 GDP 超过 1 万美元，中等收入群体超过 4 亿，城镇化率超过 60%，庞大的国内市场足以消化以内循环为主体战略下国内产品和服务供给。2010 年之后，中国经济对国际贸易的依存度已大幅降低。2019 年 GDP 实际增长率的 6.1% 中，“三驾马车”中货物和服务净出口的贡献仅为 0.7 个百分点，这是中国构建以内循环为主体新发展格局的底气。

（二）“双循环”新发展格局的内涵

1. “双循环”既包括市场也包括要素

就如何构建中国的“双循环”新发展格局而言，加强对国内市场的利用和降低对国际市场的依赖确实是重点，但仅从市场的角度理解“双循环”却有失偏颇，“双循环”应包括市场和要素两个部分。之所以强调要素的内循环，是从劳动力和技术角度考虑的结果。劳动力方面，当前中国在国际市场上已不具备价格优势。从要素全球化配置的角度出发，中国应当充分利用发展中国家的劳动力资源，降低企业生产成本。但过多使用国外劳动力会给国内就业带来挑战，减缓中国城镇化速度，阻碍农村人口收入增长，加剧社会不公平。技术方面，国际环境稳定的情况下使用国外技术可能有利于降低成本。但如果大国之间发生摩擦，缺少对核心技术的掌握将会使产业链受到致命打击，使国际安全受到威胁。因此，构建“双循环”新发展格局，不仅要强调市场和需求层面的以内循环为主体，还应充分考虑要素层面的自主和独立。

2. 以内循环为主体是为了更好地推进“双循环”

在提出新发展格局的同时，中央多次强调，仍然要坚定不移地实行对外开放，并指出“新发展格局绝不是封闭的国内循环，而是开放的国内国际双循环。推动形成宏大顺畅的国内经济循环，就能更好地吸引全球资源要素，既满足国内需求，又提升国内产业技术发展水平，形成参与国际经济合作竞争新优势”①。可见，以内循环为主体不是不要外循环，而是要追求更

① 参见习近平关于《中共中央关于制定国民经济和社会发展第十四个五年规划和二〇三五年远景目标的建议》的说明，《人民日报》2020 年 11 月 4 日第 2 版，http://paper.people.com.cn/rmrb/html/2020-11/04/nw.D110000renmrb_20201104_1-02.htm。

高水平的开放，通过更高效的外循环来服务内循环，形成有利于中国发展的“双循环”新发展格局。

从现实的角度看，中国也不具备脱离国际市场和资源的条件。自然资源上，中国只有全球6%的淡水、7%的可用土地和1.5%的石油资源，资源刚性约束对中国经济发展的制约效应十分明显。没有国外资源的支持，中国不可能实现高质量发展。科技水平上，中国与西方发达国家相比，部分产业的核心技术还存在很大差距。在加大国内自主创新力度的同时，想方设法从国外引进先进技术仍是未来很长时期内中国产业发展的必然选择。发展理念上，虽然大国间政治、经济、军事摩擦时有出现，但人类命运共同体的理念早已深入人心，全球一体化已成为历史洪流，未来绝对没有哪个国家可以逆全球化趋势独立发展。因此，中国的“双循环”新发展格局绝不是闭关锁国，关起门来搞发展，而是追求更高水平的开放，使内外循环共同服务于中国的经济发展。

3. “双循环”是更高水平的“两个统筹”

当前阶段提出构建“双循环”新发展格局，并不是要凭空构造出内外循环，而是对原有的内外循环系统进行改造和完善，使其更加适应当前国家经济发展需求，是对内外循环哪个为主、哪个为辅，二者如何协同配合等问题进行的回答，可以理解为目标更具体、方向更明确、重点更突出的更高水平的“两个统筹”。

与“两个统筹”相比，“双循环”新发展格局主要有三个方面的变化。第一，强调内循环的主体作用。发展环境的变化使外循环的重要性有所下降，内循环的重要性不断提升。中国需要在统筹两个循环的基础上，重点发展内循环。第二，强调减少对外循环的依赖。外循环固然重要，但在以内循环为主体的新格局中，只应起到补充和辅助作用，实现如引进先进技术、进口必要资源、消化国内多余产能等功能。第三，强调内外循环相互促进的关系。“双循环”新发展格局更进一步提出了以外循环促进内循环发展，以内循环吸引外循环资源，内循环向外循环逐步拓展并最终带动实现外循环的目标。

二 “双循环”新发展格局下现代农业的定位与发展目标

农业是关系国计民生的重要生产部门。在“双循环”新发展格局下，中国农业需要搞清楚自身的定位和发展目标，走出一条契合国家战略的现代化发展道路。一方面借改革之东风解决长期困扰现代农业高质量发展的诸多问题，另一方面以更好的姿态支持国家宏观战略，为中国的发展打好基础、做好铺垫。

（一）“双循环”新发展格局中农业的定位

对于中国以内循环主体的发展目标来说，农业稳定是一切的前提和基础。从产业体系的角度来看，农业既是“双循环”的起点和基础，也是经济增长的新动能。

1. 农业是“双循环”的起点

随着经济发展水平提高，农业在国民经济中的份额会不断下降，但这并不意味着农业的重要性也会随之下降。科技进步使农业的基本功能不断拓展，农产品除作为食物和工业原材料外，还是重要的生物质能源。农产品的多功能性为农业和工业部门间的产业链纵向一体化创造了条件，使农业始终作为国民经济的前端产业存在，其重要性并不会随着产业链的延长而下降。对于任何经济体来说，农业都是国民经济内外循环的起点。

2. 农业是以内循环为主体新发展格局的基础

中国要构建以内循环为主体的新发展格局，一方面要求国内各行各业的产能和结构大体能够与市场需求相匹配，另一方面要求国家能掌握关乎国计民生的重要产业。从这两个角度来看，稳定、发达的农业是中国得以构建以内循环为主体新发展格局的基础和先决条件。一方面，农业必须能向社会提供足质足量、品种齐全的农产品。即使因为资源受限，部分品种农产品需要进口，但重要粮食产品的国内供给能力必须达标，这样中国才有以内循环为主体发展的条件。另一方面，粮食安全是国家安全的重要组成部分，只有解决了14亿人“吃饭”问题，中国才有自由选择发展战略的资本，才有不受他国干涉和要挟的底气。

3. 农业为内循环创造新动能

中国的农业部门除向社会供给农产品外，还承担着为5.5亿农村人口提供就业岗位和增加收入的重任。相关研究表明，涉农产业的发展，对农村贫困人口的减贫效应最为显著①。可见，加快农业发展不仅有助于向社会提供更丰富、更多样化的农产品，还能大幅提高农村人口收入，增强农村市场消费能力，为内循环的需求端赋能。此外，农业具有的生态保护、环境美化、文化传承等功能，也会衍生出诸多新的社会需求，如有机食品、乡村旅游、田园教育等，这些需求是内循环高效畅通运行的重要支撑。

（二）“双循环”新发展格局下现代农业的发展目标

在“双循环”新发展格局下，中国现代农业发展应致力于实现三重目标：保障国家粮食安全、支持食物消费升级和保证资源可持续。

1. 保障国家粮食安全

中国农业的三重目标中，最根本、最重要的目标是保障国家粮食安全，而粮食安全必然要依靠农业内循环来实现。判断一个国家粮食是否安全，关键是看其农业可持续生产能力。而农业可持续生产能力的强弱又取决于两点，一是自然资源储备，二是生产技术水平。只有能用本国的资源和技术生产出足够国内消费的粮食，才能算实现了真正意义上的粮食安全。中国农业要实现以内循环为主保障粮食安全，关键在于两点。首先，要保证有限的农业资源优先投入粮食生产。中国人多地少的要素禀赋决定了农户种粮利润很低，但从国家安全的角度考虑，中国农业发展不能完全按照比较优势理论配置资源，应优先生产口粮和谷物。其次，要在短期内突破关键农业技术上国外资本的垄断。当前中国粮食产量虽然持续增长，但关键环节上还是过于依

① 黄季焜：《乡村振兴：农村转型、结构转型和政府职能》，《农业经济问题》2020年第1期。

赖国外技术，这严重威胁到国家粮食安全。因此，必须在短期内突破“卡脖子”的农业技术，摆脱技术上对国外资源的依赖，真正实现依靠农业内循环为主的粮食安全。

2. 支持食物消费升级

中国的农业资源禀赋决定了不可能完全依靠国内生产农产品。据统计，中国每年的小麦消费量约为2500亿斤，稻谷约为4000亿斤①。为满足这样的需求，2020年中国粮食播种面积达到1.17亿公顷，约占到国内农作物播种总面积的70%。因此，中国农业要“有所为、有所不为”，在保证国家粮食安全的基础上，充分利用农业外循环丰富国内食物供给，支持国民食物消费升级。

尽管可以依靠外循环来丰富国内农产品供给，但绝不能采取放任不管的态度。首先，进口要适度。中国可以通过进口肉类、水果等快速补充国内农产品需求缺口，但如果缺少规划和策略，容易产生大国效应，抬高国际市场农产品价格，影响中国的国际形象，同时也冲击国内生产者。其次，进口来源应多元化。进口来源过于单一易受到他国的要挟和制约。最后，虽然可以减少部分农产品的国内产量，但产能应予保持。当今世界面临百年未有之大变局，国际关系和贸易受到前所未有的挑战，中国虽然可以降低非粮作物的生产优先级，但应保持适度的生产能力，尤其要掌握关键生产技术，增强对农业供应链的把控，如此方能实现更高水平上的粮食安全、国家安全。

3. 保证资源可持续

要长期稳定保障国家粮食安全和支持食物消费升级，就需要在现代农业发展过程中，注重对生态环境的保护，实现农业可持续发展。

长期以来，中国农业走的是一条依靠石化产品支撑的“石油农业”路子。大量使用化肥、农药、生长激素等化学产品，在实现增产的同时，也带来了土壤板结、地力下降、面源污染、环境恶化和食品安全等问题。农业农

① 数据来源于杜鹰在中国区域经济50人论坛上的报告，https://www.thepaper.cn/newsDetail_forward_10918720。

村部发布的《2019年全国耕地质量等级情况公报》将全国20.23亿亩耕地质量等级由高到低依次划分为一至十等，其中评价为一至三等的耕地占比为31.24%，评价为四至六等的耕地占比为46.81%，评价为七至十等的耕地占比为21.95%，平均耕地等级仅为4.76，中国土壤保护的形势十分严峻。

可见，“双循环”新发展格局下的现代农业，应坚持高质量发展目标，将“资源可持续”提高到与保障粮食安全和支持食物消费升级相当的高度。要充分利用新发展格局下内外循环相互促进的优势，提高自然资源使用效率，实现农业绿色发展。

三 中国现代农业高质量发展面临的挑战

“双循环”新发展格局下的现代农业发展，实际上是一个资源配置问题。在中国有限的自然资源条件下，如何合理利用内外循环解决14亿人“吃饭”问题，是现代农业高质量发展的核心。从资源的角度看，中国的现代农业要实现高质量发展，主要存在七个方面的问题。

（一）耕地产能受到威胁

耕地产能主要存在两方面问题，一是耕地面积受到威胁，二是耕地质量出现下降。随着城市的扩张，国内耕地资源不断被侵占。国家划定的18亿亩耕地红线和永久基本农田保护制度，虽然在一定程度上遏制了耕地面积进一步缩减，但在高收益的驱动下，中国的耕地保护还面临很大压力。此外，国内耕地质量下降也很严重。过量使用化学品、“占补平衡”下的“占优补劣”，使得东北黑土地退化、华北土地盐碱化、西北土地沙漠化、南方土地酸化，耕地产能大幅下降，农产品质量也频繁出现问题。

（二）农业供需结构错位

产业结构与市场需求不匹配是当前中国农业面临的一大问题。一方面，粮食产量连增、进口量递增、库存量激增并存的“三量齐增”问题越发突出，有的农产品供给过剩，有的供不应求。几大主要作物中，小麦基本能实现供需平衡，稻谷供给略超需求，而玉米产量和进口量同步激增，大豆进口量远超产量。另一方面，中国人对农产品的需求不断升级，但国内供给的农产品仍以初级产品为主，产业链不长，附加值不高。人们日益增长的对绿色安全、个性化、多样化、品牌化农产品的需求得不到满足，导致大量消费者转向国外市场，国内农产品消费能力外流严重。

（三）农业核心技术缺位

随着国际竞争加剧，普遍存在于其他产业中的核心技术“卡脖子”问题同样出现在农业产业中。种苗研发、农产品精加工等尖端技术至今仍未被国内企业掌握，这在很大程度上制约了国内农产品质量提升。尤其是种业，数据显示，当前中国种业企业虽然有4000多家，种业市场规模超过1400亿元，但真正有创新能力的企业不足20%，国内企业并没有成为种业创新的真正主体①。同时，国内种子市场也不规范，市场上的种子既杂且乱，“套帽”种子屡见不鲜，劣币驱逐良币，严重打击了种业科研人员的创新积极性。

（四）农业生产效益不高

中国农业面临人多地少的困局，规模效应难以发挥，因此，在面对进口农产品冲击时，国内农产品往往处于弱势地位，国内市场很容易被国外农产品占据。中国农产品贸易逆差居高不下，除了一部分是缺口性进口外，还有很多是价差性进口。尤其是近些年来中国农业生产成本的上升和国内外价格的倒挂，中国出现了“国产粮进仓库，进口粮进市场”的问题，严重打击了中国农民的农业生产积极性，大量土地抛荒或低效率生产，农民收入水平难以提高，国家粮食安全也受到威胁。

（五）进出口集中度过高

农产品进口集中度过高表现在两个方面，一是进口品种过于集中，二是

---

① 数据来源于杜鹰2020年12月31日在北京大学2020年乡村振兴论坛的报告。

进口来源国过于集中。进口品种表现在中国进口的农产品主要集中在大豆、玉米、食用油等少数品种上，这些品种对国际市场依存度过高。进口来源国集中表现在进口路径过于单一。在中国进口的主要粮食作物中，大米主要从泰国和越南进口，尽管 2001 年以来从泰国进口农产品的比重有所下降，但近 10 年从泰国、越南进口的大米占比仍超过 70%；小麦主要从美国、澳大利亚和加拿大进口，从三国进口的小麦占比接近 100%；玉米主要从美国和乌克兰进口，2015 年之后每年从乌克兰进口的玉米占比均超过 70%，2019 年达到 98%；大豆作为中国进口量最大的农产品，主要从美国、阿根廷和巴西进口，三国进口的大豆占比接近 100%①。

（六）国际资源整合遇到阻碍

近年来，农业“引进来”和“走出去”成为中国农业对外开放的一体两翼，取得了良好的效果。然而，在中国资源全球化配置过程中，尤其是在“一带一路”倡议提出后，国际上出现了一些负面的声音。部分国家和地区担心中国利用农业“走出去”战略进行能源掠夺和经济控制，从食品安全、军事部署、地缘政治等方面鼓吹“中国威胁论”，刻意抹黑中国形象。这些负面言论严重损害了中国的国际形象，使得中国农业“走出去”遇到阻碍，制约了中国进一步在全球配置资源。

（七）农产品出口遭遇壁垒

加入 WTO 后，中国的农业补贴政策受到限制，使得国内农产品更加缺乏竞争力，不仅难以进入国际市场，国内市场还被进口农产品大量占据。近年来，国际农产品贸易中的绿色壁垒和技术壁垒不断出现，中国农产品出口更加困难。发达国家对农产品采取的反倾销措施，也使在中国资源禀赋下生产出的农产品在国际市场上没有竞争力。

---

① 杜志雄、高鸣、韩磊：《供给侧进口端变化对中国粮食安全的影响研究》，《中国农村经济》2021 年第 1 期。

四 利用“双循环”实现现代农业高质量发展的思路

在“双循环”新发展格局下，要实现现代农业的高质量发展，必须统筹利用好内外两个循环，共同服务于农业发展目标。从市场和要素的角度，农业的内外循环应当包括产品、资金、技术三个层面。

（一）产品循环是最终目标

受自然资源和技术水平的约束，中国农业难以生产出国内需求的全部农产品。同时，居民收入增长又对农产品多样化提出了更高要求。因此，在今后很长一段时期内，从国外市场进口农产品是中国农业的必然选择。农业农村部数据显示，2020 年中国农产品进出口贸易逆差为 947.7 亿美元，同比增长 32.9%。进口方面，2020 年中国农产品进口 1708.0 亿美元，进口产品主要包括大豆、食用植物油等，稻谷、小麦因配额限制进口较少，口粮进口仅为品种调剂，比重不高。出口方面，2020 年中国农产品出口 760.3 亿美元，出口品种主要是蔬菜、水果、水产品等。

未来中国的农产品供给仍需要内外循环双轮驱动，利用内循环供给口粮和谷物，利用外循环供给饲料粮和其他副食品，同时利用优势农产品出口创汇。尤其需要优化大豆、玉米等重点进口品种的多元化进口布局，以避免进口来源过于集中的不利影响。对于出口产品，则要注重提高品质和附加值，提升中国农产品的国际竞争力。

（二）资金循环是现代化抓手

充分利用涉农跨国公司带来的资本及附着在资本上的新技术、新业态、新模式，有助于提高国内农业现代化水平，增强农产品供给能力，强化农业发展韧性。同时，坚持农业“走出去”战略，有利于提高资本利用效率，增强中国的国际影响力。近 10 年来，中国农林牧渔业实际利用外商直接投资金额持续走低，2010 年为 19.12 亿美元，2019 年下降到 5.62 亿美元；农林牧渔业利用外商直接投资金额占比也从2010年的1.81%下降到2019年的0.41%。对外投资方面，近10年中国农林牧渔业对外直接投资净额持续增长，从2010年的5.34亿美元提高到2016年的32.87亿美元。之后由于国际环境变化，直接投资净额有所下降，但对外直接投资净额占对外直接投资总量的比重并没有随之下降，而是从2010年的0.78%上升到2019年的1.78%。可见，随着中国资本要素变得越来越丰富，中国农业资本的循环模式发生了改变，从以资本进口为主变成以资本出口为主，中国农业对外资的依赖程度越来越低。

未来中国应更加注重农业资金的外循环，支持鼓励国内农业资本“走出去”，在全球范围内配置资源，投资于农业产业链的高端环节，如加工、物流、科技研发、商标注册、体系认证、国际品牌收购等，强化中国农业产业链的薄弱环节，带动农业产业转型升级，以外循环赋能内循环。

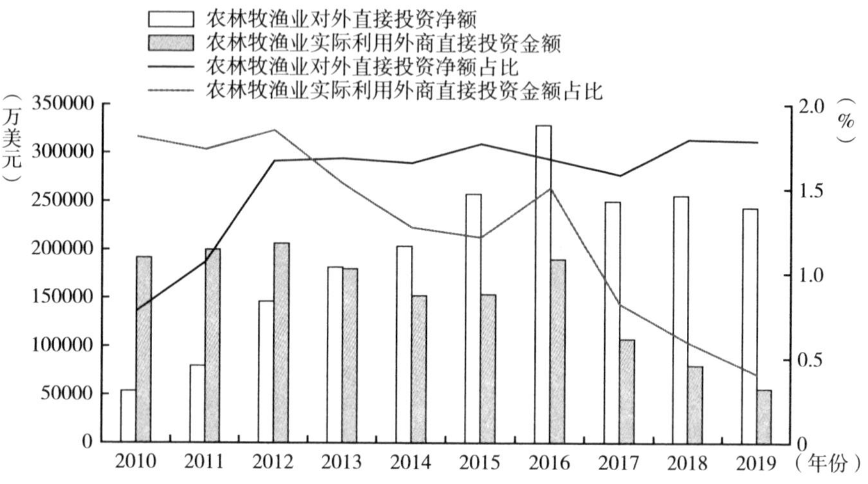

图1　2010～2019年中国农林牧渔业对外投资与利用外资情况

资料来源：《中国统计年鉴》。

（三）技术循环是未来方向

无论是国家粮食安全战略，还是以国内大循环为主体的“双循环”新发展格局，核心都是要减少对国外市场和资源的依赖，尤其是减少对国外先进技术的依赖。因此，利用内外循环提高中国农业产业链的科技水平，是现代农业发展的重要目标。

要实现农业技术的循环，主要靠进出口技术和国际人才交流两种方式。进出口技术方面，中国多年来积极从国外引进提高农业效益和保护生态环境的先进农业技术，积累了丰富的经验。2019 年全国农林牧渔业共引进国外技术合同 46 项，合同金额 0.46 亿美元，国内农业科技进步贡献率达到 59.2%。同时中国也注意向国外输入技术，最具代表性的杂交水稻技术目前已在 30 多个国家推广。人才交流方面，2019 年中国国际科技合作项目 12.48 万个，其中出国项目 9.24 万个，来华项目 3.24 万个，参与人数共计 39.25 万人次。交流形式以国际会议、考察访问、合作研究为主，三种类型的项目分别占 38.26%、24.08% 和 20.46%①。

即便如此，中国农业依然面临核心技术缺位的问题，种质资源、农产品深加工等方面依然高度依赖国外技术，这成为中国农业的一大“痛点”。中国应着力提升农业科技自主创新能力，尽快突破“卡脖子”的关键技术，彻底改变核心技术依赖进口的现状，实现农业技术上的以内循环为主。

五 “双循环”新发展格局下促进现代农业高质量发展的政策建议

要在“双循环”新发展格局下，充分利用内外循环促进现代农业高质量发展，需要全方位、多角度发力。其核心在于，一方面要充分利用内循环提高农业的质量和效益，另一方面要合理利用外循环补充国内欠缺的农业资源。

（一）切实保护好国内耕地资源

耕地是农业的基础，没有足够数量和质量的耕地，就无法产出足够丰富

① 数据来源于《中国科技统计年鉴（2020）》。

的农产品。没有有效的农产品供给，也就无法保障国家粮食安全和满足食物供给。因此，保护耕地资源是促进农业高质量发展的首要目标。

保护耕地资源，首先要保证耕地数量，防止土地“非农化”。环境污染、城市扩张、农村宅基地侵占等问题都对国内耕地数量造成了压力。为了保证粮食安全，必须坚守18亿亩耕地红线，同时推进高标准农田建设，保住足够数量的优质耕地。其次要保证粮食播种面积不锐减，防止土地“非粮化”。国家要通过财政补贴政策，防止农业主体为追求高收益而大范围改变土地种植结构，造成粮食产量下降。只有保住了粮食产能，才能保证粮食安全。最后要加强耕地后备资源的保护。园地、林地、牧草地作为耕地的后备资源，在发挥生态功能的同时，也为畜牧业发展提供了保障，在利用的同时也应加以保护，避免土地沙漠化、水土流失等问题。

（二）适度调整国内农业生产结构

要让国内农业支撑食物消费升级，就必须提升国内农产品供给满足消费需求的能力。而供给能否满足消费，一是看总量够不够，二是看结构对不对。中国人对食品的需求，已经从“吃得饱”向“吃得好”转变，不仅对食品数量的需求更大，对安全绿色、口感质量也提出了更高的要求。然而，在需求升级的同时，中国农产品供给却没有跟上需求的变化，仍然是求量不求质，导致国内农产品消费能力大量外流。因此，必须尽快调整国内农业生产结构，使之适应需求端的变化。具体包括建立“粮经饲”三元结构，适度缩减籽粒玉米播种面积，增加高品质农产品供给等。此外，值得注意的是，必须以动态的眼光看待农业生产结构调整，即根据国内需求变化和国际大环境因势调整，而非一成不变。

（三）大力推进农业科技进步

中国农业的一大问题在于缺少对产业链中关键核心技术的掌握。过于依赖国外农业技术，使得中国农业无法脱离国际资源形成真正意义上的内循环，这无疑威胁到国家粮食安全。因此，必须从制度和资源层面，加大对国内农业科技创新的支持力度，切实提高农业科研人员的福利待遇和激励水平，增强国内农业科技自主创新能力。同时，突出企业在农业科技创新和技术成果转化中的主体地位，建立“产学研”交流合作平台，完善专利和技术保护制度。争取尽早突破农业产业链中的“卡脖子”技术，提高国内农业生产现代化水平，增强农业独立性，形成真正意义上摆脱国外资源依赖的农业内循环系统。

（四）建立现代化粮食收储体系

一个运行良好的粮食收储体系，可以对国内国外两个市场的农产品供给进行有效调节，避免粮食价格短期内大幅波动和阶段性供求失衡。可见，现代化粮食储备体系是连接一国农业内外循环的纽带，对中国实现现代农业发展目标和构建“双循环”新发展格局都具有重要意义。长期以来，中国十分重视粮食的收储，但也正因为重视，导致了粮食大量集中存在国有粮库、流通效率不高等一系列问题。因此，下一阶段有必要改革国家粮食收储制度，建立起现代化的粮食储备体系，加强国家粮食主管部门对国内国际两个市场的把握能力和调控能力。同时，还要改变传统的粮食储备思维和观念，综合利用“藏粮于地、藏粮于技、藏粮于民”等多元化的储备管理方式和理念，以现代化的粮食收储体系衔接农业的内外循环。

（五）优化农产品进出口结构

虽然中国的农业离不开外循环，但农产品进口过于集中，容易使外循环反客为主，反过来制约中国农业的发展。因此，中国有必要进一步优化农产品进出口结构，多元化农产品进口来源。国家有关部门应对国内农产品加工企业进行引导和调控，避免企业为追求利润而在集体层面造成集中进口某一品种或某一地区农产品的行为。只有做到在国际贸易中“以我为主”，才能真正使外循环服务于内循环，既起到赋能内循环发展的作用，又不至于威胁内循环的核心地位，形成有利于中国发展现实的农业内外循环系统。

（六）加快农业“走出去”步伐

利用外循环发展现代农业，本质上是在全球集成资源，以补充国内农业资源的缺口。随着国内市场对农产品需求的不断提高，中国农业企业应加快“走出去”步伐，加大在全球配置资源的力度。如鼓励企业赴俄罗斯、非洲、南美洲等国家和地区开展种植、养殖、渔业、农产品加工等领域的经济技术合作，扩大农业领域投资。外向集成农业资源除能缓解国内资源约束外，还有三方面益处。一是可以提高资本收益率。经过几十年的发展，资本已成为中国相对富裕的要素，将资本配置到国外有利于提高资本收益率。二是可以避免农业进口来源过于单一。有了中国企业在国外生产的农产品作为补充后，中国就可以缩小农产品贸易逆差，避免进口过于集中，被其他国家“牵着鼻子走”。三是有利于扩大中国的国际影响。通过在发展中国家投资农业，可以为当地创造就业机会，推动当地经济发展。还可以宣传中国的正面形象，扩大中国的国际影响力。

（七）积极参与国际贸易规则制定

国际贸易规则如何制定，对中国农产品进出口和中国农业企业利用国外资源都有深远影响。要创造良好的国际发展环境，使外循环更好地服务于内循环，中国需要更积极地参与到国际贸易规则制定中，以争取更大的国际市场话语权。要主动开展区域和双边贸易谈判，积极参与国际规则的讨论和制定，争取更大的农业补贴空间。通过签订稳定国家协定和农业合作长期合约等方式，满足国内大豆、植物油、棉花等非口粮农产品需求，腾出农业资源实现口粮、谷物的自给。此外，还需要拓展国际贸易领域的关注范围，充分参与“促进建立更加公平合理的国际贸易规则、反对粮食禁运和粮食出口限制、建立地区和国家间协作机制”等议题，积极争取有利的贸易制度环境。

G.10

实施乡村建设行动的形势、重点任务及对策建议

于法稳　胡梅梅*

摘　要：　实施乡村建设行动是全面推进乡村振兴战略的重要内容。“十三五”时期，中国乡村基础设施和基本公共服务建设、农村人居环境整治等均已取得了明显成效，但城乡基础设施和基本公共服务建设的地位不平等、投入不均衡，乡村人才能力与设施水平不匹配、提升型基础设施和基本公共服务建设不充分、乡村基础设施和基本公共服务的长效机制不完善等问题依然突出。基于此，实施乡村建设行动应着力提升乡村传统基础设施水平、基本公共服务能力以及农村人居环境整治水平。为此，应加强党对乡村建设行动的全面领导，建立乡村建设行动的政策体系，注重乡村建设行动的模式创新，加大乡村建设行动的资金投入，强化乡村建设行动的人才培养，完善乡村建设行动的长效机制。

关键词：　乡村建设行动　乡村振兴战略　基本公共服务　农村人居环境

* 于法稳，管理学博士，中国社会科学院农村发展研究所研究员，生态经济研究室主任，主要研究方向为生态经济理论与方法、生态治理、农业可持续发展；胡梅梅，管理学博士，中国社会科学院农村发展研究所访问学者，湖南农业大学商学院副教授，主要研究方向为农业绿色发展、农产品贸易。

党的十九届五中全会通过的《中共中央关于制定国民经济和社会发展第十四个五年规划和二〇三五年远景目标的建议》首次提出“实施乡村建设行动”，2021年中央农村工作会议对实施乡村建设行动进行了战略布局，即继续把公共基础设施建设的重点放在农村，在推进城乡基本公共服务均等化上持续发力，注重加强普惠性、兜底性、基础性民生建设；要继续推进农村人居环境整治提升行动，重点抓好改厕和污水、垃圾处理；要合理确定村庄布局分类，注重保护传统村落和乡村特色风貌，加强分类指导。本报告围绕上述内容，在分析实施乡村建设行动面临的形势的基础上，明确实施乡村建设行动的重点任务，并提出相应的对策建议。

一　实施乡村建设行动面临的形势

“十三五”时期，乡村基础设施和基本公共服务、农村人居环境整治等工作，都取得了显著成就，但在相关领域城乡不均衡现象依然存在。

（一）乡村基础设施和基本公共服务建设的成效

党的十八大以来，党中央实施了一系列强农惠农富农政策，有力地推动了乡村基础设施和基本公共服务水平的提高，改善了农村人居环境质量。特别是党的十九大提出乡村振兴战略之后，乡村基础设施和基本公共服务建设、农村人居环境整治进入加速期，取得了显著成效。

1. 乡村基础设施建设的成效

（1）农村道路方面

截至2019年9月，“十三五”时期中国已累计完成新改建农村公路138.8万公里，农村公路总里程达到420万公里，共解决了246个乡镇3.3万个建制村通硬化路难题。新增1121个乡镇3.35万个建制村通客车，基本实现了具备条件的乡镇和建制村100%通硬化路、100%通客车[①]。特别是，

① 《“十三五”期间全国已累计完成新改建农村公路138.8万公里》，中国公路网，2020年10月27日，http：//www.chinahighway.com/article/65385879.html。

交通扶贫取得了决定性进展。2019 年新改建农村公路 29 万公里，其中贫困地区 17.8 万公里，提前实现了具备条件的建制村全部通硬化路的扶贫目标，建成农村地区资源路、旅游路、产业路合计 9000 公里。以县城为中心、乡镇为节点、村组为网点的农村公路交通网络初步形成，为农村群众出行提供了方便，更为乡村产业发展提供了基本保障。表 1 是不同年份村内道路建设情况。

表 1　2015 年、2019 年村内道路建设情况

项目	2015 年	2019 年	增加量	增长率(%)
村内道路长度(万公里)	239.31	320.58	81.27	33.96
村内道路面积(亿平方米)	160.09	235.76	75.67	47.27

资料来源：2015 年、2019 年《中国城乡建设统计年鉴》。

（2）农村饮水方面

近年来，水利部和相关部门大力推进农村饮水安全工程建设，完成了 1100 多万处的饮水工程，建设了乡村水厂及供水管网，提高了农村饮水供水能力。2019 年，实现集中供水的行政村 37.10 万个，比 2015 年增加 4.36%；占行政村总数的 78.29%，比 2015 年增加了 12.69 个百分点；供水管道长度为 183.64 万公里，比 2015 年增加了 42.00%；供水普及率为 80.98%，比 2015 年增加 17.56 个百分点（见表 2）。

表 2　2015 年、2019 年农村饮水条件改善情况

指标		2015 年	2019 年	变化量	变化率(%)
集中供水的行政村	个数(万个)	35.55	37.10	1.55	4.36
	比例(%)	65.60	78.29	12.69	—
年生活用水量(亿立方米)		134.82	185.01	50.19	37.23
供水管道长度(万公里)		129.32	183.64	54.32	42.00
供水普及率(%)		63.42	80.98	17.56	—

资料来源：2015 年、2019 年《中国城乡建设统计年鉴》。

国家在关注改善农村饮水条件的同时，也加强了饮水水源地的生态保护，为水质改善提供保障。截至2020年9月底，中国30个省（区、市，不含上海）和新疆生产建设兵团累计完成9857个“千吨万人”① 水源保护区划定，长江经济带完成8390个乡镇级水源保护区划定，划定比例分别达到91.9%和83.6%②。

（3）农村燃气、取暖方面

据《中国城乡建设统计年鉴》（2019）公布的数据，2019年农村燃气普及率为31.36%，比2015年增加了10.01个百分点。农村集中供暖面积达到2.86亿平方米，比2015年增加了1.68亿平方米，增长142.48%（见表3）。

表3　农村燃气及取暖情况

项目	2015年	2019年	增加量	增长率(%)
燃气普及率(%)	21.35	31.36	10.01	—
集中供暖面积(亿平方米)	1.18	2.86	1.68	142.48

资料来源：2015年、2019年《中国城乡建设统计年鉴》。

（4）信息网络方面

近年来，工信部联合财政部组织实施电信普遍服务试点，推进了光纤宽带向偏远农村覆盖，农村宽带用户快速增长。截至2020年底，中国农村宽带用户总数达1.42亿户，占比为29.3%，比2015年分别增长121.79%及4.6个百分点（见表4）。中国通光纤和4G的行政村比例均超过98%，实现了农村和城市的“同网同速”。农村信息化基础设施的快速发展，为数字乡村建设提供了有力支撑。

---

① “千吨万人”是指供水人口在1万人或日供水在1000吨以上。

② 中华人民共和国生态环境部：《全国农村饮用水水源保护区划定工作稳步推进 云南等个别省份进展滞后》，中华人民共和国生态环境部网，http：//www.mee.gov.cn/ywdt/dfnews/202010/t20201021_804304.shtml。

表4 2015年、2020年农村宽带接入用户及占比

指标	2015年	2020年	增长量	增长率(%)
农村宽带接入用户数(亿户)	0.64	1.42	0.78	121.79
农村宽带接入用户占比(%)	24.7	29.3	4.60	—

资料来源：中华人民共和国工业和信息化部。

2. 乡村基本公共服务建设的成效

(1) 农村教育方面

为了适应新型城镇化发展需要，各级政府贯彻落实《国务院关于统筹推进县域内城乡义务教育一体化改革发展的若干意见》要求，不断增加农村教育事业投入，改善了农村教育状况。2019年，农村小学生均教学仪器设备值为1511元，比2013年的574元增长了163.24%；农村初中生均教学仪器设备值为2354元，比2013年的1103元增长113.42%（见表5）。农村小学、初中建网学校比例分别为65.7%、74.2%，农村义务教育阶段信息水平得到提高。

表5 2015年、2019年农村义务教育情况

指标	2015年	2019年	增加量	增长率(%)
小学生均教学仪器设备值(元)	574	1511	937	163.24
初中生均教学仪器设备值(元)	1103	2354	1251	113.42
小学阶段专科及以上学历教师比例(%)	89.7	96.3	6.6	—
专任教师中专科及以上学历教师比例(%)	68.3	77.2	8.9	—
学前教育专任教师中幼教专业毕业的比例(%)	65.7	71.3	5.6	—

注：表中第二列仪器设备值为2013年数据。

资料来源：中华人民共和国教育部。

从表5可以看出，无论是学前教育还是义务教育阶段，教师队伍配置状况持续改善，高学历教师比例继续提升。2019年，农村小学专科及以上学历教师比例为96.3%，比2015年提高了6.6个百分点；农村初中阶段本科及以上学历教师比例为84.0%；农村幼儿园教师学历合格率为97.5%；专

任教师中专科及以上学历教师比例为77.2%，比2015年提升了8.9个百分点；学前教育专任教师中幼教专业毕业的比例为71.3%，比2015年提升了5.6个百分点。

（2）农村医疗卫生服务方面

农村医疗卫生服务设施不断完善，服务体系不断健全，服务能力不断提高。2019年，中国共有乡镇卫生院3.6万个，村卫生室61.6万个，其中村办卫生室34.0万个，乡卫生院设点的村卫生室6.9万个，联合办的村卫生室2.8万个，设有卫生室的行政村比例为94.8%。从医疗机构的床位情况看，农村每万人医疗机构床位数48.1张，比2015年增加了11.0张，增长29.62%；每万农业人口乡镇卫生院床位数14.8张，比2015年增加了2.4张，增长19.35%。每万人拥有卫生技术人员数为50人，比2015年增加了11人，增长28.21%。每万人拥有执业（助理）医师数为20人，比2015年增加了4人，增长25.00%；每万人拥有注册护士数为20人，比2015年增加了6人，增长42.86%（见表6）。

表6　2015年、2019年乡村医疗设施及专业技术人员情况

指标	2015年	2019年	增长量	增长率(%)
每万人医疗机构床位数(张)	37.1	48.1	11.0	29.62
每万农业人口乡镇卫生院床位数(张)	12.4	14.8	2.4	19.35
每万人拥有卫生技术人员数(人)	39	50	11	28.21
每万人拥有执业(助理)医师数(人)	16	20	4	25.00
每万人拥有注册护士数(人)	14	20	6	42.86

资料来源：《中国统计年鉴2020》。

（3）农村社会保障方面

党的十八大以来，社会保障体系建设步伐进一步加快，呈现多层次、广覆盖的特点，农村养老服务能力和保障水平稳步提高。统计数据表明，2019年，城乡居民社会养老保险参保人数达到53266.0万人，比2015年增加了2793.8万人，增长5.54%；实际领取待遇人数也增长8.32%（见表7）。

表7　2015 年、2019 年城乡居民社会养老保险情况

单位：万人，%

指标	2015 年	2019 年	增加量	增长率
城乡居民社会养老保险参保人数	50472.2	53266.0	2793.8	5.54
城乡居民社会养老保险实际领取待遇人数	14800.3	16031.9	1231.6	8.32

资料来源：《中国统计年鉴 2020》。

3. 农村人居环境整治的成效

依据《农村人居环境整治三年行动方案》，扎实推进村庄清洁行动、农村厕所革命、生活垃圾处理、生活污水治理等重点任务，取得了明显成效。截至 2019 年底，全国 90% 以上的村庄开展了清洁行动，卫生厕所普及率超过 60%，农村生活垃圾收运处置体系覆盖 84% 以上的行政村，共建设城乡再生资源回收站点 3.7 万个，其中乡村站点 3.3 万个，建设县域分拣中心 1104 个，农村生活污水治理水平有了较大提升①。

本报告根据农业农村部委托第三方机构 2019 年对 31 个省（区、市）和新疆生产建设兵团 167 个县（市、区、旗）2422 个村的监测数据，分析农村人居环境整治成效。

（1）农村生活垃圾处理方面

监测数据表明，实现生活垃圾日常收集、清运、日常处理的村比例分别为 81.75%、77.76%、79.05%，区域之间的差异非常明显（见表 8）。

通常所讲的生活垃圾处理，涵盖了收集、清运、处理三个不同环节。从动态来看，对生活垃圾处理的行政村比例，与 2015 年的 62.20% 相比，2019 年提高了 19.55 个百分点。东部地区、中部地区、西部地区也都有明显的增加，分别提高了 11.08 个、34.43 个、21.56 个百分点（见图 1）。

① 农业农村部农村社会事业促进司、中国农业科学院中国农业绿色发展研究中心：《农村人居环境整治报告（2019 年度）》。

表 8　2019 年农村生活垃圾处理的行政村比例

单位：%，百分点

项目	全国	东部地区		中部地区		西部地区	
		村庄比例	与全国相比	村庄比例	与全国相比	村庄比例	与全国相比
实现生活垃圾日常收集	81.75	91.47	9.72	81.92	0.17	75.81	-5.94
实现生活垃圾清运	77.76	96.14	18.38	77.64	-0.12	67.15	-10.61
实现生活垃圾日常处理	79.05	94.65	15.60	79.69	0.64	70.12	-8.93

资料来源：《农村人居环境整治报告（2019 年度）》。

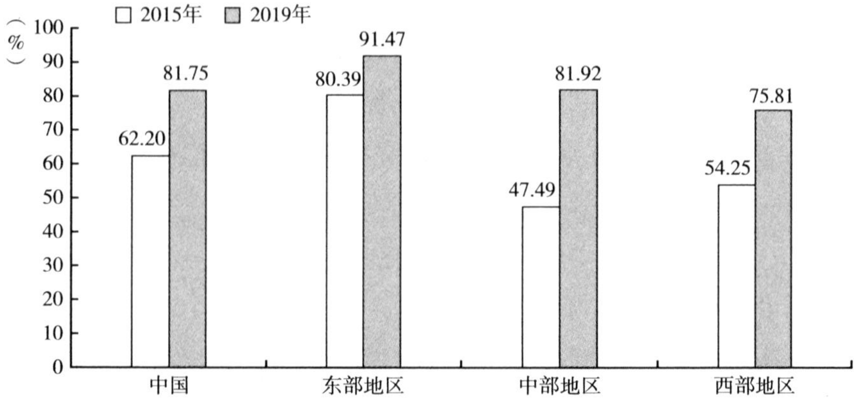

图 1　2015 年、2019 年对生活垃圾处理的行政村比例的变化情况

资料来源：《农村人居环境整治报告（2019 年度）》、《中国城乡建设统计年鉴》（2015）。

（2）农村生活污水处理方面

2019 年，有 43.65% 的村建有生活污水处理设施或纳入城镇管网，东部、中部、西部地区分别为 76.03%、42.03%、26.44%（见表 9），差异非常明显。监测结果显示，中国 71.26% 的村已经没有生活污水乱排乱放现象，实现了生活污水的有效处理和良好管控。对生活污水进行处理的行政村比例比 2015 年提高了 32.21 个百分点。

表 9　农村生活污水处理的行政村比例

单位：%，百分点

年份	全国	东部地区		中部地区		西部地区	
		村庄比例	与全国相比	村庄比例	与全国相比	村庄比例	与全国相比
2015	11.44 *	21.09	9.65	5.22	-6.22	6.77	-4.67
2019	43.65 **	76.03	32.38	42.03	-1.62	26.44	-17.21
2019 年与 2015 年相比	32.21	54.94	22.73	36.81	4.6	19.67	-12.54

注：* 该数据不包含西藏自治区。** 表中数据是针对监测村中建有生活污水处理设施或纳入城镇管网的比例。

资料来源：《农村人居环境整治报告（2019 年度）》、《中国城乡建设统计年鉴》（2015）。

（3）厕所革命方面

2019 年，43.56% 的村建有公共卫生厕所，65.68% 的村建有户用无害化的卫生厕所。东部地区的这两个数据均高于全国平均水平，分别高出 17.27 个、24.99 个百分点，中部地区分别低于全国平均水平 7.40 个、10.36 个百分点，西部地区分别低于全国平均水平 3.18 个、5.28 个百分点。同时，58.66% 的村已经实现了粪污资源化利用①。

（4）村容村貌提升方面

村容村貌提升是全面改善农村人居环境质量的重要内容，实施村庄清洁行动是提升村容村貌，实现村庄环境干净、整洁、有序，提高村民清洁卫生文明意识的有效途径。同时，农村道路绿化、亮化、硬化等也是提升村容村貌的具体内容及途径。2019 年村容村貌提升监测结果见表 10，从中可以看出不同区域水平及与全国平均水平的差距。

（二）基础设施和基本公共服务城乡不均衡程度分析

近年来，尽管乡村基础设施和基本公共服务建设等方面取得了明显成效，但城乡不均衡现象还十分突出，依然是乡村振兴中的短板和弱项。

① 农业农村部农村社会事业促进司、中国农业科学院中国农业绿色发展研究中心：《农村人居环境整治报告（2019 年度）》。

表 10　2019 年村容村貌提升监测结果

单位：%，个百分点

项目	全国	东部地区		中部地区		西部地区	
		村庄比例	与全国相比	村庄比例	与全国相比	村庄比例	与全国相比
开展村庄清洁行动	71.37	81.08	9.71	65.27	-6.1	71.23	-0.14
道路实施绿化	84.89	95.6	10.71	85.57	0.68	78.42	-6.47
建有路灯	77.43	89.1	11.67	77.7	0.27	70.79	-6.64
道路硬化	76.15	81.39	5.24	76.17	0.02	73.27	-2.88
主路硬化	85.40	87.96	2.56	85.55	0.15	83.88	-1.52
通组路硬化	79.95	83.42	3.47	80.06	0.11	77.96	-1.99

资料来源：《农村人居环境整治报告（2019 年度）》。

1. 基础设施的城乡不均衡程度

2019 年，乡、村两级用水普及率分别为 80.50%、80.98%，与县城相比，分别低 14.56 个、14.08 个百分点；乡、村两级燃气普及率分别为 26.81%、31.36%，与县城相比，分别低 59.66 个、55.11 个百分点；乡一级的生活污水处理率、生活垃圾无害化处理率、绿地率分别为 18.21%、28.27%、8.12%，比县城分别低 75.34 个、67.92 个、24.42 个百分点。乡与城市、县城、建制镇之间的差距如图 2 所示。由于在生活垃圾、生活污水处理方面，城市、县城、建制镇、乡四级所采用的指标是生活垃圾无害化处理率、生活污水处理率，村庄采用的则是对生活垃圾、生活污水处理的行政村比例，是一个十分粗略的指标，与上述处理率不具备可比性。

2. 基本公共服务的城乡不均衡程度

（1）教育不均衡方面

当前，义务教育阶段乡村学校的仪器设备配置、信息化手段、师资配备等方面，城乡不均衡现象依然突出。2019 年，农村小学生均教学仪器设备值只有城市小学的 77.8%，农村初中生均教学仪器设备值只有城市初中的 76.4%。农村小学、初中建网学校比例比城市学校分别低 17.3 个、11.5 个百分点。小学阶段专科及以上学历教师比例，农村低于城市 2.8 个百分点；

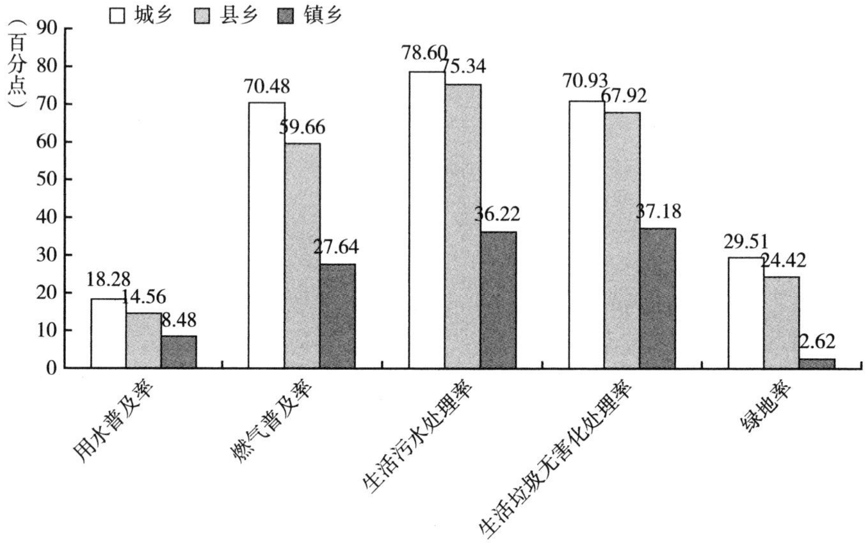

图 2　2019 年中国城乡基础设施基本情况对比

资料来源：《中国城乡建设统计年鉴（2019）》。

初中阶段本科及以上学历教师比例，农村低于城市 9.1 个百分点；幼儿园教师学历合格率，农村比城市低 1.9 个百分点，其中专科及以上学历教师比例，农村比城市低 11.5 个百分点（见表 11）。

表 11　2019 年中国城乡教育设施情况对比

指标	农村与城市相比
小学生均教学仪器设备值相当于城市(%)	77.8
初中生均教学仪器设备值相当于城市(%)	76.4
小学建网学校比例(百分点)	-17.3
初中建网学校比例(百分点)	-11.5
小学阶段专科及以上学历教师比例(百分点)	-2.8
初中阶段本科及以上学历教师比例(百分点)	-9.1
幼儿园教师学历合格率(百分点)	-1.9
其中:专科及以上学历教师比例(百分点)	-11.5

资料来源：中华人民共和国教育部。

（2）医疗卫生不均衡方面

每万人拥有卫生技术人员数、执业（助理）医师数、注册护士数，农村比城市分别少61人、21人、32人，分别只有城市的45.05%、48.78%、38.46%（见表12）。同时，每万人医疗机构的床位数，农村比城市少40张，只有城市的54.55%。

表12　2019年城乡医疗专业技术人员情况

单位：人，%

指标		2019年
每万人拥有卫生技术人员数	农村与城市相差	-61
	农村占城市的比例	45.05
每万人拥有执业（助理）医师数	农村与城市相差	-21
	农村占城市的比例	48.78
每万人拥有注册护士数	农村与城市相差	-32
	农村占城市的比例	38.46

资料来源：《中国统计年鉴2020》。

（三）实施乡村建设行动面临的问题

乡村基础设施和基本公共服务建设，以及农村人居环境整治中，还存在理念、投入、内容、机制等方面的突出问题，需要在乡村建设行动中加以解决。

1. 城乡基础设施和基本公共服务建设的地位不平等

中国城乡二元结构背景下，“重城市、轻乡村”的思维定式普遍存在，很多地方党委政府在推动城乡建设中，没有将乡村与城镇放在平等的框架内统筹考虑，而是被置于城镇之下。正是理念的偏颇，直接导致地方政府决策者把基础设施和基本公共服务建设的重点放在城镇，着力打造城镇公园、城镇广场等展示平台，以及城镇中小学、医疗卫生机构建设及能力提升等领域。特别是农村生态环境治理设施始终没有得到应有的重视，一些地方即使配备了硬件设施，但由于缺乏运营经费或其他因素，不能正常运行，导致财政投资的浪费。

2. 城乡基础设施和基本公共服务建设的投入不均衡

上述思维定式不可避免地导致公共资源的歧视性分配，突出表现在城乡基础设施和基本公共服务建设投入的不均衡。2019 年，中国村庄建设投入10167.5 亿元，只有当年城市投入的50.52%[①]。特别是经济欠发达的中西部地区，地方财政实力整体薄弱，城镇基础设施和基本公共服务建设的资金都无法保障，更没有足够的资金投向农村，导致乡村基础设施和基本公共服务建设资金严重不足。

3. 基础设施和基本公共服务建设水平与能力不匹配

总体上讲，国家注重乡村路、水、电、文化广场等生活性基础设施，以及学校、卫生室等公共服务设施建设，在一定程度上推动了基础设施和基本公共服务建设硬件的城乡均衡。但对与硬件水平相匹配的能力建设关注不够，硬件应有功能难以充分发挥，影响了乡村建设服务质量和水平的有效提高。实现城乡基本公共服务能力均等化的关键是人才，但长期以来，农村医疗卫生、文化教育等领域，人才严重不足。再加上激励人才下乡的政策不完善，乡村难以引才、留才，进一步导致乡村专业人才队伍总量不足、年龄老化、能力不足等问题。

4. 乡村提升型基础设施和基本公共服务建设不充分

近年来，新农村建设、美丽乡村建设等一系列行动，对乡村路、水、电等生活保障性基础设施建设发挥了很大作用，数量上相对满足了农村居民的生活需要。《农村人居环境整治三年行动方案》实施之后，农村人居环境整治设施状况得到明显改善，但相对于农村居民日益增长的美好生活需要而言，供应依然不充分。同时，乡村数字型设施、基本公共服务设施建设等方面的不充分问题也非常突出，不仅表现在数量方面，更重要的是表现在质量方面。因此，实施乡村建设行动不仅要注重增加设施数量，更要注重设施的提档升级，进行超前布局、超前建设，为实现乡村全面振兴提供保障。

---

① 《中国城乡建设统计年鉴（2019）》。

5. 乡村基础设施和基本公共服务的长效机制不完善

长期以来，乡村基础设施和基本公共服务设施建设中“重建设、轻管护”问题一直都存在，始终没有得到有效改善，导致基础设施不能有效运行，以满足农村居民日益增长的美好生活需要。从表面来看，根本原因在于长效机制的缺失，但从深层原因来看，与国家“自上而下”的项目推动及“不注重实效”的工程验收方式有很大关系。特别是，主体的错位、模式的不当等问题在厕所革命中表现得尤为突出。事实上，乡村基础设施和基本公共服务设施的用途、属性不同，需要不同的运营机制、管护机制、参与机制、监督考核机制等，但实践中这些机制并没有系统地建立起来，导致设施既不能发挥应有的功能，更不能确保设施功能的可持续性。

二　实施乡村建设行动的重点任务

依据实施乡村建设行动的战略部署，聚焦乡村基础设施、乡村基本公共服务、农村人居环境整治等重点任务，补齐乡村全面振兴的短板和弱项，以满足农村居民日益增长的美好生活需要。

（一）乡村传统基础设施水平提升

路、水、电等乡村传统基础设施，对实现乡村宜居、提高农村居民福祉具有十分重要的作用。因此，实施乡村建设行动，理应着力改善乡村传统基础设施条件，提升其安全性、便利性、持续性。

1. 乡村生活性设施的提档升级

在乡村道路方面，一是推进村内通组路、通户路建设，实现乡村公路村村相连、户户相通、交织成网，提升村内道路的通达率；二是加快补齐乡村道路安全附属设施短板，消除安全隐患，提高交通安全水平；三是注重交通规则的宣传，提高广大农村居民对交通法律法规的知晓率，并逐步提高交通安全意识。

在饮水条件方面，一是实现已有饮水工程的提质增效，特别是围绕如何改善水质，完善、提升饮水设施的档次；二是强化饮水水源地生态保护，完成水源地保护区划定的同时，应着力提升保护区的生态环境质量；三是引导农村居民逐步树立节水意识，培养节约用水习惯，推动节水乡村建设。

2. 科学布局数字乡村建设设施

数字乡村既是乡村振兴战略的方向，也是建设数字中国的重要内容。为此，应以《数字乡村发展战略纲要》为指导，强化适应数字乡村的基础设施建设。一是加快网络基础设施建设，包括提升光纤宽带渗透率和接入能力，提升4G网络服务质量，推进5G网络的同步商业化应用；二是推进网络应用平台建设，建立相应的数据资源采集平台，实现与各级政府信息平台之间的互联互通，以及与各类平台、网站、软件等信息服务系统的连通；三是建立数字设备长效管护机制，更好地发挥数字设备在数字乡村建设中的作用。

（二）乡村基本公共服务能力的提升

新发展阶段，在实施乡村建设行动中，要因地制宜地推动城镇公共服务设施向周边乡村延伸，统筹推进城乡社会保障和医疗保障体系建设、城乡教育均衡发展。

1. 乡村公共医疗能力建设与提升

新发展阶段，应着力补齐乡村公共卫生体系短板，提高农村医疗卫生机构的服务能力和水平，为农村居民提供公平、可及的医疗卫生服务。一是补齐农村公共卫生服务设施的短板，在“十四五”开局之年，各级党委政府要重视农村公共卫生与防疫基础设施，以及运营、管理机制建设，特别是在一些重点乡镇配置农村传染病防范设施、ICU重症隔离设施等，提高应对重大公共卫生事件的能力；二是建立完善的农村公共卫生三级网络体系，确保实现县域内公共卫生信息的实时贯通、信息共享，为促进县域医疗联合体、医疗共同体建设提供必要的手段；三是加强乡村卫生人才队伍建设。应采取有效的政策措施，切实解决乡村卫生人才数量不足、年龄老化、应急能力不足的现实问题，加快补齐乡村人才队伍建设的短板。特别是，应加强对乡村卫生人才突发疫情防控培训和教育，不断提升其对重大疾病和传染病的判断能力、应急处理能力。

2. 乡村社会保障体系建设与完善

“十四五”时期，需要以广覆盖、保基本、多层次、可持续、高质量为原则，适应新发展阶段社会保障的新特点，以完善制度为重点，以实现城乡基本公共服务均等化为目的，推进乡村全面振兴。一是持续推进农村最低生活保障，特别是，要科学制定与区域经济发展水平相适应的农村最低生活保障标准，并对其进行动态化管理，实现制度的精准有效；二是科学确定新型农村合作医疗补助标准，构建城乡互通的信息化平台，提高管理经办能力，规范医疗服务机构的行为；三是探索建立多元化的农村养老保险制度，鼓励社会资本参与农村养老保险，为农村居民提供多样、安全、可靠的养老保障。

3. 乡村文化教育能力建设与提升

新发展阶段，应充分考虑乡村义务教育的新特点，推动城乡教育均衡发展，以实现提升乡村文化教育能力的目的。一是建立城乡教育资源开放共享机制，充分利用现代信息网络技术，通过搭建信息技术网络平台，在更大范围内共享优质教育资源，实现均衡配置；二是慎重推进农村中小学校标准化建设。随着城镇化进程的加快，农村学校在校生数量骤减，学校也进入片区集中发展新阶段。因此，要慎重推进农村中小学校标准化建设，以避免投资浪费。

（三）农村人居环境整治水平的提升

农村人居环境质量直接影响农村居民生活的品质，实施乡村建设行动，生活垃圾处理、生活污水处理、厕所革命以及村容村貌改善依然是农村人居环境整治水平提升的重点内容。

1. 有序推行垃圾分类，提升生活垃圾处理水平

推行农村生活垃圾分类化、减量化、资源化、无害化处理，是实施乡村振兴战略、持续改善农村人居环境的题中要义。一是借鉴浙江“千村示范、

万村整治”经验，有序推行农村生活垃圾分类和资源化利用；二是因地制宜选择垃圾处理方式，根据经济发展水平、地质地貌特点以及民族风情，确定适宜的垃圾处理方式；三是健全各项管理制度、垃圾处理技术规范，包括能够促进垃圾分类和资源化利用的经济激励办法。

2. 因地制宜选择模式，提升生活污水处理水平

农村生活污水处理一直是农村人居环境整治的难点，也是实施乡村建设行动中的一个难点。一是加快已有技术的推广应用，对农村生活污水处理中一些成熟的有效技术，加快推广应用，在更大范围内服务于农村人居环境整治；二是加强新技术研发，根据不同区域的特点，研发农村生活污水处理所需技术，提高技术的区域适应性，确保处理效果；三是加强相关技术整合，选择相应的模式，根据区域地貌、气候特征、所处地理位置，以及农村居民居住及生活污水产生量的差异性，因地制宜选择处理模式。

3. 以发挥实效为准则，推动厕所革命再升级

推动农村厕所革命，要注重实效。一是要科学确定厕所革命的模式，对东部、中部、西部地区广大乡村进行深入研究，提出不同区域厕所革命可以选择的模式，为不同区域因地制宜选择适宜模式提供空间；二是要创新厕所革命的推动方式，依据不同区域的气候特点及资金下拨时间，科学确定工程验收的时间节点，确保工程质量并发挥实效；三是因地制宜推广生活污水与厕所革命一体化模式，要对一体化处理模式或技术进行科学评估，甄别推广应用中需要解决的关键问题，据此确定适宜推广的区域。

4. 坚持多化融合之路，实现村容村貌的改善

“十四五”时期，应在“亮化、硬化、美化、绿化”的基础上，加上“立体化”，全方位改善村容村貌。一是持续推进村内道路的硬化、绿化，实现村内道路的畅通、美观；二是开展创建“绿色家园”行动，鼓励农村居民对庭院及周边进行绿化、美化，增加绿地面积；三是继续实施乡村清洁工程，将村容村貌的改善从单一的平面化转向立体化，将空中无规则、散乱的各种电线、网线等进行认真梳理，改善空中景观，实现村容村貌的立体化美观。

三　实施乡村建设行动的对策建议

（一）加强党对乡村建设的全面领导

习近平总书记在2021年中央农村工作会议上强调，要加强党对“三农”工作的全面领导。各级党委要扛起政治责任，落实农业农村优先发展的方针，更大力度推动乡村振兴。

实施乡村建设行动既是一项专业性很强的政治任务，也是一项政治性很强的专业任务。为此，一是各级党委应以高度的政治责任感，与党中央保持高度一致，把精力放在实施乡村建设行动上，做好“一线总指挥”；二是各级党委应加强相关专业知识的学习，将专业知识作为中心组理论学习的重要内容，提升自身的专业领导力，以满足实施乡村建设行动的需要；三是基层党组织要切实承担起带领农村居民全面投入乡村建设行动的政治责任，把党的领导贯彻到乡村振兴的各个领域。同时，在实施乡村建设行动中，应加强基层党组织的战斗堡垒作用，充分发挥党的凝聚力、影响力、战斗力，以及党员的先锋模范作用。

（二）建立乡村建设行动的政策体系

加强制度建设，完善制度体系，是新发展阶段实施乡村建设行动的重要任务之一。为此，应整合零散分布在其他制度中的相关条款，建立系统、完整的制度体系，并注重强制性、诱导性、协调性、激励性制度之间的协调。一是坚持农业农村优先发展，实行政府公共资源增量配置向乡村倾斜的政策，把乡村建设行动放在公共财政优先支持的位置；二是推进农村金融体制改革，建立支持各类金融机构向乡村延伸的政策，以持续扩大农村金融服务覆盖面，为乡村各类主体提供多元化金融服务，支持农业信贷担保机构下沉业务，加快政策性农业信贷担保体系建设，强化金融服务方式创新，加大农村金融政策扶持力度，大力推行扶贫小额到户贷款，帮助农村居民缓解资金短缺难题；三是深化农村土地制度改革。落实和完善农民闲置宅基地和闲置农房政策，探索宅基地所有权、资格权、使用权“三权分置”，落实宅基地集体所有权，保障宅基地农户资格权和农民房屋财产权，适度放活宅基地和农民房屋使用权，因地制宜探索宅基地和农民房屋有偿使用机制，盘活用好闲置宅基地和农房。此外，继续加大对农村电商、互联网发展等方面的政策支持力度。

（三）注重乡村建设行动的模式创新

依据不同区域农村人居环境的实际情况，因地制宜地选择设施、模式，确保这些设施功能的发挥及可持续性。一是生活垃圾处理不能盲目推崇“户分类、村收集、镇转运、县处理”模式，要充分考虑“农村生活垃圾进城”可能导致的负面影响，并建立完善的应急预案；二是在适宜区域推广生活污水与厕所革命一体化处理模式，保障生活污水的处理成效。切不可盲目地将城镇生活污水处理的管网模式，照搬到广大的农村地区；三是科学对待浙江“千村示范、万村整治”的经验，学习其先进的理念、系统完善的管理制度，结合本地区实际，确定适宜的模式。另外，要有序推进村庄治理，继续实施乡村清洁工程，增加绿地面积，开展创建“绿色家园”行动。

（四）加大乡村建设行动的资金投入

实现乡村建设行动，补齐相应短板，需要资金投入作保障。一是加大财政资金投入，国家应根据乡村建设行动的需求，加大财政投入力度，公共财政更大力度向乡村倾斜，并逐步建立公共财政投入的稳定增长机制；二是拓宽乡村建设行动的资金渠道，在新发展阶段，应统筹安排土地出让收益、城乡建设用地增减挂钩节余指标有偿调剂使用所获土地增值收益，以及村庄整治增加耕地所获得的占补平衡指标收益，用于乡村建设行动；三是创新融资机制，建立“政府投入为主，村民支持为辅，积极发挥社会支持”的多元化投资机制和以村民为主体的乡村建设行动公共设施运行维护管理机制，调动相关者的积极性。

（五）强化乡村建设行动的人才培养

新发展阶段，应针对乡村人才短缺的实际，围绕引不进、留不住、用不好等突出问题，采取如下措施。一是科学界才，建立健全乡村人才认定管理制度，科学确定对乡村科技人才、实用人才、专业人才、乡土人才、创新创业人才等群体的认定标准，出台认定管理制度，并做好统计工作；二是精准育才，根据乡村建设行动的需求，探索实施“自主点菜式”精准培训模式，实现乡村建设行动需求与培训内容供给的“无缝对接”，持续推进乡村人才的培育工作；三是灵活引才，树立柔性引才理念，通过兼职聘用、周末工程师、技术咨询、挂职锻炼等多种方式，灵活引进为乡村服务的各类人才；四是高效用才，通过创新打造乡村人才施展才能的平台，让人才更好地服务于乡村建设行动；五是长久留才，建立优化人才激励政策体系，除平台建设和工资待遇外，更需要好的宏观服务环境、城乡公共服务一体化的生活环境和保障条件，方能使人才留在乡村、扎根乡村、服务乡村。

（六）完善乡村建设行动的长效机制

在实施乡村建设行动中，建立与完善长效机制既可以保障取得预期成效，又可以保障成效的可持续性。一是建立与完善乡村基础设施的运营管护机制，在具体项目设计之初，系统考虑建设与运营问题，并基于乡村基础设施的属性，按照“专业人做专业事”的原则，建立相应的运营管护机制，逐步探索由专业公司运营的途径；二是建立乡村建设行动的评估机制，采取第三方参与模式，通过评估科学甄别出建设、运营、管护中存在的关键问题，并据此提出精准的对策建议；三是建立乡村建设行动的监督机制，在基层党组织领导下，建立监督队伍、监督制度规范，对乡村建设行动进行全方位的监督，确保乡村建设行动取得预期成效并实现可持续性；四是建立乡村建设行动的参与机制，农民是乡村建设行动的主体，应建立有效的参与机制，将农民的主动性、积极性调动起来，使其参与到乡村建设行动的全过程。

参考文献

崔凯：《“十四五”时期数字乡村建设的战略思路、重点任务与实施途径》，载魏后凯、杜志雄主编《中国农村发展报告——聚焦“十四五”时期中国的农村发展》，中国社会科学出版社，2020。

黄臻：《农村基础设施建设亟须提档升级》，《光明日报》2019 年 10 月 14 日第 16 版。

盛广耀：《中国城乡基础设施与公共服务的差异和提升》，《区域经济评论》2020 年第 4 期。

于法稳、侯效敏、郝信波：《新时代农村人居环境整治的现状与对策》，《郑州大学学报》（哲学社会科学版）2018 年第 3 期。

于法稳：《乡村振兴战略下农村人居环境整治》，《中国特色社会主义研究》2019 年第 2 期。

中国社会科学院农村发展研究所课题组：《农村全面建成小康社会及后小康社会时期乡村振兴研究》，《经济研究参考》2020 年第 9 期。

G.11
巩固拓展脱贫攻坚成果的任务与过渡期安排

檀学文*

摘　要：　本报告主要从脱贫人口稳定脱贫、长期性低收入人口较快增收和共享繁荣发展视角，重新理解巩固拓展脱贫攻坚成果的目标任务。巩固脱贫攻坚成果是其基础性任务，防止返贫及新生贫困又是其底线任务，需确立精准扶贫政策的退出转型机制，并建立免于贫困的长效农村贫困救助机制。拓展脱贫攻坚成果是其主体性任务，不仅包括拓展已有扶贫措施以及开展临界贫困人口帮扶，更重要的是要探索反贫困战略转型。本报告指出转型目标是建立长期性低收入人口共享繁荣发展战略。据此，报告提出了巩固拓展脱贫攻坚成果过渡期的两阶段安排以及衔接的基本思路。

关键词：　脱贫攻坚成果　过渡期　长期性低收入人口　共享繁荣发展

打赢脱贫攻坚战后，中国将实现“三农”工作重心的历史性转移，全面推进乡村振兴，到2035年共同富裕取得实质性进展；与此同时，在“十四五”时期设立衔接过渡期，巩固拓展脱贫攻坚成果并同乡村振兴有效衔接。上述重大中央决策使近年来关于相对贫困和反贫困战略转型的讨论短暂

* 檀学文，经济学博士，中国社会科学院农村发展研究所研究员，贫困与福祉研究室主任，主要研究方向为贫困与福祉、城镇化与农民工问题、农业可持续发展等。

地告一段落。但这并不意味着这个问题的终结，而是为其赋予了新的背景、起点、思路以及目标指向。脱贫攻坚与乡村振兴的衔接从2018年就开始了。2020年后，由于贫困性质以及国家“三农”工作重心的根本性变化，巩固拓展脱贫攻坚成果与乡村振兴的衔接（以下有时简称“两项衔接”）既是攻坚期内衔接的“升级版”，更是其“转型版”。在攻坚期内，两项衔接重点在于工作体制机制以及政策的衔接，目的是提高治理效率，为乡村振兴积累经验。在十九届四中全会提出建立解决相对贫困长效机制问题后，解决相对贫困被普遍地当作反贫困战略转型的方向，也被视为乡村振兴的一项内容①。通常来说，打赢脱贫攻坚战应当意味着较高的脱贫质量，农村发展整体上进入实施乡村振兴战略和解决相对贫困阶段。随着衔接过渡期的设立，防止返贫被列为重要任务，而反贫困战略仍是一个“未定型”。5年时间虽然不短，但是在新形势下通过巩固拓展脱贫攻坚成果来过渡到新的反贫困战略仍是一项艰巨的任务。

2021年中央一号文件将过渡期任务概括为三个方面：一是巩固拓展脱贫攻坚成果，二是接续推进脱贫地区乡村振兴，三是实施农村低收入人口常态化帮扶。笔者认为，目前对于巩固拓展脱贫攻坚成果的目标任务和工作思路的认识都还比较含糊，缺乏长远谋划，回避相对贫困，对低收入人口的界定也不清楚。本报告基于中共十九大关于到2035年和2050年的两阶段现代化进程安排、中共中央关于制定国民经济和社会发展第十四个五年规划和二〇三五年远景目标的建议等基本发展思路以及贫困性质和治理形势变化客观规律，尤其是根据到2035年共同富裕要取得明显的实质性进展的发展要求，深入阐述“十四五”时期巩固拓展脱贫攻坚成果的目标任务，并据此对五年过渡期提出两阶段时间安排建议，从巩固拓展脱贫攻坚成果角度提出衔接的基本思路。

---

① 叶兴庆、殷浩栋：《从消除绝对贫困到缓解相对贫困：中国减贫历程与2020年后的减贫战略》，《改革》2019年第12期；魏后凯：《如何实现全面脱贫与乡村振兴的有效衔接》，《光明日报》2020年4月3日第11版。

一　以巩固脱贫攻坚成果为基础性任务

巩固脱贫成果①是“十四五”过渡期的基础性任务，包括多项具体任务，其中大部分是为了延续脱贫攻坚期内的未竟事业，也需要以此为基础进行拓展并与乡村振兴进行衔接。巩固脱贫成果的底线任务是防止返贫和发生新贫困，在中国建立防止贫困的长效机制。

（一）以防止贫困为底线任务

2020年，在新冠肺炎疫情的严重冲击下，全党全国咬定青山不放松，采取挂牌督战、加大扶持力度、加强东西协作和消费扶贫等方式，实现到年底所有建档立卡贫困人口、贫困村、贫困县脱贫，边缘性非贫困人口获得了监测、帮扶等预防性措施保障，扎实实现了消除绝对贫困目标，创造了中国减贫奇迹。巩固脱贫成果是在最低意义上对过去工作和成就的延续。对于基层来说，巩固脱贫成果主要包括两类任务：一是确保已脱贫的建档立卡人口消除返贫风险，避免发生较大规模返贫，边缘性人口不再发生较大规模的新贫困；二是延续已有的扶贫措施，包括持续抓好扶贫项目和扶贫资产管理，做好易地扶贫搬迁的后续扶持和治理，继续为建档立卡户提供就业服务等。巩固脱贫成果对于脱贫县的意义在于使其在角色转换和工作重心转换过程中，确保稳定发展和培育内生发展能力。其中，第一项任务可界定为防止贫困，包括返贫或新生贫困，这是基础性和底线性的。其他各项巩固任务兼具延续和提高已有扶贫措施成效，为防止贫困提供资源支撑，与乡村振兴衔接等多重使命。

对此需要回答的一个关键问题是，高质量打赢脱贫攻坚战情况下，未来还存在发生较大规模贫困的风险吗？笔者认为，应该辩证地看待这个问题。一方面，从现有的脱贫成效看，建档立卡户已经实现较高收入和充分“两

① 以下为表述方便，有时将脱贫攻坚成果简化为脱贫成果。

不愁三保障”，整体返贫风险低。根据建档立卡以及脱贫攻坚普查数据，2020 年贫困县建档立卡户人均纯收入超过 1 万元，吃穿不愁，住房安全、饮水安全、基础教育和基本医疗获得全面保障。另一方面，由于天灾人祸、市场风险、扶贫项目不成熟等因素，一定程度上的返贫、新生贫困也将是不可避免的。各方对于防止返贫问题的高度重视，主要是基于底线思维得出的结论。但是从辩证法上，巩固脱贫成果已不再是主体性任务或主要矛盾，更大精力需要转向拓展脱贫成果。但是需要将防止贫困作为巩固脱贫成果的基础性、底线性任务，在保持政策总体稳定的基础上，对脱贫人口、边缘性人口开展动态监测，对零星返贫和新生贫困人口及时开展灵活救助，确保没有人生活在贫困标准之下。

（二）确定精准扶贫政策的退出转型机制

目前已经确定，过渡期内将保持现有主要帮扶政策总体稳定，并逐项分类优化调整，这将有利于稳定脱贫人口对政策和帮扶工作的预期[①]。不仅如此，也要形成过渡期后相关政策将要逐步退出或转型的预期。衔接过渡期的跨度为 5 年，这样可以确保每个扶贫对象从脱贫时起都能公平地享受 5 年巩固提升政策，延展和制度化了“脱贫不脱政策”的做法。过渡期结束后，原有的精准帮扶政策，尤其是针对建档立卡户和建档立卡村的直接扶持政策，作为排他性的特惠政策，应当予以退出。当然退出不等于完全取消，而是要在两项衔接的框架下重新设计，使其更具普惠性特征。脱贫县在 5 年过渡期内保持主要帮扶政策总体稳定，在过渡期后也应当实行贫困县扶持政策的退出，并在区域发展水平和能力评估基础上，转型为新的区域发展政策。

（三）建立防止贫困的长效机制

巩固脱贫成果，对于既有的扶贫手段和措施来说，既是为了延续和提高

① 吴国宝：《实现巩固拓展脱贫攻坚成果同乡村振兴有效衔接重在建立长效机制》，光明网－理论频道，2021 年 1 月 24 日，https：//m. gmw. cn/2021－01/24/content_ 34584334. htm。

已有扶贫投入成效，也是为巩固提升建档立卡人口的脱贫成效提供支撑。前已述及，过渡期后针对建档立卡扶贫对象的精准扶持政策应当退出。但是基于防止贫困的底线目标，在精准扶持政策退出的同时，应当建立防止贫困的长效机制，实现历史性免于绝对贫困的长期目标。所谓防止贫困的长效机制，是指通过一套保障制度和体制机制，既“防”又“止”，为所有国民提供不低于现行贫困标准的最低收入和“两不愁三保障”基本保障。在消除绝对贫困，并且享受了5年过渡期政策的前提下，未来全体国民免于贫困的基础已经相当坚实，可能的贫困将是个别现象。为此，防止贫困的长效机制将是对现行低保制度、保障性扶贫政策以及专项社会救助制度的优化组合，可以考虑发展成为基于农村低保制度的农村防止贫困救助机制（见表1）。可在基层建立自主申报和社会发现相结合，程序、识别和救助标准法定化的贫困救助制度和工作机制。凡是符合条件的居民都有权申请获得相当于现行脱贫标准的收入和基本保障方面的救助，这是针对所有人的普惠性政策。对于产业和就业等经济发展方面的扶持政策，这些居民如果具备条件，将在乡村振兴支持政策框架下参与。

表1　免于贫困的农村防止贫困救助机制

保障标准	保障内容	保障机制
现行贫困标准（收入标准＋两不愁三保障）	● 最低收入保障：地方可根据物价水平、经济条件向上调整 ● 基础教育保障：保障参加从学前到中等职业教育，资助普通高中教育，促进成人教育和技术培训 ● 基本医疗保障：常规体检、基本健康促进措施、基本医疗保险、大病救助 ● 安全住房保障：危房改造政策 ● 安全饮水保障：安全饮水保障政策	以农村低保机制为基础建立农村防止贫困救助机制

资料来源：作者自行整理。

二　以拓展脱贫攻坚成果为主体性任务

拓展脱贫成果与巩固脱贫成果相比，既以后者为基础，又比后者有更大的空间，是“十四五”时期巩固拓展脱贫攻坚成果的主体性任务。在全面推进乡村振兴的大背景下，拓展脱贫成果的任务可以分成三个方面：首先，延续、维护和完善已有脱贫攻坚措施，并以此为基础做适当延展；其次，酌情扩大针对临界贫困人口的帮扶范围；最后，实施反贫困战略转型。面向共同富裕，中国的反贫困战略应由过去的农村扶贫开发战略向低收入人口加快发展战略进行根本转型。

（一）拓展已有扶贫措施

对于扶贫措施来说，拓展脱贫成果首先是以巩固脱贫成果为基础，或者说，两者是密不可分的。总的来说就是过去的扶贫措施和手段将在过渡期内继续延续和发展，但是不再只是发挥精准防贫作用，而是要在各自客观规律基础上继续完善和发展，成为推动乡村振兴的先锋力量，并最终融入乡村振兴体系。

1. 从产业扶贫到乡村产业振兴

产业扶贫的前提是发展扶贫产业，并建立带贫或者益贫机制。产业扶贫机制或模式总的来说可以用“四带一自”来概括，即农业园区带动、龙头企业带动、农民合作社带动、新型经营主体带动以及贫困户自主发展生产。据报道，到2020年，全国贫困地区累计建成各类产业基地超过30万个，培育引进各类企业6.76万家，发展农民合作社71.9万家，发展家庭农场超过15万家，每个县都形成了2～3个扶贫主导产业，产业扶贫政策已覆盖98.9%的贫困户，1146.4万建档立卡户独立发展产业①。这些主导产业和经营主体是巩固以及拓展产业扶贫成果的载体和基础。产业扶贫的拓展方向是乡村产业振兴，即以现有扶贫产业为基础，扩大乡村产业发展的规模和深度。由产业扶贫向产业振兴拓展将面临两大挑战。一是市场化挑战。过去很多扶贫产业发展带有行政推动、补贴支撑的成分，不一定符合市场规律以及

① 《产业扶贫覆盖全国98%贫困户 促进收入持续提升》，央广网，http://finance.cnr.cn/txcj/20210227/t20210227_525423109.shtml；《国家脱贫攻坚普查公报（第三号）》，国家统计局，2021年2月25日，http://www.stats.gov.cn/tjsj/zxfb/202102/t20210224_1814047.html。

具备市场自生能力。二是带贫角色挑战，进一步面向市场的产业发展不一定具有很强的带贫能力。因此，乡村产业振兴需要妥善处理政策扶持、市场化和带贫机制之间的关系。要以市场化为前提和根本，政策支持减少对市场主体的干预，增加对基础设施和市场条件的投入；在促进带贫方面以发展合作经济、增强农户能力等方式为主，减少对市场主体经营行为的直接干预。

2. 从扶贫资产管理到集体资产经营

在精准脱贫政策框架下，资产收益扶贫对于增加建档立卡户收入和实现全部脱贫起到了很大的辅助作用。经过数年发展，全国形成了规模庞大的扶贫资产，包括基础设施、公共服务、产业发展以及易地扶贫搬迁类资产等①。目前只能得到一些个别数据，例如河南镇平县建档立卡人口人均扶贫资产达 3.7 万元②，而广东省则为 2.8 万元③，还没有关于全国扶贫资产的统计数据。脱贫攻坚普查数据显示，享受过资产收益扶贫政策的建档立卡户 944.5 万户，约占建档立卡户总数的 60%。资产收益扶贫在广义上属于发展生产扶贫范畴，是投资收益再分配行为。扶贫资产存在经营管理、收益分配、权益维护等多重风险。如果资产经营管理不善导致亏损以及资产贬值或流失，或收益分配管理不善导致分配不公平，都会使其达不到巩固脱贫成果的作用。因此，拓展扶贫资产管理首先要管理好各类风险，确保扶贫资产不贬值不流失，正常形成收益和合理分配。在此基础上，应实现由扶贫资产管理向集体资产经营的转型。应将集体所有的扶贫资产纳入集体资产的统一经营管理范围。扶贫资产收益在攻坚期优先用于精准脱贫，在过渡期优先用于脆弱性脱贫户收入补充，过渡期结束后成为防止贫困的收入补充渠道之一。此外的更多收益应如同其他集体资产一样，在村集体层面统一分配，用于发展集体经济和公益事业。

3. 完善和加强农村劳动力转移就业支持和服务

从收入贡献来看，工资性收入已经成为建档立卡户及贫困地区农村居民

---

① 魏后凯：《全面加强扶贫资产的管理和监督》，《中国发展观察》2020 年第 12 期。

② 同上。

③ 资料由广东省农业农村厅提供。

最主要收入来源。据统计，建档立卡户人均可支配收入中工资性收入已达2/3[①]；建档立卡以来，享受过就业帮扶政策的建档立卡户占全部建档立卡户的93.8%[②]。其中扶贫车间吸纳就业40多万人，创业致富带头人带动400余万贫困人口增收，各类公益性岗位安置近500万贫困人口[③]。这些都属于就地就近就业，对贫困家庭有很强的针对性，政策落实容易，增收效应明显。就业支持和服务上的巩固与拓展有较大的不同：巩固主要是坚持现有的帮扶措施，包括帮助外出和创造岗位等；拓展主要在于利用和加强已经建立起的就业支持渠道、工作机制以及管理信息系统，将服务对象扩大到更多农户，由此实现全社会就业效率的提高。

4. 从易地扶贫搬迁到新型移民社区治理

易地扶贫搬迁是将居住在缺乏生存条件和"一方水土养不好一方人"地区的建档立卡人口搬迁安置到其他地区，并通过改善安置区的生产生活条件、调整经济结构和拓展增收渠道，帮助搬迁人口逐步脱贫致富[④]。"十三五"期间，全国共有960多万建档立卡贫困人口实现搬迁，其中城镇安置500多万人，农村安置约460万人，建成集中安置区约3.5万个。目前中央制定的易地扶贫搬迁后续扶持措施包括六个方面：完善安置区配套基础设施和公共服务设施，加强安置区产业培育和就业帮扶，加强安置社区的管理，保障搬迁群众合法权益，加大工作投入力度以及加强统筹指导和监督检查。中央财政为此加大多项财政资金的投入。国家发改委对安置区根据安置规模进行分类指导，对万人以上特大型安置区实施一揽子后续扶持专项方案，对3000人以上大型安置区重点加大劳务输出力度和培育壮大后续产业，对800人到3000人的中型安置区重点加强扶贫车间、产业基地建设，对800人以

① 根据建档立卡数据计算。

② 资料来源为《国家脱贫攻坚普查公报（第三号）》。

③ 《国新办举行就业扶贫实施有关工作情况和主要成效发布会》，http：//www.cpad.gov.cn/art/2020/11/19/art_2241_505.html，检索时间：2021年2月28日。

④ 根据《国家脱贫攻坚普查公报》的定义。

下的小微型安置点重点培育特色的农牧产业①。在易地扶贫搬迁工程中拓展脱贫成果，主要是在搬迁后能够“稳得住”以及“能脱贫”基础上，持续加强新型移民社区治理，完善基础设施和基本公共服务供给，用若干年时间实现新社区的功能完善以及新移民的社区融入。

（二）开展临界贫困人口帮扶

这部分讨论的是适当扩大帮扶范围问题，相当于一号文件中提出的“农村低收入人口常态化帮扶”。为避免混淆，有必要先对相关概念加以澄清。原国务院扶贫办为了确保全面脱贫目标，以收入低于贫困标准1.5倍为基本标准，界定了边缘人口或边缘户，对其开展监测和帮扶，其规模只相当于建档立卡人口的5%左右，可以理解为贫困识别中的正常误差范围，远小于1.5倍收入标准之内应有的人口规模。在中西部地区以统一贫困标准开展脱贫攻坚的同时，东部沿海省份也各自提高标准开展沿海版的脱贫攻坚。其中较为典型的有浙江省、江苏省和广东省。2015年以来，浙江省的低收入标准为低保标准的1.5倍或当地农民人均可支配收入的40%，2019年识别规模97万，占农村人口的5.4%②；江苏省低收入标准为年人均6000元，识别规模227万，约占农村人口的6%③；广东省相对贫困标准为年人均4000元，规模161.5万，占农村人口的4.9%④。可见，沿海三省无论采用低收入还是相对贫困概念，在当地都是对收入处于最底层人口的识别和帮扶，其比例约为5%~6%；对全国来说，它们属于扩大扶贫对象的前沿试验。

本报告所要讨论的临界贫困人口帮扶相当于上述沿海各省的“十三五”扶贫实践，在建档立卡户之外识别一定规模的最低收入人口，对其开展实质性帮扶。其规模、手段和目的都与扶贫部门出于防贫目的边缘户识别和监测

① 《国新办举行易地扶贫搬迁工作新闻发布会》，http://www.cpad.gov.cn/art/2020/12/3/art_2241_508.html，检索时间：2021年2月28日。

② 《浙江省低收入农户全面小康统计监测方案》，http://www.stats.gov.cn/tjfw/dftjxmgl/dftjdczd/zj/202006/t20200619_1769413.html。

③ 《解决我国相对贫困问题的长效机制研究》，创新工程项目组，2020年12月。

④ 广东省农业农村厅提供资料。

有明显的不同。从建档立卡人口的平均收入水平看，其中相当比例应当已经超过贫困临界线（一般为贫困标准的1.5倍）。从而，在保留建档立卡情况下，新识别的临界贫困人口将由部分建档立卡人口和部分非建档立卡人口组成。在建档立卡精准帮扶政策退出后，对临界贫困人口的精准帮扶和脱贫可以发展成为新的常态化精准帮扶机制，这样可以充分利用基层已经建立的扶贫资源和经验优势。每隔一段时间，按更新的低保标准的1.5倍识别出临界贫困人口对其开展精准帮扶，实现收入增长达到给定目标，这样可以逐步提高社会底限收入水平。

（三）探索建立长期性低收入人口加快发展战略

拓展脱贫成果的另一项更加重大的任务是实现反贫困战略转型。国内关于反贫困战略转型研究目前面临一个现实困境，即十九届四中全会明确提出建立解决相对贫困长效机制，而十九届五中全会提出巩固拓展脱贫攻坚成果并与乡村振兴有效衔接，这导致一定程度上对相对贫困问题讳莫如深。克服这个困境的突破口在于超越相对贫困，以消除绝对贫困为起点，以走向共同富裕为归依，以广泛的共享发展战略为基础，探索建立包括相对贫困人口在内的底层人口加快发展战略。共享发展战略是全局性宏观战略，是以共享发展理念为指导，对已有具有共享特征的单一战略的优化集成，包括但不限于包容性增长、科教兴国、就业优先、区域协调发展、乡村振兴、新型城镇化、积极社会保护等战略。所谓底层人口加快发展，则是指要实现低收入人口的平均收入以更快速度增长，并能得到更好的社会保护。世界银行2013年以来确立共享繁荣发展战略，将底层人口界定为按收入排序的最低40%人口，要追求他们的收入以更快速度增长，这是其与消除全球绝对贫困并立的另一个宏伟目标①，与中国的共同富裕理念高度一致。

① World Bank, "Poverty and Shared Prosperity 2016: Taking on Inequality", World Bank Group, 2016, p. 23.

按照收入阶层划分，目前中国低收入人口比例高达65%左右，规模达9亿[①]。低收入人口中的一部分将通过努力进入中等收入阶层，但即使到2050年中等收入人口增加一倍，也还有5亿多低收入人口，这些人将长期处于低收入状态。借鉴慢性贫困概念，本报告将其中收入更低的部分定义为长期性低收入人口（chronic low-income population）[②]。这意味着，直到2050年，中国社会底层40%人口中的绝大部分都将是长期性低收入人口。中国社会底层40%人口平均收入水平还很低，甚至可以说将长期处于低收入陷阱，如果不实现较快增长，很难达到现代化或共同富裕要求。解决相对贫困战略的覆盖范围是有限的，无法关照到所有长期性低收入人口。但是反过来，针对长期性低收入人口的战略则可以较好地涵盖相对贫困、临界贫困人口。中国长期性低收入人口规模为5.6亿，大约3.8亿在农村，占农村人口的70%。如果以农村常住人口为基数，则其40%底层人口规模为2.2亿；相对贫困发生率在20%以内，其人口规模在1亿以内。从长期看，中国促进共享繁荣发展在农村的总目标群体达3.8亿。为了循序渐进，在中短期内可先以2亿多农村底层40%人口为对象。由于长期性低收入人口往往面临能力、机会、资源、区位乃至制度等多方面约束，为了促进他们的更快发展，除了国家层面的共享发展战略和格局外，还需要实施差异化和针对性帮扶措施，并辅以日益完善的社会保护体系，这将是“十四五”的主要探索性任务。

三　巩固拓展脱贫攻坚成果过渡期的两阶段安排

中央决定，对摆脱贫困的县从脱贫之日起设立5年过渡期。这个制度安排使得以县为单位，每个脱贫县都能公平地获得5年过渡期的资源和政策支

① 数据来源为CHIP 2018。此处低收入人口定义为2019年家庭年收入低于10万元，或月人均收入2688元。

② 2021年一号文件提出“加强农村低收入人口常态化帮扶”，但没有对其予以界定，从其语境看接近本报告中的“临界贫困人口”。在本文看来，以社会底层40%人口的范围来定义官方的低收入人口更为恰当，其中到2035年之前可以当前农村人口的40%来定义。

持。各脱贫县由于是陆续摘帽的，它们在“十四五”时期将陆续结束过渡期，第一批始于2021年，最后一批将在2025年结束。对于中央政策和全国贫困地区来说，整个“十四五”都是过渡期，但是可以做出细化安排。根据已有研究和现实条件，笔者建议将“十四五”脱贫攻坚5年过渡期划分为两个阶段，以前3年为巩固期，以巩固脱贫成果、建立防止贫困长效机制为重要使命；以整个5年为拓展期，分为两个阶段，即“3+2”，持续拓展脱贫攻坚成果，探索建立包括解决相对贫困在内的共享繁荣发展战略（见图1）。

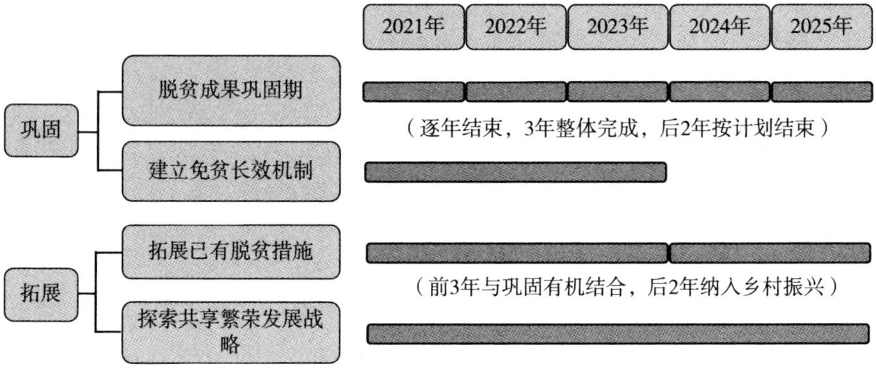

图1　脱贫攻坚过渡期的两阶段安排

（一）以前3年为巩固期，建立防止贫困长效机制

对于巩固脱贫成果的任务来说，笔者建议在工作安排上明确以前3年为巩固期。脱贫攻坚前3年共实现了436个贫困县摘帽，占贫困县的52.40%；其他贫困县虽未摘帽，但贫困人口比例已经降到较低水平。到2018年底，全国贫困人口已经从2012年的近1亿下降到1660万，全部脱贫大局已定。以此类推，到2023年将有超过半数的贫困县以及超过80%的建档立卡户享受了5年的过渡期政策，应该已经积累了足够的巩固效果和政策经验，这是在总体上完成巩固脱贫成果任务的现实基础。过渡期维持扶贫政策总体稳定，并非要静态延续以往政策，而是要以稳定脱贫为前提，逐步实现政策调整，将精准到户政策调整为按申请使用的“政策池”，将无条件享受政策调

整为有条件享受政策，将特惠政策调整为梯次性普惠政策。脱贫县在动态调整巩固政策的同时应探索建立县级防止贫困长效机制。例如兰考县、井冈山市等 28 个 2016 年脱贫县需在 2021 年建立这样的长效机制。县级防止贫困长效机制的建立也是一个不断完善的过程，通过 3 年 400 多个县的努力，应在 2023 年形成全国性统一方案，用于指导其他近 400 个脱贫县在后两年里采用。

（二）采取“3＋2”两阶段拓展期，拓展脱贫成果，实现反贫困战略转型

如前所述，拓展脱贫成果有拓展和壮大已有的脱贫措施和实现反贫困战略转型两大任务，有着鲜明的发展和创新导向，使命重大。因此需以整个“十四五”为拓展期，但是可以弹性地划分为两个阶段。在前 3 年，拓展已有脱贫措施实际上是与巩固脱贫攻坚成果的举措一体化实施的。到 2023 年，对已有扶贫产业的进一步培训、新型扶贫移民社区的治理改进、农村劳动力就业服务和支持体系的完善以及扶贫资产优化管理都应当完成主体性任务，并能够纳入乡村振兴工作体系。如果开展临界贫困人口帮扶，也应该建立起相应的体制机制和政策体系。对于反贫困战略的转型则需要以整个 5 年为期，开展大量试验和探索。在国家层面，应主要探索如何改进城乡住户调查和贫困监测的覆盖面、代表性和准确性，期望建立具有县级代表性的住户调查体系，利用改进的住户调查数据实施不同标准下的贫困和低收入群体的动态监测分析；研究部门与政府部门合作攻关，研究探索向欠发达地区和低收入人口倾斜、普惠与梯次性特惠相结合的共享繁荣发展支持战略和政策机制。预期到 2025 年，之前的农村扶贫开发和消除绝对贫困的战略将转型为包括解决相对贫困在内、面向更大范围长期性低收入人口的共享繁荣发展战略。

四　巩固拓展脱贫攻坚成果与乡村振兴衔接的基本思路

巩固拓展脱贫攻坚成果与乡村振兴衔接的要义是将现行脱贫攻坚的体制

机制和政策体系，在逐步调整和转型基础上，最终纳入乡村振兴行动体系。脱贫攻坚是一个强大而相对独立的工作体系和政策体系，具有非常强的集成性功能，具有排他性和结果导向性。未来随着脱贫攻坚体制的退出，新体制的建立还需要一个较长的摸索和完善过程。脱贫攻坚体制机制转型需要满足巩固拓展脱贫攻坚成果的需要，不能采取急停方式，而是要采取“嵌入”思路，建立具有包容性和阶梯式分类特征的乡村振兴治理和政策体系。根据本报告提出的巩固拓展思路，未来包含了共享繁荣发展战略的乡村振兴需要实现多部门联合治理，刚刚设立的国家乡村振兴局职能也需要进行拓展和转型。总的来说，脱贫攻坚体制具有特惠性、政府主导性、计划性、攻坚性等特征；而未来的乡村振兴体制则应更多地呈现普惠性、居民和企业自主性、市场性、常规性、梯次性等特征。

（一）由乡村振兴部门统筹协调包容性经济振兴措施

过去的开发性扶贫措施，包括产业发展、扶贫车间、就业促进、资产收益扶贫、小额贷款、发展集体经济、新型经营主体培育等，都要逐渐转型为乡村振兴中的经济振兴措施，建议统一由乡村振兴部门统筹协调，但是具体管理及政策落实由相关部门归口管理。乡村振兴中的开发性措施应鼓励所有农户参与，追求多多益善。为增强乡村经济振兴措施的包容性，每类措施都应建立不同等级的支持政策，从一般低收入户到相对贫困户、临界贫困户，所享受的政策支持力度不断加大。以技能培训为例，一般低收入户可能要支付一定的培训费用；而相对贫困户可享受一定的补助；临界贫困户不仅可以享受补助，还可以享受基层政府部门及社区采取的相应激励政策。

（二）由民政部门统筹协调保障性措施，实施长效农村贫困救助机制

在脱贫攻坚期，针对贫困户的保障性扶贫措施由民政部门以及各相关部门分别管理，由扶贫部门集中统筹，体现以贫困户为中心的特征。精准扶贫中采用的主要保障性扶贫措施包括教育扶贫、健康扶贫、危房改造、饮水安

全保障、最低生活保障等。这种情况下，各项保障措施在建档立卡户和其他居民之间的执行是割裂的，前者享受了特殊的优待，而且增加了行政成本。随着过渡期的推进以及稳定脱贫程度提高，这些保障性措施应逐渐恢复各自的一体化管理，各类居民一视同仁，都依据自身条件去享受相应水平的福利，建档立卡户如果家庭条件足够好就不再享受额外福利。

过渡期结束后，如果按照本研究的建议，建立防止贫困的长效农村贫困救助机制，那么该贫困救助机制应该由民政部门来集中统筹管理。与低保不同的是，未来的农村贫困救助是一种综合救助，对于符合条件的家庭，需要提供最低收入保障以及教育、健康、安全住房、安全饮水、技能培训等一揽子救助服务，这就需要根据多维贫困定义设立联合救助标准，与相关部门建立联动救助机制。

易地扶贫搬迁项目及人口的后续扶持及社区管理是巩固拓展脱贫攻坚成果的一项重点任务。从衔接的角度看，基于搬迁项目管理及搬迁人口稳定脱贫的要求，其过渡期也应当有一定的期限，但未必是按县脱贫时间计算起点，可以按照安置区项目建成时间计算起点。移民社区的巩固管理可以设置最长5年过渡期，符合条件的社区，尤其是中小型社区，可以提前结束。过渡期后的扶贫社区的中长期社区建设和管理任务，可以移交给民政部门来统一管理。

（三）筹建高级别议事机构，推动实施共享繁荣发展战略

随着国务院扶贫开发领导小组以及扶贫办的撤销和国家乡村振兴局的成立，本研究建议的促进长期性低收入人口加快发展战略短暂地面临没有机构可以担责的局面。全社会底层40%人口（长期性低收入人口）以农村居民为主，但广泛分布于城乡，且规模巨大，涉及领域多，农业农村部门或民政部门都无法单一地承担如此重任。从长远发展考虑，建议筹建一个新的国务院议事协调机构——促进共享繁荣发展战略委员会，负责制定和推动实施共享繁荣发展战略。促进共享繁荣发展战略的主要任务包括制定宏观战略，研究变化趋势和规律，领导制定多部门发展支持政策，协调政策落实等，目的是促进低收入人口的收入增长以及社会保护的加强。考虑到其职责的综合性和长期性，国务院促进共

享繁荣发展委员会宜设立在国家发展和改革委员会。农业农村部、人社部、民政部以及国家乡村振兴局将是该委员会的核心组成部门。

（四）在建档立卡数据库基础上组建新的共享繁荣发展数据库

记录建档立卡贫困户、贫困村以及贫困县的信息系统法定名称是全国扶贫开发信息系统，俗称建档立卡系统，记录着3000多户近1亿人的贫困及脱贫信息。建档立卡数据库为打赢脱贫攻坚战做出了突出贡献。但是也需要指出，这个系统具有无法进行自动识别、扩展困难、与外部信息系统缺少联系通道等缺陷。因此，从农村精准扶贫转向实施共享繁荣发展战略时，住户信息系统的扩展既是必要的，也需要进行重大改组和优化，建立新的共享繁荣发展数据库。对此，东南亚新兴人口大国印尼的经验可资借鉴。印尼在经济发展水平不如中国的情况下，采纳共享繁荣发展理念，采取统一识别方法，在全国范围内按倒序法识别出底层40%人口，建立社会保护项目统一数据库（UDB）。印尼人口前几年大约为2.5亿，其底层40%人口规模约为1亿左右，与中国建档立卡人口规模持平。中国如果要为农村常住人口建立40%底层人口数据库，则规模可达2.2亿；如果将来建立城乡统一的数据库，则最大规模可达5.6亿。共享繁荣发展数据库应具有以下基本特征：分布式云管理，底层数据库建在当地；自动化，根据住户信息自动识别和归类；开放性，与人口、社保、工商管理、住房管理、人民银行征信等系统联通；可及性和共享性，成为各类发展支持和社会保护政策的统一信息来源，面向社会有限开放。

（五）促进村级发展和保护治理体系和治理能力现代化

正如建档立卡和精准扶贫对贫困户脱贫功不可没一样，驻村帮扶和“双包”制度①对贫困村及村内贫困户脱贫也发挥了至关重要的作用，概言

① 驻村帮扶即向贫困村派驻第一书记和扶贫工作队；“双包”制度即由对口帮扶单位包村和帮扶责任人包户。

之，这大大增强了贫困村基层治理能力，引入新资源、新观念、新力量。但是客观评价，脱贫攻坚期贫困村外来治理力量的加强只是在一定程度上改善了村内的治理机制和治理能力，并没有带来治理能力实质性大幅度改善，还不足以承担广泛的乡村振兴重任。如果在乡村振兴框架下既要开展“五个振兴”，又要建立贫困救助机制以及针对底层人口的梯次性发展支持帮扶体系，那么必须继续增强村级治理，推动村级发展和保护治理体系和治理能力现代化。其要点可概括为三点：一是加强基层党建和优化社区自治，培养本地人才，充分发挥村民代表议事及决策作用；二是“因村精准派人”，做好新时代乡村振兴驻村帮扶；三是采取采购服务、志愿者下乡、公共服务岗位轮岗等方式，加强农村公共服务和社会工作力量。

G.12
构建新型工农城乡关系的基础与思路

苏红键*

摘　要： 乡村振兴、新型城镇化与城乡融合发展构成了当前中国城乡发展的主旋律，其目标是构建新型工农城乡关系。近年来，中国总体工农城乡关系持续改善，城乡收入、产业、服务、基建、文化、治理等领域均等化或融合发展水平全面提升。当前构建新型工农城乡关系主要存在农民增收困难、农村土地利用低效、农业农村人才缺乏等难点。未来要以促进城乡要素流动和资源统筹为突破口，以发挥农业农村的多功能性为核心内容，以“四化同步”为战略路径，以城乡居民福祉增进和均等化为根本目标，推动形成新型工农城乡关系。

关键词： 新型工农城乡关系　城乡融合　乡村振兴　新型城镇化

十九届五中全会和2021年中央一号文件①均提出加快形成“工农互促、城乡互补、协调发展、共同繁荣的新型工农城乡关系”，这是对中国工农城乡发展远景的描述，与以往重工轻农、重城轻乡、城乡分割的发展特征相对应，与近年来城乡统筹、城乡一体化、城乡融合发展的表述一脉相承。这一提法，与《共产党宣言》中提出的“把农业和工业结合起来，促使城乡对

---

* 苏红键，经济学博士，中国社会科学院农村发展研究所副研究员，研究方向为城镇化与城乡发展。

① 《中共中央 国务院关于全面推进乡村振兴加快农业农村现代化的意见》。

立逐步消除”相呼应，符合马克思主义关于城乡关系必然从对立走向融合的历史辩证法，体现了中国特色社会主义乡村振兴道路的科学性和创新性。本文分析了中国工农城乡关系的现状特征以及构建新型工农城乡关系的难点，借此提出相应的构建思路和政策建议。

一 中国工农城乡关系现状

近年来，中国总体工农城乡关系持续改善，各领域均等化或融合发展水平不断提升，为构建新型工农城乡关系打下了扎实的基础。

（一）总体工农城乡关系持续改善

改革开放以来，第二产业占 GDP 的比重长期在 40% ~50% 波动，近几年降到 40% 以下，而城镇化率则表现为稳步提高的态势（见图 1），这一过程实现了从“城镇化滞后于工业化”到“城镇化与工业化协同推进”的转变。农业增加值比重在经历早期波动阶段之后，自 20 世纪 90 年代以来持续降低，从 1990 年的 26.6% 降至 2019 年的 7.1%，同期农业就业比重从 60.1% 降至 25.1%。其中，自 2002 年前后农村富余劳动力大规模外出务工以来，农业就业比重快速降低，第二产业就业比重快速提高，经济结构、就业结构快速调整；2010 年以来，随着城镇化率超过 50%，我国进入城市型社会，第二产业增加值比重和就业比重均开始趋稳并有所降低，第三产业增加值比重和就业比重不断提高。与此同时，自 2014 年新型城镇化战略推进和户籍制度改革以来，大部分城市已经陆续取消或放宽落户条件，这促进了一部分流动人口实现落户，常住人口城镇化率和户籍人口城镇化率的差距开始缩小，近年来，维持在 16.2 个百分点，市民化与城镇化保持同步推进，到 2019 年，两类人口城镇化率分别为 60.60% 和 44.38%。

（二）城乡收入差距不断缩小

自 2002 年以来，随着城乡统筹和城乡发展一体化的推进，中国城乡居

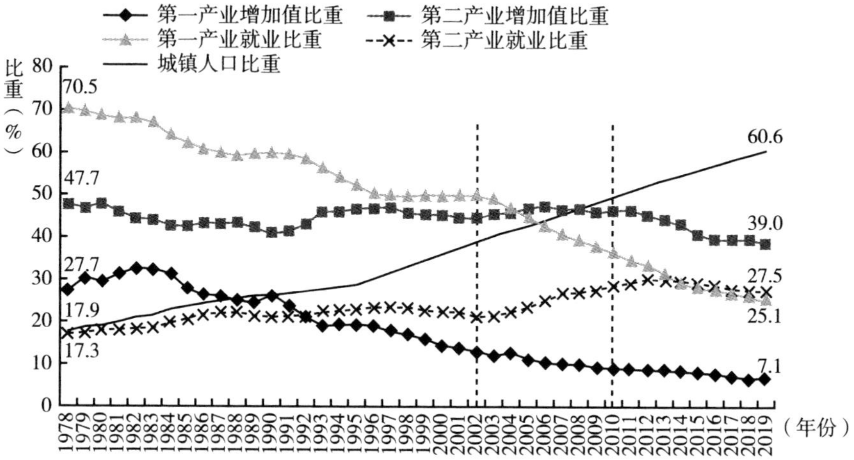

图 1　中国工农城乡结构演进（1978～2019 年）

资料来源：根据《中国统计年鉴》相关年份数据计算和绘制。

民收入比在21世纪第一个10年稳定在3.10左右，并于2010年（3.11）开始逐步降低，得益于乡村振兴战略、脱贫攻坚和农民增收支持政策①，2019年城乡居民人均可支配收入比降到2.64，2020年降至2.56。同期各地城乡收入比也不断降低，同时表现出“富裕的不均等化”和“不富裕的均等化”并存的现象（见图2）。2019年，城乡收入比高于全国总体水平的省份均属于西部地区，甘肃、贵州、云南最高，分别为3.36、3.20、3.04，其收入水平也显著低于全国平均水平。北京、广东的城镇居民收入水平较高，但城乡收入比与全国总体水平接近，分别为2.55、2.56，表现出富裕的不均等化现象。收入较高、城乡收入比较低的地区包括天津、浙江、上海、江苏等地，分别为1.86、2.01、2.22、2.25；黑龙江、吉林、河南、湖北、江西等东北、中部地区省份虽然收入水平不高，但城乡收入比显著较低，分别为2.07、2.16、2.26、2.29、2.31，表现出不富裕的均等化现象。

① 《国务院办公厅关于完善支持政策促进农民持续增收的若干意见》（国办发〔2016〕87号）。

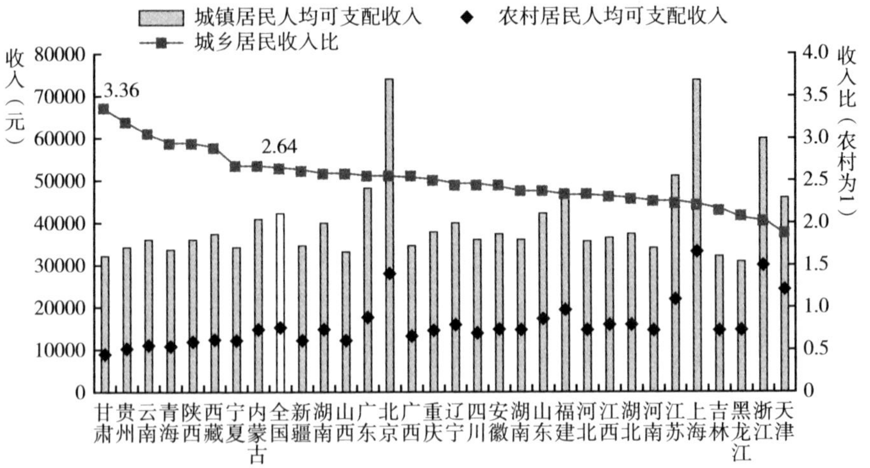

图 2　2019 年全国总体和各地城乡收入情况（按收入比降序排列）

资料来源：根据《中国统计年鉴 2020》计算和绘制。

（三）城乡产业融合发展水平不断提升

在乡村振兴和城乡融合发展战略背景下，伴随农村一二三产业融合发展[①]的推进，工农融合发展、城乡产业融合发展水平不断提升。第一，农产品产业链不断完善。农产品加工业持续发展，2019 年，农产品加工业营业收入超过 22 万亿元，规模以上农产品加工企业 8.1 万家，吸纳 3000 多万人就业[②]。农产品商贸物流、农机、种子、化肥、农药等农产品上下游产业链不断完善。第二，乡村旅游促进城乡全域旅游发展。近年来，在农业农村部、文化和旅游部的支持下，各地建设了一批乡村旅游精品景点和线路。根据农业农村部数据，2019 年，休闲农业接待游客 32 亿人次，营业收入超过 8500 亿元。第三，农村电商促进城乡电商一体化发展，农村网络零售和农

① 《国务院办公厅关于推进农村一二三产业融合发展的指导意见》（国办发〔2015〕93 号）、《国务院办公厅关于支持返乡下乡人员创业创新促进农村一二三产业融合发展的意见》（国办发〔2016〕84 号）。

② 《全国乡村产业发展规划（2020～2025 年）》（农产发〔2020〕4 号）。

产品上行规模均不断扩大，农村快递物流快速发展。根据商务部大数据监测[①]，2019 年全国农村网络零售额达 1.7 万亿元，占全国网络零售总额的 16.1%；农产品上行规模快速增长，2019 年农产品网络零售额达 3975 亿元，同比增长 27.0%。截至 2019 年底，全国 55.6 万个建制村直接通邮，实现全覆盖，乡镇快递网点覆盖率达到 96.6%。与此同时，智慧农业快速发展、城乡商贸物流体系不断完善、城乡金融保险全面推进等，共同促进了工农业、城乡产业融合发展。

（四）城乡服务均等化水平不断提升

近年来，随着城乡基本公共服务均等化的推进，教育、医疗、社会保障等领域服务均等化水平不断提升。第一，随着教育均等化的推进，外出务工人员子女基本实现了自主选择在本地或务工地接受义务教育，2019 年外出务工人员子女中，普通小学随迁入学占比 55.17%；初中随迁入学占比 46.24%[②]。由此，当前城乡教师资源配置方面，乡村的师均学生数显著少于城区和镇区（见表 1）。第二，乡村医疗卫生条件不断改善，城乡医疗资源基本配置差距不断缩小，2019 年，乡村每千人口卫生技术人员 4.96 人，城乡比降至 2.24，每千人口医疗卫生机构床位 4.81 张，城乡比降至 1.83。设卫生室的村庄比重不断提高，2019 年达到 94.8%，大部分省份实现全覆盖。同时，随着乡村交通条件改善、医疗保险制度不断完善，各地农村居民对城市优质医疗资源的可获得性显著提高。第三，养老保险和医疗保险基本实现了应保尽保、城乡统一。自 2014 年起，各地将新农保和城居保两项制度合并实施，建立了统一的城乡居民基本养老保险[③]。自 2016 年起，各地整合原城镇居民医保和新农合，实现城乡居民医疗保险的“六统一”[④]。

---

① 商务部电子商务和信息化司：《中国电子商务报告 2019》。

② 《中国统计年鉴 2020》。

③ 《国务院关于建立统一的城乡居民基本养老保险制度的意见》（国发〔2014〕8 号）。

④ 统一覆盖范围，统一筹资政策，统一保障待遇，统一医保目录，统一定点管理，统一基金管理。《国务院关于整合城乡居民基本医疗保险制度的意见》（国发〔2016〕3 号）。

表1 教育与医疗资源城乡配置情况（2015年和2019年）

类别	教育资源				类别	医疗卫生资源			
	师均学生数（初中）（人）		师均学生数（小学）（人）			每千人口卫生技术人员（人）		每千人口医疗卫生机构床位（张）	
	2015年	2019年	2015年	2019年		2015年	2019年	2015年	2019年
总体	12.41	12.88	17.05	16.85	总体	5.84	7.26	5.11	6.30
城区	12.96	13.12	18.96	18.42	城市	10.21	11.1	8.27	8.78
镇区	12.62	13.08	18.01	17.63	农村	3.90	4.96	3.71	4.81
乡村	10.89	11.65	14.57	14.01	比值	2.62	2.24	2.23	1.83

资料来源：根据《中国统计年鉴》相关年份计算和整理。

（五）城乡基建一体化水平不断提升

近年来，在乡村振兴战略背景下，村庄道路等公共设施和新型基础设施建设快速推进，城乡基础设施领域的一体化水平显著提升。一方面，村庄道路、供水、燃气、垃圾污水处理等基础设施建设有序推进（见表2），村容村貌明显改善。2015年以来道路长度、硬化道路长度、道路面积年均分别提高7.58%、19.18%、10.16%；集中供水行政村比例和普及率不断提高，2019年分别达78.29%和80.98%；燃气普及率快速增至31.36%；排水管道沟渠长度年均提高18.75%；农村生活垃圾收运处置体系已覆盖全国90%以上的行政村，农村生活污水治理水平不断提高，95%以上的村庄开展了清洁行动。另一方面，随着农业农村信息化和数字乡村建设①的推进，中国城乡“数字鸿沟”不断缩小。截至2020年底，城镇地区互联网普及率为79.8%，农村地区普及率为55.9%②，相差23.9个百分点，较2018年底（36.2个百分点）大幅缩小。同时，电信普遍服务试点累计支持超过13万个行政村光纤网络通达和数万个4G基站建设，行政村通光纤和4G网络比

① 2018年陆续发布的《中共中央 国务院关于实施乡村振兴战略的意见》《乡村振兴战略规划（2018～2022年）》和2019年中央一号文件均提出了“实施数字乡村战略”，2019年5月印发了《数字乡村发展战略纲要》（苏红键，2019）。

② 中国互联网络信息中心：第47次《中国互联网络发展状况统计报告》，2021年2月3日。

例均超过98%。乡村公共服务数字化水平不断提高，全国中小学（含教学点）互联网接入率从2016年底的79.2%提高到2020年11月的99.7%，远程医疗基本实现县级全覆盖。

表2　2015年和2019年村庄公共设施建设情况

项目	2015年	2019年	年均增长率(%)	项目	2015年	2019年	年均增长率(%)
集中供水的行政村比例(%)	65.58	78.29	3.18	燃气普及率(%)	21.35	31.36	2.50
供水普及率(%)	63.42	80.98	4.39	集中供热面积(万平方米)	11794	28598	24.79
村庄内道路长度(公里)	2393072	3205824	7.58	排水管道沟渠长度(公里)	582129	1157519	18.75
其中：硬化道路(公里)	810091	1634591	19.18	对生活污水进行处理的行政村比例(%)	11.44	不断提高[a]	—
村庄内道路面积(万平方米)	1600857	2357633	10.16	对生活垃圾进行处理的行政村比例(%)	62.20	90以上[a]	—

资料来源：根据《中国城乡建设统计年鉴》相关年份计算和整理。a表示资料来源为农业农村部网站，http://www.moa.gov.cn/ztzl/nyncfzcj/202012/t20201220_6358884.htm，《农村面貌持续改善 社会事业稳步发展》，2020年12月20日。

（六）城乡文化交流融合水平不断提升

近年来，乡风文明建设在移风易俗方面取得了显著成效，乡村公共文化服务水平不断提高，新媒体技术、大规模人口迁移极大促进了城乡文化交流和融合。第一，为有效遏制陈规陋习，树立文明新风，提升农村精神文明建设水平，有关部门联合发布了《关于进一步推进移风易俗建设文明乡风的指导意见》①，

① 中央农村工作领导小组办公室、农业农村部、中央组织部、中央宣传部、中央文明办、教育部、民政部、司法部、文化和旅游部、共青团中央、全国妇联：《关于进一步推进移风易俗建设文明乡风的指导意见》，2019年9月4日。

之后，各地积极推进乡风文明建设①，积累了丰富经验。第二，乡村公共文化服务质量不断提高。2019年，乡镇文化站33530个，超过当年乡镇区划数（30234个）②，乡镇文化站功能不断提升，从业人员不断增加，组织文艺活动、训练班、培训、展览等数量均不断增加，带动群众业余文艺团体数从2015年的22.9万个提高到2019年的27.1万个，极大丰富了乡镇文化活动，有利于构建积极健康的乡镇文化氛围。第三，农村网络普及极大促进了城乡文化交流。互联网的发展，特别是短视频等新媒体技术的繁荣发展，促进了城乡文化的交流、碰撞与融合，成为城乡边界消解、城乡文化拼接的重要平台③。第四，城镇化和人口迁移的过程也是城乡文化融合的过程。20世纪90年代后期开始的快速城镇化，新增了4亿左右的城镇化人口，其中有2亿左右的城乡两栖人口④，乡城移民为主的城市人口结构和大量城乡两栖人口，极大促进了城乡文化交流和融合。

（七）城乡治理现代化水平不断提升

近年来，市域社会治理现代化的推进、新技术在社会治理中的应用以及各地在基层治理中的模式创新，提高了城乡治理一体化和现代化水平。第一，十九届四中、五中全会均提出“推进市域社会治理现代化”的要求，城市治理体系和城乡基层治理体系不断完善。在此次新冠肺炎疫情防控中，市域社会治理体系发挥了重要作用，积累了丰富经验。第二，随着农业农村信息化、智慧城市和数字乡村建设的推进，“互联网+社区”“互联网+政务服务”不断向农村地区延伸，乡村治理数字平台建设、乡村公共服务数

① 《农业农村部办公厅关于推介首批全国村级“乡风文明建设”优秀典型案例的通知》，http：//www.moa.gov.cn/nybgb/2020/202005/202006/t20200608_6346047.htm，2020年6月8日。

② 《中国统计年鉴2020》。

③ 姬广绪：《城乡文化拼接视域下的“快手”——基于青海土族青年移动互联网实践的考察》，《民族研究》2018年第4期。王建华、苏日古嘎：《场域理论视角下城乡文化融合类短视频探析》，《新闻论坛》2020年第2期。

④ 苏红键：《城乡两栖视角落户意愿研究》，《贵州社会科学》2020年第7期。

字化、公共管理数字化、公共安全保障数字化等方面的水平不断提高。据调查，2/3 的村庄建有村民微信群，1/2 左右的村民通过微信群获取村务公开信息、通过网上政务服务平台办理业务①。第三，为落实《关于加强和改进乡村治理的指导意见》②，在乡村治理实践中，围绕建立完善“党组织领导的自治、法治、德治相结合的乡村治理体系”的要求，各地探索形成了一系列典型经验③。

二　构建新型工农城乡关系的主要难点

当前构建新型工农城乡关系的难点，主要体现在农民增收渠道较少、农村土地利用低效、农业农村人才缺乏三个方面。

（一）农民增收渠道较少

对于农村居民来说，农业经营的增收功能较弱，就近或外出务工是增收的主要渠道。从城乡居民人均可支配收入来源看（见表 3），农村居民收入中工资性收入贡献最大，2019 年为 41.09%，且呈现逐年提高的态势；经营净收入占比约 35.97%，比重逐年降低；财产净收入占比最小，仅为 2.36%，基本稳定。分地区来看，东部地区农村居民的工资性收入比重最高，达 53.66%，经营净收入比重最小，仅为 26.34%，财产净收入比重最高，为 3.31%；中部地区的工资性收入高于经营净收入，且转移净收入比重最高（23.93%）；西部和东北地区以经营净收入为主，工资性收入比重较低，其人均可支配收入显著低于东部和中部地区水平。从城乡居民收入结

① 冯献、李瑾、崔凯：《乡村治理数字化：现状、需求与对策研究》，《电子政务》2020 年第 6 期。

② 中共中央办公厅、国务院办公厅印发《关于加强和改进乡村治理的指导意见》，http://www.gov.cn/zhengce/2019-06/23/content_5402625.htm，2019 年 6 月 23 日。

③ 中央农办、农业农村部 2019 年推介首批 20 个乡村治理典型案例，2020 年第二批推介 34 个典型案例。《中央农村工作领导小组办公室秘书局 农业农村部办公厅关于推介第二批全国乡村治理典型案例的通知》（中农秘〔2020〕3 号）。

构比较来看，农村居民的工资性收入、财产净收入比重显著低于城市居民。结合各地各类收入来源与收入水平的关系来看，农村居民工资性收入与总收入显著正相关，而经营净收入与总收入的关系并不大，甚至存在一定的负相关关系。这与农业经营收入较低有关，特别是对于粮食类作物，据调查①，2019 年，亩均总收入平均约 1200 元，自耕亩均净收入 700 ~ 800 元。

表 3　城乡居民人均可支配收入来源与结构（2019 年）

单位：元，%

结构	人均可支配收入	工资性收入	经营净收入	财产净收入	转移净收入
农村收入水平	16021	6584	5762	377	3298
农村收入结构		41.09	35.97	2.36	20.58
其中：东部	22613	53.66	26.34	3.31	16.70
中部	15177	39.48	35.04	1.54	23.93
西部	11831	29.94	38.71	2.24	21.42
东北	11507	21.80	36.72	2.22	14.26
城镇收入水平	42359	25565	4840	4391	7563
城镇收入结构		60.35	11.43	10.37	17.85
其中：东部	51264	62.02	9.26	12.08	16.63
中部	36499	58.01	12.88	8.67	20.44
西部	32994	57.27	10.31	7.04	17.69
东北	25755	44.23	7.78	3.69	19.30

资料来源：根据《中国统计年鉴 2020》计算和整理。

（二）农村土地利用低效

随着人口乡城迁移，土地资源表现出显著的城乡错配，在城市建设用地紧缺的同时，农村土地利用效率较低。当前，很多地区均有着与城市建设用地体量接近的农村集体建设用地，违规开发或低效开发问题严重，呈现“一边楼宇经济，一边瓦片经济”的状态。根据图 3，伴随城镇化进程，乡

① 中国社会科学院乡村振兴数据库（2020 年）。

村常住人口规模不断降低，从 1990 年的 8.41 亿人提高到 1995 年最高时的 8.59 亿人之后，逐步降至 2019 年的 5.52 亿人，同期村庄户籍人口基本稳定，从 7.92 亿人波动式降至 7.76 亿人，仅减少 0.16 亿人，农村户籍人口总量基本稳定，这意味着存在约 2 亿左右的村庄户籍人口属于城乡两栖人口。比较可见，1990～2019 年，乡村常住人口减少近 3 亿人，村庄住宅建筑面积从 159 亿平方米增加到 255 亿平方米，增加近 100 亿平方米。

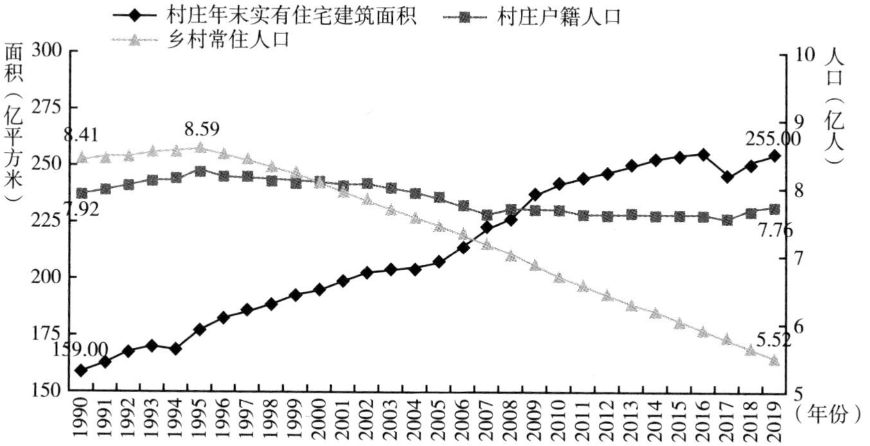

图 3　村庄户籍人口、乡村常住人口与村庄住房情况（1990～2019 年）

资料来源：根据《中国城乡建设统计年鉴》（2019）和《中国统计年鉴 2020》相关数据绘制。

（三）农业农村人才缺乏

当前，农业农村人才缺乏主要体现在较高的人口抚养比和较低的平均受教育水平方面。据统计（见表 4），2018 年，乡村地区人口抚养比为 49.90%，高于全国总体水平（40.44%）和镇水平（39.49%）近 10 个百分点，高于城市总体水平近 20 个百分点；其中中部地区的人口抚养比最高，东北地区总体的和乡村的人口抚养比均最低，分别为 23.95% 和 26.54%。自 2015 年以来，各类人口抚养比均显著提高，主要是由于老龄化和全面开放二孩政策引起的。人口学历结构方面，2018 年，各地区乡村人口高中及以上学历的比重仅15.22%，约为总体比重（31.56%）和镇水平（29.63%）的一半，不到城市水平（51.48%）的1/3；东部地区的人口学历水平最高，东北地区的人口学历水平最低。与2015年相比，各地区总体和乡村的平均学历水平均显著提高，这与2015年前后鼓励返乡创业就业[①]以及2017年开始的乡村振兴战略紧密相关。

表4　2015年、2018年全国各地区城乡人口结构特征

单位：%

地区	各地区人口抚养比				各地区人口高中及以上学历比重			
	总体	城市	镇	乡村	总体	城市	镇	乡村
2018年全国	40.44	31.54	39.49	49.90	31.56	51.48	29.63	15.22
其中:东部	36.47	31.14	35.29	43.94	39.55	53.69	32.66	20.00
中部	42.99	34.59	39.64	51.19	31.01	52.42	32.27	16.20
西部	38.00	29.65	34.83	45.11	25.30	45.47	27.39	12.40
东北	23.95	21.81	24.55	26.54	23.99	37.82	21.97	8.64
2015年全国	36.97	27.78	35.87	45.38	29.77	50.82	30.03	13.71
其中:东部	33.26	27.70	33.27	40.18	36.58	51.21	31.05	17.46
中部	39.88	29.96	36.61	47.53	29.30	49.09	26.34	15.16
西部	36.19	26.57	32.89	42.64	23.39	44.68	27.62	10.88
东北	21.91	20.37	21.36	23.97	22.61	37.86	21.31	6.65

注：人口抚养比为0～14岁与65岁及以上人口之和与15～64岁人口数的比值，学历比重为占6岁及以上人口比重。

资料来源：根据《中国人口和就业统计年鉴》相关年份计算和整理。

三　构建新型工农城乡关系的总体思路

中国城镇化将在2035年达到75%左右，进入稳定阶段，意味着中国大规模的人口乡城迁移或转化还将持续十多年[②]。未来一段时期，要以促进城

① 《国务院办公厅关于支持农民工等人员返乡创业的意见》（国办发〔2015〕47号）。

② 苏红键：《中国流动人口城市落户意愿及其影响因素研究》，《中国人口科学》2020年第6期。

乡要素流动和资源统筹为突破口，以发挥农业农村的多功能性为核心内容，以四化同步为战略路径，以城乡居民福祉增进和均等化为根本目标，推动形成工农互促、城乡互补、协调发展、共同繁荣的新型工农城乡关系。

（一）促进城乡要素流动和资源统筹

促进城乡要素双向自由流动、统筹利用城乡各类资源，是完善城乡融合发展体制机制和政策体系①的主要目标，是构建新型工农城乡关系的突破口。

一要促进城乡劳动力自由流动。对于常年外出务工人员，通过系统性的户籍制度改革、农村土地制度改革、城市保障制度改革，促进其市民化。对于城乡两栖人口，通过农村集体产权制度改革和土地制度改革，提高其有偿转让和退出农村权益的主观能动性。对于返乡入乡创业就业人员，探索制定乡村落户制度。对于城镇单位就业人员，加强城乡人才合作交流机制，为乡村振兴提供人才支持。

二要促进城乡土地资源统筹利用。在完成确权颁证工作基础上，积极探索创新承包地流转模式，保护好农民权益，保障好经营者利益，切实提高耕地利用率和生产效率。积极探索城乡建设用地统筹利用，完善农村集体建设用地和宅基地整理、腾退和指标交易机制，完善有偿退出机制，提高农村集体建设用地使用效率。在试点基础上，积极探索完善集体经营性建设用地入市制度。

三要促进城乡公共服务资源优化配置和共享。完善城乡教育联合体模式，促进城乡教师交流和教育资源共享，优化教育资源配置，提高教育资源质量，提高农村子女入学的自主选择权，实现城乡教育公平。完善县域医共体模式，建立完善分级诊疗制度，改善乡镇卫生院和村卫生室条件，提高农村居民对优质医疗资源的可获得性。建立完善城乡统一的多层次养老服务体

① 《中共中央 国务院关于建立健全城乡融合发展体制机制和政策体系的意见》，2019 年 4 月 15 日。

系。继续完善城乡公共文化服务体系、城乡统一的社会保险制度、城乡社会救助体系和便民服务体系。

四要规范引导资本和技术入乡。规范和完善社会资本入乡机制，引导社会资本与集体经济组织合作开展农业经营，鼓励社会资本进入农村二三产业，切实保护好各方利益，促进共赢。鼓励涉农技术创新、成果转化和推广机制，促进智慧农业发展和数字乡村建设，推进农业农村现代化。

（二）科学发挥农业农村的多功能性

通过乡村振兴，科学发挥农业农村在生产、生活、生态、文化、政治等领域的多功能性，是实现工农互促、城乡互补、构建新型工农城乡关系的核心内容。

一是生产功能。发挥农业的食品和原材料生产功能，保障城乡居民生活和产业发展。积极推进农业供给侧结构性改革，提供符合消费结构的产品，提升农产品品质和附加值，提高农业效益、促进农民增收。对于粮食生产功能区和重要农产品生产保护区，要加强耕地保护，完善补偿性政策。

二是生活功能。积极推进城乡一体的公共服务、基础建设、生活服务等，提高乡村生活品质，促进“城乡等值化”。发挥农业农村的休闲养生功能，因地制宜发展乡村旅游和休闲农业，创新发展都市农业、康养农业、田园综合体等新业态。

三是生态功能。牢固树立绿水青山就是金山银山的理念，坚持“山水林田湖草是生命共同体”的系统思想，加强乡村生态文明建设，发挥农业农村生态系统的气候调节、土壤保护、水源涵养、生物多样性功能。推进农业绿色发展，积极发展生态农业，提高农业生态系统整体效益。加强农村污染防治，实施农村人居环境整治，建设美丽宜居乡村。

四是文化功能。发挥农业农村传承农耕文化、乡风习俗的功能，促进城乡文化交流与融合。充分发挥人口迁移、新技术、新业态等在城乡文化交流中的作用，推动乡村文化传播，促进城乡文化融合创新发展。加强乡村农耕文化遗产、地方和民族文化资源、传统特色工艺产品、传统村落、传统文化人才等的保护和合理利用，显化乡村文化价值。

五是政治功能。发挥农业农村对乡城迁移人口的保底功能，农村土地制度改革要充分尊重农民意愿，兼顾其生活能力，保障其进城返乡的自主选择权。要重视农业基础性地位，落实新形势下国家粮食安全战略，扎实推进藏粮于地、藏粮于技，持续提升粮食综合生产能力、供给保障能力，确保“中国饭碗任何时候都要牢牢端在自己的手上”。

（三）“四化同步”促进工农城乡协调发展

同步推进工业化、信息化、城镇化和农业农村现代化（乡村振兴），是实现工农城乡协调发展、构建新型工农城乡关系的战略路径。

一要协同推进乡村振兴与城镇化，促进农业农村现代化和城乡融合发展。新型城镇化与乡村振兴战略之间存在相互依存的关系。要积极稳妥推进以人为核心的新型城镇化，充分发挥城镇化进程中的集聚经济效应、农民增收效应和贫困转移效应等，提高城乡居民收入水平和均等化水平。通过乡村振兴促进农村产业发展，提高农村居民收入水平和农村教育、医疗、养老等公共服务水平，缩小城乡发展差距，促进城乡融合发展。

二要紧抓新一轮科技革命浪潮推进四化同步，实现工农城乡协调发展。新一轮科技革命以新信息技术为核心，是工业化和信息化融合发展的产物，借此推进四化同步，有利于实现工农城乡协调发展。积极推进新技术应用于农村产业，大力发展智慧农业、农村电商、智慧乡村旅游等新业态，促进农业现代化；积极推进新技术应用于乡村建设，大力推进农业农村信息化，以数字乡村建设为抓手推进教育、医疗、养老、环境、安全等各领域智慧应用，促进农村现代化；以城乡一体化的新基建和新技术，促进智慧城乡融合发展。

（四）实现城乡居民福祉增进和均等化

增进居民福祉，实现均等化，促进人的全面发展，是城乡共同繁荣、构建新型工农城乡关系的根本目标。

一要拓展农民增收渠道。加强各类涉农培训，提高农民人力资本水平。促进县域产业发展，增加农民就地就近就业机会，提高工资性收入。培育发展新型农业经营主体，完善利益联结机制，促进农产品增值，提高经营净收入。推进农村集体产权制度改革，完善农村集体产权权能，提高财产净收入。进一步强化农民转移性收入保障机制，统筹整合涉农资金，完善直接补贴政策和长效机制。

二要统筹城乡贫困治理。在实现巩固拓展脱贫攻坚成果同乡村振兴有效衔接的基础上，加快制定统筹城乡贫困治理的顶层设计，实施救助、预防、开发和成长“四位一体”的帮扶计划。实施救助性帮扶，保障城乡低收入群体基本生活水平，明确救助标准和救助方式。实施预防性帮扶，加强社会保障领域改革，提高城乡低收入群体抵御风险能力。实施开发性帮扶，重视城乡低收入群体教育和培训，通过人力资本提升实现可持续的收入增长。实施成长性帮扶，重视贫困儿童关爱，加强城乡低收入群体子女成长和教育支持。

三要提高城乡居民综合福祉。居民福祉不仅包括经济福祉，还包括精神福祉和健康福祉等人的全面自由发展维度。精神福祉方面，提高教育资源供给质量，确保教育公平，完善职业培训体系，构建终身学习体系，加强精神文明建设，提升城乡居民文化素养和精神福祉。健康福祉方面，推进城乡医疗服务高质量发展，提高健康管理水平，完善养老服务体系，优化城乡人居环境，提升城乡居民身体素质和健康福祉。

四　构建新型工农城乡关系的政策建议

立足当前工农城乡关系基础，加快完善乡村振兴政策体系，统筹推进土地、户籍及其附属权益制度改革，为构建新型工农城乡关系提供政策支持。

（一）完善乡村振兴政策体系，促进农业农村现代化

城乡发展不平衡主要在于农村发展不充分，完善乡村振兴政策体系，促

进农业农村现代化，是构建新型工农城乡关系的重点。围绕乡村振兴的目标和农业农村的多功能性，在乡村振兴顶层设计基础上，可以从产业政策、生态政策、文化政策、治理政策、增收政策五大领域制定乡村振兴政策体系。产业政策方面，重点要加强农业高质量发展、农村一二三产业融合发展、农村新业态发展、返乡创业就业等方面的政策支持。生态政策方面，重点要加强农业生产的污染防治、农村生活的污染处理以及乡村生态环境建设等方面的政策支持。文化政策方面，重点要加强乡风文明建设、公共文化服务等方面的政策支持。治理政策方面，重点要加强乡村治理模式创新、基层组织建设、集体经济组织发展、安全生产生活等方面的政策支持。增收政策方面，重点要加强各类收入持续增长、公共服务和社会保障、就业与人力资本提升等方面的政策支持。

（二）实现城乡土地统筹利用，促进资源优化配置

城乡二元土地制度是土地资源错配的重要原因，为此要加快土地制度改革，积极推进按照常住人口配置土地资源，优化城乡土地资源配置，实现城市科学增长。要科学落实人地挂钩，改变当前城市之间、城乡之间土地资源短缺和低效闲置并存的局面。城市建设用地指标人地挂钩是城市用地的基本规定，在实际操作中，很多城市规划过程中通过各种方式高估规划人口，以争取更多的土地指标。为此，要提高人口统计和预测的科学性，避免以各种方式高估规划人口等。对于人口净增长为负或稳定的城市或县城，应加强建设用地指标管理，谨慎扩张；对于人口迁入和增长较快的城市，应适当放松建设用地指标配置，制定合理的城市扩张战略和大都市区发展战略。同时，要稳步推进农村土地制度改革，探索创新农业转移人口“带资进城”“带指标进城”的模式，实现城乡建设用地指标与农业人口转移挂钩。

（三）推进户籍与相关权益脱钩，回归人口登记管理制度

户籍制度是中国特色的引导人口迁移的制度，从户籍制度渐进式改革的历程来看，当前亟须取消户籍壁垒，使户籍回归本义，最终实现人口自由迁

移。户籍制度是依法收集、确认、提供住户人口基本信息的国家行政制度，其基本功能是身份证明、人口统计和社会管理。之所以说“回归”，是因为在新中国成立之初，户口管理制度的初衷是对人口迁移进行登记和管理。之后，伴随城乡二元制度与城乡二元结构的演化，户籍附属的权益不断调整。让户籍制度回归人口登记管理的本质，是要在基本公共服务均等化的基础上，通过“回归”，实现包括最低生活保障、住房保障、政治权利、非义务教育等更广泛的权益均等化。根据当前户籍制度改革的进展，其难点主要在一些500万以上人口迁入压力较大的超大、特大城市，可通过科学落实推进城市各类资源、服务与常住人口挂钩，提高各类公共服务和社会保障的统筹层次，实现各类群体权益均等化，攻克户籍制度改革的最后难关。

参考文献

冯献、李瑾、崔凯：《乡村治理数字化：现状、需求与对策研究》，《电子政务》2020年第6期。

姬广绪：《城乡文化拼接视域下的“快手”——基于青海土族青年移动互联网实践的考察》，《民族研究》2018年第4期。

苏红键：《未来工农城乡关系：一片新蓝海！》，《半月谈》2020年第22期。

苏红键：《中国流动人口城市落户意愿及其影响因素研究》，《中国人口科学》2020年第6期。

苏红键：《城乡两栖视角落户意愿研究》，《贵州社会科学》2020年第7期。

苏红键：《我国数字乡村建设基础、问题与推进思路》，《城市》2019年第12期。

王建华、苏日古嘎：《场域理论视角下城乡文化融合类短视频探析》，《新闻论坛》2020年第2期。

G.13 健全农业专业化社会化服务体系的对策

芦千文*

摘　要：健全农业专业化社会化服务体系是加快农业现代化的重要支撑。农村改革以来，农业社会化服务体系建设经历了农业服务体系市场化改革探索、农业社会化服务体系建设、新型农业社会化服务体系建设三个时期，成为中国特色农业现代化道路的重要内容。当前，农业社会化服务体系的突出问题是专业化服务能力不足，表现在部分公共服务机构“有形无实”、人员知识结构滞后且普遍借调他用、服务力量分散且布局不合理、服务方式与现代农业发展趋势“脱节”，导致公益性农业服务体系专业化服务能力不足；全产业链专业化服务力量薄弱、农业生产性服务业发展不均衡、面向小农户的服务组织体系不健全、各类服务平台重复无序发展，导致市场化农业服务供给面临专业化升级瓶颈。面向2035年农业现代化的要求，必须主动适应农业现代化演变趋势，按照市场化、多元化、集成化、规模化的思路，推动形成多元共享型农业社会化服务新格局，把农业专业化社会化服务体系建设成中国特色农业现代化道路的突出亮点。

关键词：农业现代化　服务体系　农业专业化服务

* 芦千文，管理学博士，中国社会科学院农村发展研究所农村组织与制度研究室助理研究员，主要研究方向为农业生产性服务业、农业经济史。

2035年基本实现社会主义现代化远景目标，首先要坚持农业农村优先发展，补齐农业农村现代化的短板。加快推动农业现代化离不开现代农业服务体系的引领和支撑。党的十九届五中全会通过的《中共中央关于制定国民经济和社会发展第十四个五年规划和二〇三五年远景目标的建议》就深化农村改革首次明确提出“健全农业专业化社会化服务体系”。2021年中央一号文件提出“发展壮大农业专业化社会化服务组织”。在脱贫攻坚和全面建成小康社会目标如期实现转入全面推进乡村振兴之际，对建设农业社会化服务体系提出“专业化”的新要求，具有丰富的政策含义，有助于在农业社会化服务体系建设的关键时期顺利实现战略转型。作为农业现代化的引领支撑，探讨如何提高农业社会化服务体系的专业化水平，以及如何推动健全农业专业化社会化服务体系具有重要意义。

一　农业社会化服务体系建设历程

目前的农业社会化服务体系，是以新中国成立后国家逐步建立起来的政府主导的农技、农机、植保、供销、信用等农业服务体系为基础，以农村改革启动后对农业服务体系的市场化改革为起点，逐步建立和不断完善起来的。主要经历了如下几个时期。

（一）农业服务体系市场化改革探索：1978～1989年

农业社会化服务是由农业外部的社会力量提供的农业服务，也就是由市场主体或社会组织为农业生产提供的服务。农村改革启动后，国家率先恢复了被取消或整合的农技、供销、信用等服务体系，强化人民公社－生产队（大队）的农业生产服务职能。但随着家庭承包制的普及，分散化、零碎化的小农户服务需求逐步替代集中化、规模化的农业服务需求。政府主导的农业服务体系不适应这种变化，服务无法导入小农户生产过程。家庭承包制改革，激发了小农户的农业服务需求。但处于改革过程中的人民公社－生产队（大队）组织体系和随后建立起来的农村集体经济组织，农业服务职能迅速弱化甚至消失，不能弥补小农户的农业服务需求缺口，造成农业生产和农民增收难题。为此，国家逐步放开对农业服务供给的限制，允许农民自办农业服务（重点支持农民自发的合作组织），并将承包制改革引入农业服务领域，鼓励涉农服务部门和农村集体经济组织成立服务实体，以市场手段增加农业服务供给，调动多元社会力量的积极性。1983 年中央一号文件首次提出“社会化服务”概念，要求各地“通过技术承包制，建立科技示范户、技术服务公司、生产科技联合体、科技普及协会等等”①。1984 年中央一号文件专门提到“必须动员和组织各方面的力量，逐步建立起比较完备的商品生产服务体系，满足农民对技术、资金、供销、储藏、加工、运输和市场信息、经营辅导等方面的要求。这是一项刻不容缓的任务”，支持发展各种服务性专业户②。随着政策的逐步放开，大量的农业服务户、农民技术协会等自办合作组织，以及政府涉农服务部门、村集体、供销社等自办或联办的农业服务公司发展起来。各地还发展了“贸工农一体化”“产供销一条龙”的综合型服务组织。这些初步形成的社会化服务供给，弥补了农户迅速增长的农业服务缺口。

（二）农业社会化服务体系建设阶段：1990 ~ 2007年

社会力量在农业服务供给中的有效性和重要性凸显出来后，国家明确提出建设农业社会化服务体系。1990 年 12 月，中共中央、国务院明确要大力发展农业社会化服务体系，要求“各级党委和政府，特别是县乡两级，要做好发展和健全农业社会化服务体系的组织工作”，“帮助、督促和引导当地各种服务组织在产前产中产后的服务中发挥各自的作用”③。这是中央文件首次明确提出“农业社会化服务体系”。1991 年 11 月 29 日，党的十三届

① 《中共中央关于印发〈当前农村经济政策的若干问题〉的通知》，中国经济网，http://www.ce.cn/xwzx/gnsz/szyw/200706/07/t20070607_ 11633455.shtml。

② 《中共中央、国务院转发农牧渔业部和部党组〈关于开创社队企业新局面的报告〉的通知》，中国经济网，http://www.ce.cn/xwzx/gnsz/szyw/200706/07/t20070607_ 11633904.shtml。

③ 《中共中央、国务院关于一九九一年农业和农村工作的通知》，中国经济网，http://www.ce.cn/xwzx/gnsz/szyw/200706/15/t20070615_ 11773480.shtml。

八中全会提出“积极发展农业社会化服务体系，是深化改革的一个重要任务，是调动社会各方面力量，促进农村生产发展的一项战略措施”[①]。此后，建设农业社会化服务体系始终是深化农村改革的一项重要工作。1991 年 11 月，国务院颁发的《关于加强农业社会化服务体系建设的通知》，是农业社会化服务体系建设的标志性文件，是此后近十年时间里推动农业社会化服务体系建设的重要依据。

在农村市场化改革的背景下，建设农业社会化服务体系的重心是逐步调动社会化、市场化力量参与农业服务供给的积极性。随着社会化、市场化农业服务力量的增强，农业社会化服务体系建设导向出现明显的转折。20 世纪 90 年代，基本沿着“以乡村集体或合作经济组织为基础，以专业经济技术部门为依托，以农民自办服务为补充，形成多经济成分、多渠道、多形式、多层次的服务体系”的方向，从农民急需的服务入手，由单项服务向多项服务、系列服务、综合配套服务发展，逐步理顺部门关系、形成合力，建设适合不同地区的、多样化的农业社会化服务体系。[②] 对政府涉农服务部门以及供销社、信用社等，通过承包制或成立服务实体等市场化改革措施，增强农业服务职能。但由于各级地方政府对农业投入的减少，涉农服务部门和供销社、信用社等的农业服务体系弱化的问题持续存在。尽管通过出台农技推广法等措施加强服务体系建设，但基层服务体系仍然出现了普遍的网破、线断、人散问题。

进入 21 世纪，中央高度重视解决“三农”问题，加大了对农业社会化服务体系建设的投入，开始将其分为公益性和经营性服务体系分别推进。这是农业社会化服务体系建设的重要转折。2002 年，中共中央、国务院提出“逐步建立起分别承担经营性服务和公益性职能的农业技术推广体系”，公

---

① 《中共中央关于进一步加强农业和农村工作的决定》，中国经济网，http://www.ce.cn/xwzx/gnsz/szyw/200706/17/t20070617_11787345.shtml。

② 《国务院关于加强农业社会化服务体系建设的通知》，《中华人民共和国国务院公报》1991 年 8 月 17 日。

益性技术工作所需经费由财政供给。[①] 2003 年，中共中央、国务院进一步明确，“按照经营性服务和公益性职能分开的要求，改革农业科技推广体制”，公益性职能所需经费由财政供给，一般性技术推广工作和经营性服务项目逐步走向市场[②]。2005 年中央一号文件进一步提出“按照强化公益性职能、放活经营性服务的要求，加大农业技术推广体系的改革力度”，对公益性技术推广工作，各级财政要在经费上予以保证；将一般性技术推广和经营性服务分离出去，按照市场化方式运作。[③] 政府集中力量支持公益性服务，推动了各级农技推广机构的职能完善、能力提升。同时，将一般性和经营性服务交由市场，激活了市场主体活力，调动了多元主体积极性，培育了农业服务产业。这一思路迅速扩大到农业社会化服务体系的其他领域。

（三）新型农业社会化服务体系建设阶段：2008年至今

以财政经费保障公益性服务，公益性服务供给能力迅速增强，推动农业社会化服务体系建设进入新的阶段。中央一号文件持续关注“三农”，出台了一系列惠农强农政策，推动农业不断加快发展，对农业服务提出了更多更高更新的要求。2006 年中央一号文件提出要“鼓励、引导和支持农村发展各种新型的社会化服务组织”[④]。2008 年 10 月，党的十七届三中全会提出“建设覆盖全程、综合配套、便捷高效的社会化服务体系，是发展现代农业的必然要求”，并明确要“加快构建以公共服务机构为依托、合作经济组织为基础、龙头企业为骨干、其他社会力量为补充，公益性服务和经营性服务相结合、专项服务和综合服务相协调的新型农业社会化服务体系”[⑤]。2013

① 《中共中央、国务院关于做好 2002 年农业和农村工作的意见》，《浙江政报》2002 年第 8 期。

② 《中共中央、国务院关于做好农业和农村工作的意见》（中发〔2003〕3 号）。

③ 《中共中央、国务院关于进一步加强农村工作提高农业综合生产能力若干政策的意见》，农业农村部网站，http：//www. moa. gov. cn/nybgb/2005/derq/201806/t20180617_ 6152394. htm。

④ 《中共中央、国务院关于推进社会主义新农村建设的若干意见》，中国政府网，http：//www. gov. cn/gongbao/content/2006/content_ 254151. htm。

⑤ 《中共中央关于推进农村改革发展若干重大问题的决定》，中国共产党新闻网，http：//cpc. people. com. cn/GB/64093/64094/8194418. html。

年中央一号文件进一步明确，“要坚持主体多元化、服务专业化、运行市场化的方向，充分发挥公共服务机构作用，加快构建公益性服务与经营性服务相结合、专项服务与综合服务相协调的新型农业社会化服务体系”。[①] 这一时期，农业社会化服务体系建设有三个明显变化。

1. 财政经费进一步聚焦农业公共服务

党的十七届三中全会强调要加强农业公共服务能力建设，“力争三年内在全国普遍健全乡镇或区域性农业技术推广、动植物疫病防控、农产品质量监管等公共服务机构，逐步建立村级服务站点”。[②] 农业公共服务能力建设的范围逐步扩大至水利、气象、土地流转、市场体系等。财政经费主要用于基层机构人员队伍、办公条件等的改善。

2. 支持发展农业生产性服务业

对于经营性服务，由简单的交由市场，转向支持发展农业生产性服务业，发展农业现代化的战略性产业。2017 年 8 月，农业部、国家发展改革委、财政部联合发布了《关于加快发展农业生产性服务业的指导意见》，提出要发展“服务结构合理、专业水平较高、服务能力较强、服务行为规范、覆盖全产业链的农业生产性服务业”，并把农业生产托管作为主推服务模式[③]。随后，农业生产社会化项目聚焦农业生产托管，推动了农业生产托管在全国的迅速兴起。2013 ~2020 年共安排资金 190 亿元。

3. 推进公益性和经营性服务结合发展

由推动公益性和经营性服务分别发展，转向以通过政府购买服务方式，支持市场服务主体参与公益性服务供给，形成了公益性和经营性服务结合发展的新格局。支持的重点主要有两个方面，即由市场服务主体承担公益性农业技术或生产服务的推广普及任务，如统防统治、深松深耕、废弃物资源化

① 《中共中央、国务院关于加快发展现代农业进一步增强农村发展活力的若干意见》，中国政府网，http：//www. gov. cn/gongbao/content/2013/content_ 2332767. htm。

② 《中共中央关于推进农村改革发展若干重大问题的决定》，中国共产党新闻网，http：//cpc. people. com. cn/GB/64093/64094/8194418. html。

③ 《农业部、发展改革委、财政部关于加快发展农业生产性服务业的指导意见》，中国政府网，http：//www. gov. cn/gongbao/content/2018/content_ 5271797. htm。

利用等专业化服务业务；搭建区域性农业社会化服务综合平台，面向农业经营主体提供集成型、全程化、一站式的综合性服务。

经过这一时期，农业社会化服务体系发展的新格局已经形成。农业社会化市场服务主体成为主力军。农业生产性服务业已经成为乡村产业振兴和农业现代化的战略性大产业，成为促进小农户衔接现代农业的重要驱动力量。公益性服务体系在聚焦农业公共服务的同时，组织体系基本健全，服务能力逐步增强，服务职能逐步拓展，基本实现组织体系、服务职能的全覆盖。在农业生产性服务业迅速发展的带动下，市场服务主体兴办的各类区域性和专业性服务中心，正在成为农业服务供需匹配的纽带和桥梁，为公益性和经营性服务融合发展创造了有利条件。

二　农业社会化服务体系建设的专业化瓶颈

对照面向2035年农业现代化远景目标的现实需求，农业社会化服务体系建设还存在很多短板，集中体现在专业化支撑和引领能力不足。党的十九届五中全会提出“健全农业专业化社会化服务体系”，抓住了面向未来建设农业社会化服务体系的痛点。农业社会化服务体系的专业化短板或者造成专业化短板的原因，主要有以下几个方面。

（一）公益性农业服务体系专业化服务能力不足

近年来，以财政经费保障公益性服务供给，聚焦公共服务机构建设，有效解决了公益性服务体系“网破、线断、人散”的问题，但新的问题随之出现。

1. 部分公共服务机构“有形无实”

虽然农业公共服务机构组织体系、办公条件、覆盖范围已经得到明显改善，但在县级及以下的机构改革调整过程中，部分公共服务机构被虚设或撤销，导致有职能无机构、无职能有机构的现象同时并存。如有些地方农经机构和队伍被撤销，相应职能无法落实或转接不畅，导致与此有关的农业经营和服务主体的服务工作、信息统计工作不能有效开展。乡镇所属的农业服务机构，统称为“七站八所”，承担农技、植保、农机、水利、农经、良种、供销、信用等公益性农业服务职能，在改革过程中多数被整合、撤销，不少机构仅保留“牌子”，实际上已经无法开展服务工作，或者改制为市场服务实体而逐步消失。这使得县级、乡镇的涉农服务机构，不能满足农业现代化过程中日益强烈、更新和升级的公益性服务需求。

2. 人员知识结构滞后，普遍借调他用

虽然以财政经费保障农业公共服务机构运行和公益性服务供给，稳定了农业公益性服务队伍，但人员老化、知识结构滞后的问题仍亟待解决。这使得公益性农业服务体系，不能满足迅速新增的专业化服务需求，如新型主体孵化培育，集约化、标准化、绿色化技术方案，以及小农户衔接现代农业等。农业生产性服务业的发展，使公共服务机构的业务范围逐步缩小。这使得县级、乡镇的涉农服务机构业务迅速减少，不少工作人员处于无所事事的状态。这些服务机构多为事业单位，开展业务的数量是其经费和人员收入的重要依据。业务少意味着收入低，对人才的吸引力小，不利于留住人才，服务机构出现空编、空岗问题。很多地方的农业行政部门，便借调涉农服务机构人员从事其他方面工作，导致公益性服务能力进一步弱化。

3. 公益性服务力量分散，布局不合理

政府涉农服务部门、供销等服务系统的机构主要是按照县域和乡镇的行政单元设置。不同职能或业务的服务机构，一般按照条块化设置，有的还分属于不同的行政部门，导致公益性服务力量分散，难以整合，不容易形成合力。这也造成基层服务机构的冗余。现代农业的发展，需要服务资源在区域或产业层面的集中集聚。不同服务业务集中集聚的辐射范围不一。如农技服务机构、气象服务机构的服务范围往往超过乡镇或县域。如果按照乡镇或县域设置，就容易造成机构冗余、功能不足。现实是，县级和乡镇政府，都设置了承担不同职能或业务的服务机构。这是造成不少服务机构“形同虚设”、服务职能弱化的重要原因。围绕产业建立的公益性服务体系，辐射范围往往更大。这就需要按照不同服务内容的特征，突破行政区划的限制，科学合理地布局公益性服务机构。

4. 服务方式与现代农业发展趋势“脱节”

农村改革以来，公益性服务体系的完善，主要是围绕适应家庭承包户（也就是小农户）的需求变化，不断调整服务内容和方式。在中国农业现代化推进过程中，新型农业经营主体和服务主体迅速成长起来，成为现代农业发展的骨干力量。小农户仍是主要的农业经营主体，但其农业服务需求主要通过市场服务主体表达。公益性农业服务的主要需求方已经转变为新型农业经营主体和服务主体。相比小农户综合化、便利性的服务需求，新型农业经营主体和服务主体主要需要高质量、专业化、增值性的公益性服务，尤其是对科技含量高、创新驱动强的服务需求强烈。这为公益性服务体系创新服务职能、完善服务方式提供了机遇。可以借助新型农业服务主体的“二传手”作用、新型农业经营主体的示范作用，把公益性服务导入小农户农业生产过程。同时，也对公益性服务体系的服务能力提出了挑战。前三项问题的存在，使得公益性服务体系离适应这种变化还存在明显的缺口。

（二）市场化农业服务供给专业化短板亟待补齐

1. 全产业链专业化服务力量薄弱

农业生产性服务业已经形成了多元主体竞相发展的格局，如农业服务户、集体经济组织、农民合作社、企业等在各自领域发挥比较优势。但受需求结构的影响，面向全产业链的专业化服务力量明显不足。农业服务需求由农业经营主体结构决定。中国以小农户为主，新型农业经营主体发育不足。受此影响，农业服务的供给结构主要是适应了小农户需求。小农户的农业服务需求，主要集中在产中环节的作业服务，且需求层次低，导致农业服务供给结构以产中环节的简单作业服务为主。虽然新型农业经营主体的专业化服务需求强烈，且更需要产前产后和全产业链层面的服务。受其发育滞后导致的需求规模小的影响，全产业链层面的专业化服务供给市场难以发育，农业服务公司等专业化服务力量难以发展起来。全产业链层面的专业化服务主要是科技创新、品牌塑造、产品营销、冷链物流、电子商务、法律中介、信息咨询、金融保险等。这些是现代农业产业链、供应链、价值链的重要支撑。

2. 市场服务供给产业覆盖不均衡

目前，农业社会化服务的市场供给主要是面向机械化水平高的大田作物，尤其是平原地区的粮食作物。面向经济作物、特色作物、畜禽水产养殖和丘陵山区的农业服务市场化供给，发展较为滞后。经济作物、特色作物、畜禽水产养殖等的升级发展，更需要专业化服务。这些领域的农业专业化服务发展滞后，已经成为其现代化的重要瓶颈。而丘陵山区，受限于土地细碎、道路崎岖、设施薄弱等，机械设备难以使用，农业服务供给成本高，市场化服务力量发育滞后。丘陵山区农业老龄化严重，离开了农业服务的支撑，容易造成耕地粗放经营甚至弃耕撂荒。

3. 面向小农户的服务组织体系不健全

小农户与现代农业发展有机衔接是中国农业现代化的主要难题，瓶颈在于现代农业生产要素难以导入小农户生产过程。面向小农户的专业化服务是破解这一难题的有效办法。然而，面向小农户的专业化服务，面临很高的服务供给和组织成本。小农户规模小、土地碎，如果不组织起来形成集中连片的服务需求，很难匹配专业化服务供给，且专业化服务的降本提质效果难以显现。这也是市场机制作用下，专业化服务主体倾向新型农业经营主体，而不愿意为小农户提供服务的重要原因。化解面向小农户的服务组织成本和供给成本的有效办法，是提高农民组织化程度，实现小农户服务需求的集中连片。但目前，能起到这一作用的村集体经济组织、农民合作社、中介机构（或经纪人）发展不充分或者质量不高，不能有效组织小农户对接专业化服务。小农户的服务组织体系发育不起来，也就无法发挥专业化服务促进小农户与现代农业发展有机衔接的作用。

4. 各类服务平台重复无序发展端倪显露

面向区域或产业搭建服务平台，集成集聚资源，提供综合性服务，是推动公益性服务与经营性服务结合发展的有效途径，也是统筹小农户和新型农业经营主体需求、迅速抢占农业服务市场的有效策略。目前，大型的农业服务企业都在布局面向区域或产业的服务平台，建设县、乡、村服务中心

（站、点），搭建现代农业服务组织体系和服务网络。面向区域或产业的服务平台，往往是农业服务的中心组织者，需要不同服务主体的协同配合和有效合作。然而，各大型农业服务企业以及供销、邮政、中化、国有粮食企业等涉农企业集团，在建设各自的服务平台及相应的组织体系和服务网络时，缺乏沟通协调，出现了空间上重叠、业务上重复、功能上雷同的问题。再加上，近年来政府涉农服务部门大力推进综合性服务中心建设，使得各类服务平台已经出现低水平重复扩张和无序甚至恶性竞争的发展局面。不少县域、乡镇集中了很多各式各样的服务中心、服务站点，不仅起不到整合服务资源、搭建服务网络的作用，反而分散了服务资源，加剧了恶性竞争，导致农业生产性服务业的专业化服务支撑作用无法体现。不少企业兴建的服务平台已经处于闲置状态。

三 健全农业专业化社会化服务体系的思路

将专业化作为面向2035年的农业社会化服务体系建设方向，需要满足推进农业现代化对专业化服务的需求，并为推动农业现代化提供引领和支撑。健全农业专业化社会化服务体系，要顺应新型农业经营主体和服务主体迅速培育、小农户衔接现代农业需求分化以及农业生产性服务业加速发展引致的专业化社会化服务需求变化，按照市场化、多元化、集成化、规模化的思路，推动形成“政府引导、市场主导，主体多元、形式多样，便捷高效、全链受益”的多元共享型农业社会化服务新格局。要经过一个时期的深化改革和实践探索，把农业专业化社会化服务体系建设成中国特色农业现代化道路的突出亮点。

（一）主动适应农业生产性服务业发展

农业生产性服务业是中国农业现代化的战略性产业，是实现小农户与现代农业发展有机衔接的关键性产业。农业生产性服务业的发展，改变了公益性与经营性服务的边界，使公益性服务的范围逐步缩小至基本公共服务，同时，也改变了公益性与经营性服务的关系。农业社会化服务体系建设和改革过程中，经营性服务一直作为公益性服务改善的辅助手段。农业生产性服务业的发展，使公益性服务成为经营性服务或农业服务市场化供给的促销手段。这一转变为公益性与经营性服务融合发展创造了机遇，也为公益性服务机构提高效率、创新职能提供了条件。适应农业生产性服务业的发展趋势，农业专业化社会化服务体系建设，要主动调整公益性服务体系改革方向，进一步聚焦基本公共服务，逐步将部分公益性服务业务交由市场主体；要借助农业生产性服务业发展，创新服务方式，提高业务水平，补齐与现代农业发展需求的差距；要满足农业生产性服务业发展对公益性服务的新需求，拓展质量监督、标准规范、教育培训等服务内容，推动公益性服务体系由服务供给向资源整合转型发展。

（二）积极服务新型农业经营主体和服务主体培育

健全农业专业化社会化服务体系，必须瞄准专业化服务需求的动态演变。专业化农业生产性服务需求的主力军是家庭农场、种养型合作社、农业企业等新型农业经营主体，供给的主力军是服务型农民合作社、农业服务公司、龙头企业以及行业协会、联盟、联合体等新型农业服务主体。农业专业化社会化服务体系的建设，要首先围绕孵化和培育新型农业经营主体和服务主体展开。一是推动公益性服务体系转型。新型农业经营主体和服务主体发展需求，集中在高水平的基本公共服务和专业化的创新资源导入、集成化的优质要素对接，不再局限于产中环节或生产全程，而是拓展到全产业链，尤其是供应链、价值链关键支撑服务。这要求公益性服务体系，在做好基本公共服务的基础上，更好发挥孵化平台作用，拓展和提升农业全产业链服务功能。二是培育新型农业服务主体。提高农业社会化服务专业化水平的着力点是培育新型农业服务主体。培育新型农业服务主体，要注重处理好招引外部工商企业与孵化本地服务主体的关系。要优先把本地的农业服务户、服务型农民合作社发展成富有活力的新型农业服务主体，并引导新型农业经营主体向服务主体转型发展，增强农业生产性服务业发展的本土根植性。同时，也要重视引进农业全产业链薄弱环节的外部工商企业，导入创新资源和优质要素。

（三）创新搭建小农户衔接现代农业的桥梁

健全农业专业化社会化服务体系，要把促进小农户与现代农业发展有机衔接作为重要目标。2021年中央一号文件提出“发展壮大农业专业化社会化服务组织，将先进适用的品种、投入品、技术、装备导入小农户”。[①] 前述已经提出，面向小农户的农业专业化服务存在组织和成本难题，需要跨越小农户规模细小、土地零碎、生产分散造成的服务供给障碍。这也是通过专业化社会化服务向小农户导入先进技术、要素和方式的主要障碍。以健全完善农业专业化社会化服务体系作为小农户衔接现代农业的重要路径，需要消除面向小农户开展服务的组织和成本障碍，畅通专业化社会化服务的入户通道。一是健全面向小农户的服务组织体系。通过村集体经济组织、农民合作社、服务经纪人或中介机构等多种形式，组织小农户统一接受服务，形成集中连片的专业化服务需求。二是推广普及农业生产托管模式。适应小农户全程化农业服务需求演变趋势，以单环节、多环节或全程农业生产托管，打开小农户封闭的农业生产方式，集中集聚放大服务需求，提高服务需求质量，为专业化社会化服务导入小农户创造有利条件。三是搭建现代农业服务网络。适应小农户便捷化、综合化服务需求演变态势，整合区域和产业服务资源，建立不同层次、维度的服务平台，形成区域专业化社会化服务的中心组织者，利用平台经济、网络经济效应，降低专业化社会化服务面向小农户的供求匹配和供给成本。四是促进形成协同带动小农户格局。依托面向小农户的组织体系、服务平台，以新型农业服务主体服务小农户、以新型农业经营主体示范小农户，把小农户接入现代农业服务网络，新

① 《中共中央、国务院关于全面推进乡村振兴加快农业农村现代化的意见》，农业农村部网站，http：//www.moa.gov.cn/xw/zwdt/202102/t20210221_6361863.htm。

型农业服务主体和新型农业经营主体协同带动小农户衔接现代农业的发展新格局。

（四）加快补齐引领支撑农业现代化的能力短板

健全农业专业化社会化服务体系，要适应农业现代化进程，满足农业现代化的新需求，显现对农业现代化的引领支撑能力。一是及时优化提升公益性服务职能。就具体业务而言，统筹考虑当前和未来农业现代化的需求，对公益性服务业务范围进行整理归类，按照撤销、归并、强化等方式，简并过时服务、提升关键服务、突破瓶颈服务、创新急需服务、做好公共服务，为公益性服务机构改革提供依据。要尤其重视增强面向现代农业产业链、供应链和价值链的新兴服务，注重以服务培育新型农业经营主体和服务主体，带动优质资源要素进入农业。二是增强与农业现代化的黏合度。农业现代化的微观主体——新型农业经营主体和小农户在空间上交织在一起，专业化社会化服务需求也是如此。这就要求农业专业化社会化服务体系同时适应新型农业经营主体和小农户的需求方式。有必要在区域层面和产业层面分别对农业专业化社会化服务资源进行整合，实现与现代农业发展的紧密贴合，为农业专业化社会化服务与现代农业融合发展创造基础环境。近年来，各地大力发展区域性综合服务平台，忽视了产业链服务平台，未来应着重加强产业链服务平台建设。2021 年中央一号文件明确提出“支持市场主体建设区域性农业全产业链综合服务中心”。[①] 三是努力提高专业化社会化服务质量。要加强农业专业化服务化管理，制定规范化服务标准和作业技术规范，规范服务主体行为，提高合同约束性和履约率。四是推动专业化社会化服务创新发展。要顺应数字经济发展新趋势，充分运用现代科技和信息化手段，发展线上线下相结合的新型服务业态，不断推进组织方式创新、业态创新和模式创新，推动服务便利化、精细化、品质化发展，切实提高服务供给效率和效能。

---

① 《中共中央、国务院关于全面推进乡村振兴加快农业农村现代化的意见》，农业农村部网站，http：//www. moa. gov. cn/xw/zwdt/202102/t20210221_ 6361863. htm。

四　健全农业专业化社会化服务体系的对策

（一）深化公益性农业服务体系改革

要通过深化改革不断强化公益性服务体系对农业现代化的基础支撑作用。一是整合机构。按照“强化县城综合服务能力，把乡镇建设成为服务农民的区域中心”的要求，对政府涉农服务部门的农技、植保、农机、农经等服务机构进行整合，形成面向区域和产业的公益性服务整体合力，力争一个县级辖区形成一个公益性服务平台，窗口化集成提供各类公益性服务。二是提升业务能力。进一步聚焦基础公共服务的同时，拓展产前和产后公益性服务业务，满足科技创新、创业孵化、资源导入、交流共享、绿色发展、数字经济等现代农业发展新产生的公益性服务需求，尽快形成面向农业全产业链的公益性服务支撑能力。三是优化布局。要改变按照行政单元设置公益性服务机构的格局，探索按照区域或产业建立跨行政区的公益性服务平台，以优化服务机构布局补全基层服务职能。四是建强队伍。通过机构改革充实业务、提升业务能力，增加公益性服务人员收入。同时，加大培训培养力度，加快人才队伍年轻化，促进知识结构更新，满足现代农业发展要求；要加强规范管理，减少或避免对公益性服务机构人员的借调。五是融合发展。加大政府购买公益性服务力度，引导多元市场主体参与公益性服务供给；探索灵活有效的办法，推动公益性服务机构与市场主体兴办的各类服务平台融合发展，通过整合政府资源和社会资源，构建统一的农业专业化社会化服务体系，为农业生产者提供产前、产中、产后全过程综合配套服务。

（二）提高农业社会化服务专业化水平

农业社会化服务专业化水平，由专业化业务和专业化主体的发展来体现。一是大力发展农业专业化服务业务。按照现代农业全产业链发展要求，既要提高产中环节作业服务的专业化水平，也要补齐产前产后和全产业链层面的薄弱环节服务短板，尽快形成农业专业化服务对农业全产业链的引领支撑能力。要通过推广普及农业生产托管模式，推动现代农业生产方式与农业生产作业服务的结合，逐步提高专业化、标准化、规范化服务业务比重。要依托农业生产托管服务，大力发展良种和农资供应、绿色生产、资源回收、分选包装、冷藏保鲜、金融保险等薄弱环节服务，切实增加这些领域的专业化服务有效供给。要推动农业专业化服务由大田作物向经济作物、特色作物，由种植业向林牧渔业拓展业务，发展全程全域覆盖的农业生产性服务业。二是大力培育农业专业化服务主体。农业专业化服务主体就是新型农业服务主体。要采取差异化策略引导农业服务户、服务型合作社、集体经济组织、农业服务公司等不同类型的服务主体强化功能定位，升级为新型农业服务主体，成为专业化社会化服务市场供给的骨干力量；要把专业化社会化服务作为农村集体经济发展的重要选择，支持村集体经济组织发挥组织小农户接受专业化社会化服务的作用；要引导小农户和新型农业经营主体向新型农业服务主体转型；要加快培育现代农业全产业链服务商、关键领域现代农业服务商，以现代农业服务链建设增强中国农业产业链竞争力。

（三）建立农业专业化社会化服务网络

要通过服务平台体系、联合合作机制、利益联结机制的创新发展，建立覆盖全程、便捷高效、利益共享的农业专业化社会化服务网络，集成集聚公益性和经营性服务资源，统筹小农户和新型农业经营主体需求，实现与现代农业的融合发展。一是建设全域覆盖的服务平台。清理现有各部门、各系统设立的涉农服务平台，通过整合优化、引入市场主体等手段激活服务功能。支持社会多元主体兴办或承办面向区域或产业的服务平台，建立县级服务中心、乡镇服务站、村级服务点或代理人的平台组织体系。通过政府购买服务，支持各类服务平台参与公益性服务体系建设，切实增强市场主体运营的服务平台功能。要引导服务平台有序发展、合理布局、公平竞争，将各类服务平台打造成服务资源的集聚中心和中心组织者、农业专业化社会化服务网络的节点，形成区域综合服务平台和全产业链服务平台联动发展的局面。二是健全网络联结的组织体系。要支持各类服务主体加强联合合作，建立联合社、服务联盟、行业协会等，增强服务的组织化、规模化、集约化；要支持农业经营主体与服务主体建立有机联系，成立产业化联合体、产业综合体等，实现农业专业化社会化服务的供需匹配；要支持探索新型农业服务主体带动小农户发展现代农业的组织机制，及时总结推广村集体经济组织、农民合作社等组织小农户参与农业生产托管的经验做法。三是完善共享共赢的利益联结机制。要兼顾农业经营主体和服务主体利益，综合运用价格、资产、服务、股份、组织、互助等手段，探索多形式、多层次、多元化的复合型联结机制，打造全服务链利益共同体，使专业化社会化服务的供求双方和利益相关者均能受益，为农业专业化社会化服务可持续发展筑牢基础。要尤为注重与小农户的利益联结机制建设，使农业专业化社会化服务成为小农户多元化发展路径的有效支撑，让小农户更多分享服务链增值收益、更快成长为现代化经营主体。

参考文献

芦千文、高鸣：《农业生产性服务联结机制的演变与创新》，《华南农业大学学报》（社会科学版）2019 年第 6 期。

芦千文、高鸣：《中国农业生产性服务业支持政策的演变轨迹、框架与调整思路》，《南京农业大学学报》（社会科学版）2020 年第 5 期。

芦千文：《中国农业生产性服务业：70 年发展回顾、演变逻辑与未来展望》，《经济学家》2019 年第 11 期。

芦千文、姜长云：《我国农业生产性服务业的发展历程与经验启示》，《南京农业大学学报》（社会科学版）2016 年第 5 期。

魏后凯：《推动形成农业社会化服务新格局（新论）》，《人民日报》2020 年 11 月 19 日第 5 版。

魏后凯、崔凯：《面向 2035 年的中国农业现代化战略》，*China Economist*，2021 年第 1 期。

G.14
乡村振兴中财政金融协同机制建设

鲍曙光　董翀*

摘　要： 实施乡村振兴战略，需要创新乡村振兴多元投入机制。乡村振兴是财政优先保障领域，但增长相对有限，土地出让收入用于农业农村的比例不高。近年来，财政金融协同支持乡村振兴的模式不断创新，民间资本投向农业农村的资金规模持续增加，领域不断拓展，但仍存在财政保障压力持续增大，资金使用效率不高，财政撬动金融的作用力度不强、创新不足，调整完善土地出让收入使用范围政策存在潜在风险，民间资本投资效率不高，缺少良好的生态环境等问题。因此，财政金融协同支持乡村振兴要注重投入和运营相结合、投入和体制机制改革相结合、强化流量和激活存量相结合、激励和约束机制相结合，进一步推进财政资金管理体制改革，探索专项债、PPP等模式，构建为农村金融市场赋能的政策环境，创新完善农业农村基础设施和公共服务投入运营管理的全过程体系，完善财政金融协同支持乡村振兴的生态环境。

关键词： 乡村振兴　财政金融协同　土地出让收入　民间资本

---

* 鲍曙光，经济学博士，中国社会科学院农村发展研究所助理研究员，研究方向为农村财政、财政投融资；董翀，管理学博士，中国社会科学院农村发展研究所助理研究员，研究方向为农村金融理论与政策。

《乡村振兴战略规划（2018—2022 年）》提出，要健全投入保障制度，加快形成多元投入格局。建立健全投入机制，有赖于财政、金融、民间资本等多元投入及主体间相互协调配合。如何协同财政金融等多元投入，健全投入保障制度，对于实施乡村振兴战略意义重大。

一　当前财政金融协同支持乡村振兴的现状

乡村振兴资金来源于财政、金融等多个渠道，其中，财政支农资金主要来源于一般公共预算收入和土地出让收入。2018 年以来，农业农村投入力度不断加大，投入方式不断创新，保障了乡村振兴战略的顺利实施。

（一）从一般公共预算支出看，乡村振兴是财政优先保障领域，但增长相对有限

从绝对规模看，中国财政农林水支出总量不断增加。如图 1 所示，农林水支出规模从 2010 年的 8130 亿元增长到 2020 年的 23904 亿元，财政支持“三农”的力度不断增大。从增速看，农林水支出平均增长率达到 12.46%，高于同期一般公共预算支出 11.44% 的增长率，体现出农业农村是中国当前财政支出的优先保障领域。但农林水支出波动显著，随着中国经济逐步进入新常态，财政收入增速趋缓，相应的农林水支出增速下降显著。2010 ~ 2015 年，农林水支出增速平均为 17.33%，但 2016 ~ 2020 年的农林水支出平均增速迅速下滑到 6.61%。

（二）土地出让收入用于农业农村的比例不高

中国土地出让收入主要用于成本性支出和非成本性支出，前者包含征地拆迁补偿、前期土地开发等，后者主要用于城市建设、农业农村、保障性安居工程等方面，也可以称为土地出让收益。现有公开资料公布了 2009 ~ 2015 年的全国土地出让收支情况，具体如表 1 所示。根据表 1，土地出让收入用于农业农村的资金规模总体呈波动趋势，2010 年后增长有限，其从

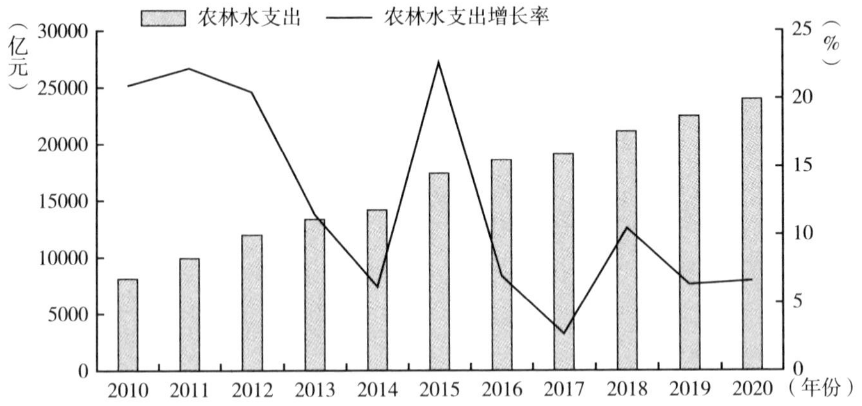

图 1　2010 年以来中国农林水支出规模及增速

资料来源：《中国统计年鉴》（2020）；2020 年数据来自《2020 年财政收支情况》，http：//gks. mof. gov. cn/tongjishuju/202101/t20210128_ 3650522. htm。

2009 年的 1017. 91 亿元上升到 2011 年的 2891. 17 亿元，后有所下降，到 2015 年达到 2528. 17 亿元。从占比看，2012 年以来用于农业农村的支出占土地出让收入的比重在 5. 9% ~7. 5%，用于农业农村的支出占土地出让收益的比重也有类似特征，基本维持在略高于 1/3 的比重。

表 1　2009 ~2015 年中国土地出让收入用于农业农村的资金规模及比重

单位：亿元，%

年份	用于农业农村的资金规模	土地出让收入用于农业农村的比重	土地出让收益用于农业农村的比重
2009	1017. 91	8. 30	22. 39
2010	2249. 54	8. 30	21. 96
2011	2891. 17	8. 70	31. 71
2012	2083. 22	7. 28	36. 38
2013	2685. 21	6. 57	37. 38
2014	2435. 49	5. 91	33. 55
2015	2528. 17	7. 50	36. 73

资料来源：财政部网站及中国政府网。

近几年财政部未披露土地出让收入用于农业农村的比例。但在2020年9月国务院举行的新闻发布会上，农业农村部原副部长韩俊指出，“从2013年到2018年，土地出让支出用于农业农村的资金规模是1.85万亿元，仅占土地出让收益的34.4%，占土地出让收入的6.6%”。[①] 可见，最近几年，土地出让收入用于农业农村的比例基本保持稳定。

2020年，《关于调整完善土地出让收入使用范围优先支持乡村振兴的意见》（以下简称《意见》）印发，要求到“十四五”期末，土地出让收益用于农业农村比例达到50%以上。以2020年全国土地出让收入84142亿元为基础进行测算，如果按照《意见》要求提高两个比例，则“十四五”期末用于农业农村的支出至少会增加2500亿元以上。这一规模并不小，大约相当于11%的2020年农林水支出。提高土地出让收入用于农业农村的比例，有利于改革土地出让收益城乡分配格局，加大对农业农村投入力度，推动加快补齐“三农”发展短板，支撑国家乡村振兴战略规划实施。

（三）财政金融协同支持乡村振兴的模式不断创新

在一般公共预算收入增速有限的情况下，财政支出也面临较大支出压力，仅靠财政难以满足乡村振兴战略实施需要。同时，随着乡村振兴战略的深入推进，农业农村产业结构变化引发金融服务需求的结构性升级，农村各类经营主体的生产经营性资金需求、县域城乡居民的消费性资金需求以及乡村基础设施和公共服务建设的投资性需求猛增，信贷、担保、保险、融资租赁、直接融资等金融服务需求日益旺盛。“十三五”以来，财政撬动金融支持乡村振兴的主要手段包括税收优惠、贴息、奖补、保费补贴等。各级政府进行了大量探索，形成了政（政府）银（行）担（担保）、政（政府）银（行）保（保险）、专项债、产业基金、政府和社会资本合作（PPP）等多种模式。

① 《国务院新闻办就调整完善土地出让收入使用范围有关文件情况举行新闻发布会》，中国政府网，http://www.gov.cn/xinwen/2020-09/24/content_5546664.htm。

以专项债为例，乡村振兴类专项债券是完善政府投资机制、健全多元投入保障机制的重要创新。2019年中央一号文件、《国务院关于促进乡村产业振兴的指导意见》、2020年中央一号文件等都提出，要强化地方政府债券资金对乡村振兴的支持力度。在国家政策指导下，各地方开始探索乡村振兴类专项债，形成了一系列成功经验。2018年8月，四川省财政厅发行的四川省泸县乡村振兴专项债（一期）是地方政府首次发行乡村振兴类专项债。随后，各地政府开始逐步探索发行乡村振兴专项债。截至2021年2月，根据中国地方政府债券信息公开平台数据，全国乡村振兴类专项债发行总规模达到978.3亿元，10年期和5年期的专项债居多。从支持领域看，2020年《关于扩大农业农村有效投资 加快补上“三农”领域突出短板的意见》提出，专项债主要支持高标准农田、农产品仓储保鲜冷链物流等现代农业设施、农村人居环境整治、乡镇污水治理等领域。2021年农业农村部办公厅印发的《关于做好2021年农业农村领域地方政府专项债券发行使用工作的通知》，进一步将现代种业提升、现代农业园区、智慧农业和数字乡村等纳入债券发行重点支持范围。专项债重点支持领域不断扩大，覆盖高标准农田建设、村庄整治建设、农田水利、农产品仓储保鲜冷链物流、镇村污水处理设施、产业园区建设等领域，专项债覆盖范围不断扩大。乡村振兴类专项债撬动了金融和民间资本投入，有效弥补了乡村振兴投资的不足。

PPP模式也是财政金融协同支持乡村振兴的重要模式。PPP模式是“十三五”期间金融和民间资本投入农业农村的重要方式。2017年6月，财政部、农业部共同发布《关于深入推进农业领域政府和社会资本合作的实施意见》，重点鼓励和引导民间资本参与农业绿色发展、高标准农田建设、现代农业产业园、田园综合体、农产品物流与交易平台及“互联网+”现代农业等领域。财政部政府和社会资本合作中心入库PPP项目分行业情况如图2所示。

根据图2，截至2020年上半年，全国PPP综合信息平台项目管理库累计入库PPP项目中，全国农业和林业PPP项目达到187个，投资额达到2646亿元。2019年全国农业和林业新入库PPP项目达到65个，累计成交金额1002

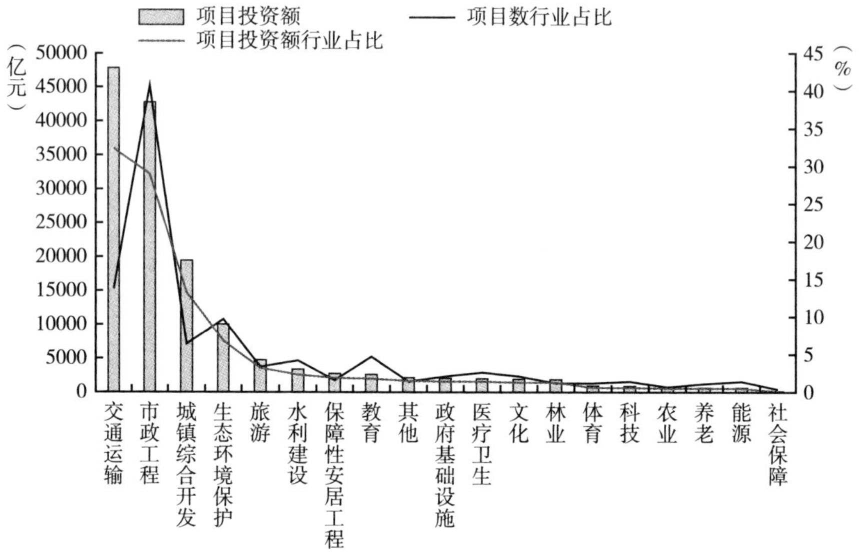

图2　截至2020年6月全国PPP综合信息平台项目管理库PPP项目行业分布情况

资料来源：https：//www. cpppc. org/jb/999322. jhtml。

亿元。根据《全国PPP综合信息平台管理库项目2020年半年报》，2020年上半年，14个脱贫摘帽县和1个贫困县采用了PPP模式支持从脱贫攻坚转向乡村振兴，项目数达15个，投资额为107亿元；在832个贫困县中，2014年以来有510个已探索应用PPP模式支持脱贫攻坚和乡村振兴，累计投资金额达到1.2万亿元[①]。PPP模式有效支持了贫困地区脱贫攻坚和乡村振兴。

乡村振兴基金模式也是通过财政引导带动金融和民间资本投向“三农”的重要方式。乡村振兴基金是通过政府预算安排，采用股权投资等市场化方式，引导金融和民间资本投资乡村振兴重点领域和薄弱环节，支持农业农村相关产业和领域发展的资金。乡村振兴基金模式与农业产业发展紧密相连，有利于培育农业产业化龙头企业，带动农业相关产业发展，发挥基金引领、带动和辐射作用，也提高了金融服务乡村振兴的能力和水平。根据清科私募

① 《全国PPP综合信息平台管理库项目2020年半年报》，https：//www. cpppc. org/jb/999322. jhtml。

通数据，截至2021年2月，全国各地设立的乡村振兴名义的基金已达73只，山东、江苏、广东、四川和浙江等省份基金数量排名靠前。

（四）民间资本投向农业农村的资金规模持续增加，领域不断拓展

民间资本是中国农业产业投资的主力。农林牧渔业民间固定资产投资自2013年以来持续上升，具体见图3。2020年全国农林牧渔业民间固定资产投资累计规模达到近2.5万亿元，其占全国农林牧渔业固定资产投资额的比重超过60%。从增速看，农林牧渔业民间固定资产投资呈现先上升后下降的趋势，投资累计增速在大多数年份都高于全社会固定资产投资累计增速。

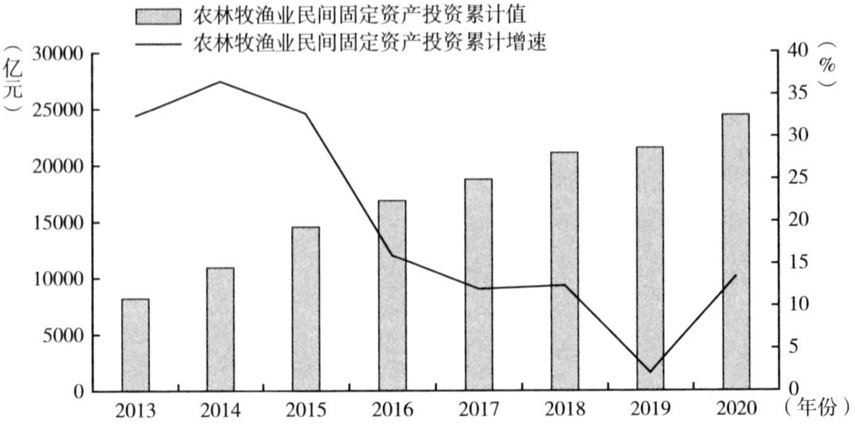

图3　2013～2020年农林牧渔业民间资本固定资产投资情况

资料来源：https：//data. stats. gov. cn/easyquery. htm？ cn = A01。

农业产业化经营领域的民间资本投入不断增大，资金保持较大规模且数量不断增加，2015年12月末人民币存款余额为135.70万亿元，而2020年12月末全国人民币存款余额达212.57万亿元，全年人民币存款增加19.65万亿元，其中，住户存款增加11.3万亿元①。民间资本进入农业农村的积

① 《2020年金融统计数据报告》，中国人民银行网站，http：//www. pbc. gov. cn/goutongjiaoliu/113456/113469/4161745/index. html。

极性较高，非农领域大中型企业也逐步进入乡村振兴领域，房地产、互联网等领域大中型企业纷纷涉足布局农业产业，跨界投资已成为乡村振兴的重要资金来源。2004 年全国农村承包地流转面积仅为 0.58 亿亩；至 2016 年底，全国家庭承包经营耕地流转面积达 4.71 亿亩，流转面积占家庭承包面积的 35.1%；至 2018 年，全国家庭承包耕地流转面积超过 5.3 亿亩。[①] 民间资本参与农业农村的领域不断拓展，由开始的种养业向加工流通、农业社会化服务和休闲观光农业等延伸，农业产业链不断延伸，农业龙头企业对农业农村农民的拉动作用更为明显。从 2020 年中国民营企业 500 强中的农业类企业来看，进入民营企业 500 强的农业企业有 20 家，涵盖农业、畜牧业、食品制造和加工、服务业等领域，涉及领域越来越广泛。

二 当前财政金融协同支持乡村振兴存在的问题

随着乡村振兴战略的逐步推进，多元投入保障机制逐步形成，投入规模不断扩大，投入结构和方式逐步优化。但乡村振兴多元投入格局仍存在一些问题，投入体制机制仍需进一步改革创新。

（一）财政保障压力持续增大，资金使用效率不高

1. 财政收入中低速增长导致财政支农支出增速有限

近几年，财政支出增速一直高于收入增速，受减税降费及新冠肺炎疫情等因素影响，2020 年全国一般公共预算收入同比下降 3.9%，但一般公共预算支出同比增长 2.8%，收支矛盾进一步突出。未来财政持续面临减收增支压力，财政运行会长期处于“紧平衡”状态。财政持续加大乡村振兴投入存在压力，支出难以实现高速增长，未来财政支农支出增长相对有限。

2. 乡村振兴存在支出责任与财力“倒挂”现象

国家高度重视乡村振兴战略实施，政策支持力度不断加大，但政策支持

---

① 《国家统计局：全国家庭承包耕地流转超 5.3 亿亩》，和讯网，https：//nj.hexun.com/2019-08-06/198106471.html。

需要财力支持，这与农业大县财力薄弱的矛盾凸显，财力与支出责任形成“倒挂”。农业大县是落实乡村振兴战略的重点区域，但农业大县往往是财政穷县，虽然国家给予了转移支付，但转移支付对相应支出责任因素考虑不足，资金倾斜力度不够，难以为农业大县提供足够财力支持。最典型的体现就是农业项目配套问题，2019 年财政部要求高标准农田建设“地方各级财政分担比例不低于 20%”，但高标准农田建设任务重、配套资金较多的地方往往是粮食主产区或农业大县，普遍财力薄弱，完成配套要求较为困难，不利于农业农村发展。

3. 财政支农资金整合有待于进一步完善

涉农工作多头管理，涉农各职能部门的管理程序、立项标准、补助方式等各不相同，多部门、多渠道的资金管理体制缺乏强有力的管理机构和协调机制，行业间涉农资金整合和统筹管理有待于进一步强化。县级政府整合权限小，面临约束性任务过多、项目考核指标并未同步整合等难题，整合范围受限，真正整合使用的资金规模偏小。部分县级政府资金统筹使用能力和主体责任有待加强。比如，高标准农田建设资金分为中央预算内投资补助和中央转移支付补助两个渠道下拨。这两个渠道资金的管理方式、管理程序、绩效考核、配套要求等不尽一致，给基层项目统筹管理和资金配套落实带来诸多不便。

4. 支农资金使用效率不高，预算绩效管理有待于进一步加强

当前国家虽然逐步推进了预算绩效管理改革，但是涉农资金使用的绩效仍然不高。一是绩效理念不强，绩效评价存在“为评价而评价”的现象，导致绩效评价流于形式；二是涉农项目评价指标体系专业性和综合性强，目前还缺乏完善的评价指标体系和专业评价人员，第三方绩效评价还有待于规范；三是绩效评价结果应用还有待于进一步强化。

（二）财政撬动金融的作用力度不强，模式创新不足

虽然各级政府不断探索形成专项债、PPP 等模式，但是财政支出以无偿支出为主，撬动金融和民间资本支持农业农村发展的作用相对有限。中国农

业农村基础设施投资以财政直接投入为主，相对于农业农村基础设施巨大投资规模和较低的比较收益，通过财政贴息、先建后补和以奖代补等方式支持农业农村基础设施建设的力度有限，投入不足，难以充分调动民间和金融资本积极性。农业生产性基础设施建设和农村生活性基础设施建设的融资需求都是中长期和相对大额的，且有可能是回报慢、回报低和高风险的，金融机构出于流动性风险管理的考虑很难针对这种需求提供稳定的信贷供给。农业农村基础设施产权不清晰，抵押贷款机制不完善，导致基础设施建设贷款缺乏合格的承贷主体，也无法激发金融机构提供贷款的积极性。

上述创新尚处于探索和逐步推广的初期阶段，财政撬动作用力度不强。从规模看，乡村振兴领域专项债、PPP 模式资金规模较小，比例较低。以 PPP 项目为例，截至 2020 年 6 月末，全国农业和林业在库 PPP 项目数和投资额分别占到全部项目的 1.9% 和 1.8%。即使加上生态建设和环境保护、水利和旅游项目，这些项目数量和投资额占全部入库 PPP 项目的比重也仅有 19.2% 和 14.1%。从项目数量和投资额来看，乡村振兴领域专项债和 PPP 项目等模式仍有较大的发展潜力。

从领域看，目前乡村振兴类专项债等涉及领域仍然较少，模式创新不足。经过实践探索，专项债在高标准农田、村庄整治建设、农产品仓储保鲜冷链物流设施、镇村污水处理设施等方面都有了成功案例和典型模式。根据《关于梳理 2021 年新增专项债券项目资金需求的通知》，2021 年新增专项债券重点用于交通基础设施，能源项目、农林水利、生态环保项目、社会事业、城乡冷链物流设施，市政和产业园区基础设施，国家重大战略项目，保障性安居工程等领域。除农林水利外，能源、生态环保、社会事业、冷链物流设施、市政和产业园区等 5 个方向都与农业农村紧密相连，但相关的实践仍处于初步阶段，这些领域是未来农业农村领域专项债的探索方向。

同时，发达地区和欠发达地区存在供需错配问题。理论上，中西部欠发达地区财力更加薄弱，更需要创新投融资模式以支撑乡村振兴战略实施。但一方面，中西部欠发达地区财力较弱，负债率更高，因而专项债的额度反而更小，专项债券额度分配容易出现“马太效应”，难以支撑这些地区乡村振兴战略的实施；另一方面，专项债和 PPP 模式等对项目收益要求比较高，再加上农业农村项目普遍缺乏收益，难以解决现金流回报难等问题，这就导致部分地区缺乏乡村振兴储备项目，即使有专项债等政策也难以有效利用，形成“政策空转”。

（三）调整完善土地出让收入使用范围政策存在潜在风险

一是土地出让收入并不稳定，不利于乡村振兴投入稳定增长机制的建立。在房地产严格调控政策及经济下行压力等因素影响下，土地出让收入可能产生剧烈波动，存在不可持续风险。土地出让收入在 2012 年和 2015 年经历过 15% 以上的剧烈跌幅，未来土地出让收入用于农业农村的资金规模可能产生显著波动，不利于建立投入稳定增长机制。

二是土地出让收入存在明显的地区差异，东部发达地区土地出让收入高，中西部地区土地出让收入相对较低，政策容易导致土地出让收入分配的“马太效应”。在部分中西部地区，土地出让收入并没有想象中那么高，像辽宁、内蒙古和黑龙江等粮食主产区，其土地出让收入不及江苏、浙江的 1/10，且收入更多集中于中心城市和省会城市。因此，调整完善土地出让收入使用范围政策会进一步拉大地区支农财力差异，部分中西部地区承担较多的乡村振兴支出责任，但政策受益有限，缺少相应资金支持，形成责任和财力“倒挂”现象。

三是土地出让管理相对滞后，需要出台细化的土地出让收入计提实施细则、操作方案和考核办法。财政和国土部门土地出让收入的统计口径存在差异，对于如何衡量成本和收益，缺乏统一规定。计提方式不同也会极大影响“十四五”时期土地出让收入用于农业农村的规模。提高土地出让收入用于农业农村比例缺乏实施细则，在统计口径、计提方式、考核办法等层面还需要国家进一步细化操作方案。

四是当前很多乡村振兴类专项债或 PPP 项目以城乡建设用地周转指标出让收入、新增耕地数量或新增产能数量指标交易收入等作为主要还款来源，其根本上都来源于土地出让收入。项目偿债资金来源单一，过度依赖土地出让收入。如前所述，土地出让收入并不稳定，面临较大的可持续风险。专项债或 PPP 项目偿债来源不稳定，调整完善土地出让收入使用范围政策可能会进一步压缩地方土地出让净收益，容易诱发偿付风险，加大地方政府债务风险。

（四）民间资本参与农业农村投资效率不高

首先，民间资本规划和布局尚需优化，部分民间资本对农业投资特征和经营规律不甚了解。在政府积极引导和市场利益吸引下，民间资本逐步进入农业农村领域，但由于缺少规划和引导，部分民间资本过度集中于休闲观光农业等领域。由于缺乏规划和引导，民间资本容易一哄而上，过高的集中度会导致过度和恶性竞争，影响农业产业可持续发展和民间资本投资效率。同时，在跨界进入农业领域的民间资本主体中，很多主体不太了解农业产业发展和经营客观规律，缺乏农业经营管理能力和人才，低估了农业投资的复杂性和风险性。一旦发生风险，部分民间资本缺乏应对能力，亏损和跑路概率会大增。

其次，民间资本与农民的利益联结机制尚不完善。民间资本与农民的利益联结方式大多较为松散，一般仅限于土地流转租金、务工工资或产销订单对接，民间资本带动村集体、农户增收的作用比较小，长期可持续的利益联结机制还不够成熟。

最后，民间资本投资农业正处于发展期，面临的产业风险及投资环境都比较复杂，民间资本支持政策体系尚不完善。一是保险、担保等政策引导作用发挥不充分。农业保险不能满足农业产业发展需求，信贷担保和风险补偿机制建设滞后，风险保障能力有限。二是金融机构缺少支农积极性，金融服务相对不足，缺乏向涉农企业放贷的积极性。三是农业农村基础设施建设相对滞后，不少地区农村的水电路气网等基础设施还十分薄弱，降低了民间资本进入的积极性。

（五）农业农村产业风险管理体系不完善，缺少良好的生态环境

农业农村产业的高风险是金融资本不愿进入的最主要因素之一。随着信

息技术的发展，农业农村产业面临良好的发展契机，但是农业农村产业风险管理也面临前所未有的挑战。农业农村各产业的规模化、专业化、集约化发展使得产业链迅速形成并日益整合，产业链上各经营主体之间具有高度关联性，核心企业的风险会被放大为整个产业链的系统性风险。要构建有效的风险控制机制，就需要打造完善的产业链金融生态圈来予以支持，它既包括作为金融服务需求者的农业供应链上生产、加工、流通、销售等各环节经营主体，也包括作为金融服务提供者的银行、担保公司、租赁公司、保理公司、贷款公司、支付公司和互联网金融平台等各类金融机构，还包括作为第三方服务机构的征信系统、动产评估和抵押登记机构、动产处置机构、信息化服务平台、财务管理咨询服务机构等，当然还包括相关的监管和执行部门。

当前农业农村产业风险管理体系不完善，难以有效对冲农业农村产业风险，财政金融协同支持乡村振兴缺少良好的生态环境。

一是从政策层面看，政策可预期性和稳定性仍需加强。实施乡村振兴战略以来，各级政府支持金融和民间资本进入农业农村领域的政策越来越多。但是一些宏观性的指导性文件因缺乏实施细则和配套方案而无法有效落地；部分支持政策缺乏稳定性，很多政策一年一变，甚至在前后年度产生冲突；部分政策贯彻落实比较粗暴，有时对金融和民间资本利益考虑不足；有些政策对民间资本利用金融工具进入农业农村领域的态度反复，部分地方政府设置了较高的准入门槛，在投资领域、投资方式上也有严格规定。这些问题都导致金融投入乡村振兴缺乏有效赋能环境，市场化工具的创新活力不足。

二是农村产权制度改革和产权交易市场建设相对滞后。传统涉农金融机构和部分新型涉农金融机构仍主要依赖传统的授信模式和风控手段。传统风险管理手段的核心离不开抵押担保，但当前农业农村财产权利抵押登记、评估、流转等机制仍不健全，服务“三农”的融资担保合作机制不完善，资本补充不畅，抵押物处置困难，没能有效发挥应有作用。

三是中国农村金融服务体系中，政策性金融和商业性金融发展不协调，合作金融缺位，农村和县域缺少立足社区、特色鲜明的中小金融机构，导致农村金融投入的多样性不足。在信贷领域，农业农村金融产品和服务供给存在结构性不足，不能有效匹配日益多样的农村金融需求。农业农村信贷产品高度同质化，信贷供给呈现“两头有余、中间不足”的状况，即大型涉农企业和贫困农户信贷供给相对充足，新型农业经营主体和县域中小企业等信贷供给不足。信贷供给的额度、期限不能满足多样化需求，农业供应链金融形式单一，多种金融投入手段发展尚不充分。在保险领域，农业保险机构服务能力不足，保障水平较低，大灾风险分散机制尚不健全；农业保险的供给主体以国有保险公司为主，对商业性农业保险和合作保险组织的政策支持力度非常有限，导致政策的可持续性主要依赖政府支持力度，商业保险公司的作用不能充分发挥，农业保险体系难以形成足够的内生发展动力。

三　财政金融协同支持乡村振兴的思路和对策

强化乡村振兴投入支持，必须创新财政支持机制，激发金融机构和民间资本积极性，引导和撬动金融和民间资本投向农业农村，完善健全乡村振兴多元投入保障机制，加快形成财政优先保障、金融和民间资本积极参与的多元投入格局。

（一）基本思路

一是财政金融协同支持乡村振兴要注重投入和运营相结合，实现项目可持续发展。当前的乡村振兴项目普遍重投入轻运营管理，扶贫产业可持续性以及农业农村基础设施使用不当和维护不善等问题逐渐显现。因而，创新财政金融协同支持乡村振兴模式，必须考虑后续运营管理，实现项目的可持续发展。

二是财政金融协同支持乡村振兴要注重和体制机制改革相结合。财政金融协同支持乡村振兴面临的最根本问题还是农村生产要素市场化机制有待完善，农村产权权证化不足，产权交易市场发育滞后，农村信用体系建设滞后，公共基础设施建设严重滞后。因此，要推进财政金融协同支持乡村振兴，必须要与农村产权制度改革和市场机制建设相结合，通过制度改革释放乡村活力。

三是财政金融协同支持乡村振兴要注重强化流量和激活存量相结合。财政金融投入更多的是一个流量概念，要实现乡村振兴也要注重盘活农业农村存量资产。要通过资产证券化、融资租赁和股权转让等多种方式，建立资产有偿使用制度，推动资源变资产、资产变资金。未来随着对农业农村的持续投入，农业农村存量资产逐步累积，盘活存量资产重要性会逐步提升。

四是财政金融协同支持乡村振兴要注重激励和约束机制相结合，既要鼓励引导金融和民间资本加大投入，又要建立相应的监督约束机制。要制定资本下乡负面清单，划定红线，建立相对完善的监督约束机制，有效防范资本下乡安全风险。

（二）具体政策建议

1. 进一步推进财政资金管理体制改革

一是加强财政资金统筹整合，强化涉农资金管理体制建设。逐步扩大涉农资金整合范围。进一步理顺资金项目管理职责，加强职能部门联动，自上而下协调由不同部门归口管理但绩效目标一致或类似的支农政策，实现资金的统一下达、统一管理和统筹使用，加大行业间资金统筹整合力度。进一步向市县政府下放审批权限，并压实地方政府责任，建立相应的绩效评价体系和任务清单划分机制。

二是探索出台细化的调整完善土地出让收入使用范围政策实施细则和考核办法。进一步完善土地出让收入和支出核算办法，明确成本的核算方法以及成本和收益的统计口径。明确土地出让收入的计提方式，可以考虑分年度分阶段逐步提高土地出让收入用于农业农村的比例，逐步实现与其他政策的衔接。制定土地出让收入计提考核办法，强化土地出让收入的监督管理，加强中央和省级的统筹，缩小区域差距。

三是强化涉农资金绩效管理，提升资金使用绩效。推动财政支农资金绩效管理的全覆盖，将专项债、PPP 等创新模式逐步纳入绩效管理范围，逐步探索共性和个性指标相结合的、适合农业农村发展的预算绩效评价指标体系。要强化对财政涉农资金的全过程考核，建立包含项目准入和事前评估、绩效目标管理、事中绩效和预算双监控、事后绩效评价、结果应用及项目调整的全过程管理体系。积极开展财政支农政策的第三方评估，强化评估结果应用，将绩效评价结果与项目或政策的调整和存续联系起来，强化责任落实和追究，建立对应的问责机制。

2. 进一步探索专项债、PPP 等模式，加大对农业农村发展支持力度

加快设立乡村振兴发展基金或现代农业产业基金，通过风险补偿、收益分成和资金劣后等多种方式，吸引金融和民间资本参与，扩大基金规模。政府要通过奖补、税收优惠等加大支持力度。加强对农业农村产业基金的监督管理，出台基金管理暂行办法，推进对基金投资项目的绩效评价，提高资金使用绩效。

提高专项债用于农业农村的规模和比重，创新农业农村领域专项债的品种。继续探索现代种业提升、现代农业产业园、农业废弃物资源化利用、养老等社会事业、智慧农业和数字乡村等领域的专项债，及时总结经验。建议出台乡村振兴领域专项债的指导意见和规范性文件，强化制度建设。切实加强专项债项目库管理，完善项目筛选机制，加强项目储备论证。

加大 PPP 模式对乡村振兴的支持力度。在优势特色农业产业集群、数字农业和数字乡村建设、生态循环农业、农村人居环境整治、现代种业、农业科技创新、农业农村人才培养、农村创业等领域进一步探索并规范运用 PPP 模式。加强 PPP 项目管理，合理分担项目风险，明确利益分配。创新回报机制，建立相对灵活的付费调价机制，通过资本金注入或补贴等缺口补助方式，保障 PPP 项目公司收益，还可以通过项目落地奖补等支持政策，提高金融和民间资本参与的积极性。建议出台农业农村领域 PPP 项目操作指南、合同示范文本等，以绩效管理为抓手，强化农业农村领域 PPP 项目的监督管理。

选择农业供应链金融、农业基础设施 PPP 项目、田园综合体等领域，探索创新农业农村资产证券化产品。加强顶层设计，构建资产证券化法律体系。要积极建立和完善票据和应收账款的证券化和流动化市场，推动农业产

业链上各类动产的证券化水平，降低农业产业链上动产质押价值的不确定性，提高产业链金融的整体稳定性。通过税收优惠和融资担保等政策，鼓励金融机构发行乡村振兴资产证券化产品。

3. 构建农村金融市场赋能政策环境，激发金融活力

进一步完善金融投入乡村振兴的政策支持体系，提高政策的连续性和稳定性。建立健全政府性融资担保和风险分担机制，发挥农业信贷担保体系、农业保险、农产品期货市场、债券市场、资本市场等多元金融工具的作用，弥补农业收益低、风险高、信息不对称的短板，促进金融资源回流农村。进一步完善农业融资担保体系，完善融资增信机制。通过资金本金注入、保费补贴、优化完善考核激励等办法，促使农业融资担保机构不断加大对农业领域的投入。财政每年拨付一定比例的资金用于充实融资担保或风险补偿基金，也可以考虑发行担保专项债充实农担机构资本金。建立农担风险补偿专项资金，设立专门机构负责管理和运作风险补偿基金，并细化相应的配套法规、规章制度。完善农业保险体系，重点发展满足新型农业经营主体需求的农业保险产品与服务。通过存量资金整合优化和增量资金调整，将农业保险作为未来财政支农资金支持的主要领域之一，通过财政资本金注入、保费补贴、财政奖补、风险补偿金政策等，推动“保险 + 期货”模式以及农业巨灾保险、完全成本和收入保险等保险险种创新，推动农业保险持续“扩面、增品、提标”，鼓励各地开发地方特色农业保险产品。

完善农村金融差异化监管体系，尽快明确对农业农村领域信贷、保险、担保、产业发展基金等金融市场化工具的差异化监管政策，适当放宽农业农村领域债券发行条件和涉农信贷考核要求，适度提高涉农贷款不良容忍度，同时开展金融机构服务乡村振兴考核评估。

继续构建和优化包容性和竞争性的农村金融市场机制，遵循商业可持续原则，建立高效率的农村金融市场竞争秩序，建立政策性金融发挥辅助性支持作用，商业性金融、合作金融和政策性金融合理定位和分工协作的农村金融服务体系，通过开放市场、引入竞争、培育中介组织等方式，鼓励信贷、保险、担保、发展基金等多元金融工具借力金融科技进入农业农村领域，激

发农村金融市场化工具创新发展活力。

4. 创新完善农业农村基础设施和公共服务投入运营管理全过程体系，推进可持续发展

建立完善农业农村基础设施和公共服务管理平台，明确农业农村基础设施的权能，加强金融监管部门、金融机构与自然资源、生态环境、住房城乡建设、安全生产等行业主管部门之间的信息共享，完善风险信息披露机制，推动项目管理转变为资产管理，要通过 PPP、政府购买服务、专项债 + PPP 等方式，引入市场化资金和专业运营商，创新多主体、市场化的农业农村基础设施和公共服务可持续发展机制。积极探索“专项债 + PPP”的投融资模式，发挥专项债融资成本优势和 PPP 模式的项目管理作用，实现乡村振兴项目投入和运营管理的全过程覆盖。因地制宜地逐步推广使用者付费模式，健全排污权管理、出让、有偿使用和交易机制，提高农业农村基础设施和公共服务项目的效益。探索用能权、收益权等多种形式的权益交易和抵质押贷款融资创新，增强基础设施和公共服务权能的流动性和融资能力。要重点探索将新型农业经营主体等各类农业农村组织纳入政策支持范围，推动其参与投入运营管理全过程体系，通过赋能农业农村组织提升乡村内生发展能力。

5. 完善财政金融协同支持乡村振兴的生态环境

一是大力推行综合性全口径社会信用体系建设，促进互联网平台公司征信系统与其他征信系统的有效对接。推进建立综合性征信中心，依托中国人民银行的征信系统，通过共建共享方式采集法院、工商、税务、公安、财政、农业等部门的非银行信用信息，将政府各部门企业和个人非银行信用信息整合形成信用数据库，解决金融机构与中小企业之间的信息不对称而出现的贷款难问题，降低农业农村产业链的操作风险和欺诈风险，充分利用信息技术手段提高农业农村产业风险管理水平。积极推动构建良好的农业农村商业信用环境，巩固如期履约的商业惯例和制度设计，完善农业农村各类经营主体的信用信息采集和披露制度。同时，要扶持专营机构负责并市场化运作综合性征信中心，实现可持续发展。

二是积极推动各种农村产权的权证化。明确农业农村领域的相关法律解

释，提高农业农村动产抵押权的法律稳定性。应大力推行各种农村产权的权证化和资产化，增加实际可交易资产的种类和总量。改变过去只重视农村集体产权的权证化的做法，把推行所有农村产权的权证化提升到战略高度。积极推行统一办理农村重要产权的权证，重视农村宅基地和农宅的权证化，将其纳入交易范围。

三是大力发展农村产权交易平台。加强农村产权交易平台建设，培育农村产权交易市场体系。改善农村产权交易生态环境，推行线上交易平台的标准化，把交易资产从主要是农村集体产权扩大到所有农村产权。积极主动完善线上线下的配套服务，进一步完善农业农村动产评估、抵押登记和流转机制，充分发挥行业协会、中介组织等多种主体的积极性，完善农业农村产业领域的担保、保险、租赁、保理、信息化服务、财务管理咨询服务等相关服务体系。

参考文献

董翀、冯兴元：《农业现代化的供应链金融服务问题与解决路径》，《学术界》2020年第12期。

董翀、冯兴元、孙同全：《农业农村现代化的金融支农保障机制：变化、问题与对策》，《农村金融研究》2020年第8期。

汤林闽：《中国土地出让金收支状况：2007～2014年》，《财经智库》2016年第1期。

浙江省财税政策研究室课题组、严琦：《财政支持乡村振兴战略的浙江实践与探索》，《财政科学》2019年第3期。

周振：《工商资本参与乡村振兴“跑路烂尾”之谜：基于要素配置的研究视角》，《中国农村观察》2020年第2期。

中国财政科学研究院课题组、韩凤芹：《财政支持乡村振兴战略实施的政策建议——基于防范风险和以人为本的理念》，《当代农村财经》2020年第3期。

G.15 中国居民膳食可持续性问题、成因与政策建议

杨 鑫*

摘 要: 可持续膳食具有丰富内涵和复杂内容，既是可持续食物系统的重要目标又是其关键驱动力。随着农业生产力水平提高，中国居民能量摄入基本有保障，除粮食和食用油外，各类食物消费量明显增加，营养结构不断优化，然而膳食可持续性在环境、社会和经济维度均存在明显问题，包括农业生产环境成本过高、食物消费社会差异性较大和营养相关疾病发生率攀升。从全产业链视角看，上述问题的成因包括农业生产向生态脆弱区域转移以及食物浪费严重、食物物流和社会保障体系不完善、居民营养意识相对欠缺等。针对上述问题，本报告探讨了构建以可持续膳食为核心的食物政策体系、利用垃圾分类反向减少食物损耗与浪费、加强不同群体的饮食教育和营养信息干预、强化流通基础设施和社会保障系统的食物分配功能等具体政策建议。

关键词: 食物消费 营养结构 可持续膳食

近年来，中国食物供给和保障能力水平显著提升，收入增长推动居民膳

* 杨鑫，管理学博士，中国社会科学院农村发展研究所助理研究员，研究方向为食物经济与自然资源管理。在此感谢中国社会科学院农村发展研究所副研究员全世文在数据处理方面的帮助。

食结构持续升级，对于食物供给引导作用逐渐增强。越来越多的学者倡议，将一切有营养、有利于健康的食物，作为整体考量进行部署，形成包含粮食安全在内的大食物安全观。从内涵上，大食物安全观指能满足居民多元的食物消费需要，围绕全方位、全周期健康需求，结合膳食结构合理程度，确保全产业链安全可控，居民在物质和经济上都能够获得足够、健康、营养和安全的食物，同时积极构建更加健康、生态、可持续的食物消费观和生产观①。然而，在当前粮食安全政策和战略中，无论是农业技术进步、可持续农业生产等重点内容，还是农产品国际贸易、区域间农业生产分工等议题，均是侧重食物可持续供给目标，居民膳食可持续性尚未引发足够重视。结合可持续膳食的内容和重要意义，本报告对中国居民膳食的可持续性问题进行归纳总结，分析引发膳食不可持续的若干原因，总结促进居民膳食可持续的政策建议。

一　可持续食物系统的核心要素——可持续膳食

可持续性是食物安全内涵的重要拓展。过去 50 年，食物安全（food security）定义不断演进，逐渐将可持续性（sustainability）纳入概念体系。食物安全被广泛接受的定义为“所有人在任何时候都能从身体和经济上获得足量、安全和有营养的食物，满足饮食需要和对积极健康生活的食物偏好”，对应四个维度：生产可行性、可获得性、可利用性以及三个属性的稳定性。考虑到可持续性与食物安全问题紧密相关，2014 年世界粮食安全委员会粮食安全和营养问题高级别专家组将可持续维度引入食物安全，融合为可持续食物系统概念，其主要特征是“可以确保所有人的粮食安全和营养，其运行方式应保证后代粮食安全和营养的经济、社会和环境基础不受损害”。简而言之，长期食物安全意味着居民膳食在经济、社会和环境方面具

① 王志勇：《构建国家大食物安全观》，中共中央党校网站，2019 年 12 月 25 日，https：//www. ccps. gov. cn/xylt/201912/t20191225_ 137078. shtml。

有可持续性。

可持续食物系统内涵由食物安全的可供给性、可获得性和可利用性，与可持续发展的环境、社会和经济维度交互产生。对于短期食物安全而言，可供给性代表农业生产能力水平，与环境可持续性交互下要求实现对资源可持续利用，而非一味地强调产量高低；可获得性代表居民及时、充足获取食物的能力，与社会可持续交互下产生食物分配的社会公平性要求；可利用性意味着居民能从膳食中获取营养和满足感，与经济可持续交互下要求食物消费不能仅满足当下的欲望，更要重视人力资本的发展。

食物可持续消费行为转变模式包括两种：第一，由消费普通食品转变为消费可持续食品（sustainable food），包括环境友好型食品或者本地食品等；第二，消费者优化食物消费结构和减少浪费，即可持续膳食（sustainable diets）。可持续食品依然强调生产者责任，可持续膳食更多强调消费者责任，其内涵相对全面，更有助于实现食品消费的可持续目标。膳食为一个人或一群人在一定时期内所消耗的一组饮食和营养素，属于健康和环境可持续性之间的主要连接桥梁（见图 1），FAO 定义可持续膳食如下："那些对环境影响小、有助于食品和营养安全以及今世后代健康生活的膳食模式，不仅保护和尊重生物多样性、生态系统，而且在文化上可接受、可获得、经济上公平和负担得起，满足营养充足、安全和健康，同时优化自然和人力资源。"上述定义较为全面，但缺乏直观性。结合可持续食物系统，相关学者①将可持续膳食简单概括为"有助于个人或社会保持良好营养状况和长期健康的膳食，既是可持续食物系统的结果又是原因，从而有助于长期的粮食安全和营养"。由此可见，可持续膳食和可持续食物系统高度相关，可持续膳食有助于食物系统转型，也是其重要目标之一。

鉴于居民膳食连接了营养健康与农业产业链，处于食物系统核心位置，膳食可持续性水平提高将通过信息流发挥综合影响，促进食物系统向可持续

---

① Berry, E., M., Dernini S., Burlingame B., et al., "Food Security and Sustainability: Can One Exist Without the Other", *Public Health Nutrition*, 2015, 18 (13): 2293 - 2302.

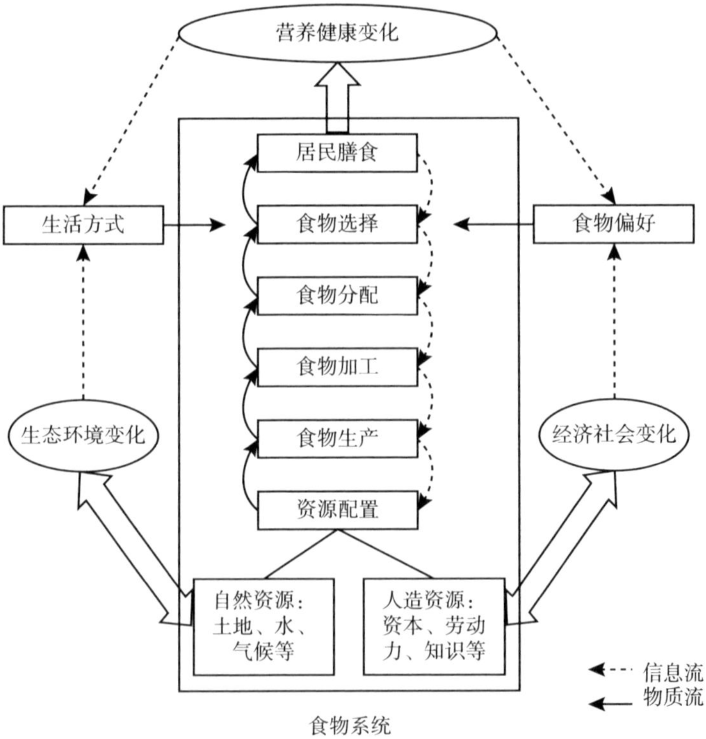

图 1　食物系统基本结构

方向转型。另外，可持续膳食有利于协调可持续食物子系统内部矛盾。当食物系统的环境、经济和社会三个维度发生冲突时，在以膳食可持续性作为最大化目标下，可避免“短板效应”而调整宏观管理政策重点。例如，即使食物生产和分配体系水平较高，若居民膳食营养结构不均衡，可持续食物系统的最终目标也无法实现，相关部门需要加强对居民营养健康进行政策支持。

二　中国居民膳食现状及可持续性问题

伴随食物供应链高效化和区域化，中国居民膳食模式不断优化、更加多样，能量摄入基本得到保证，肉、蛋、奶等优质蛋白摄入显著增加。然而，与“十四五”时期大力推进的健康中国、农业可持续发展等目标相比，当前居民膳食模式在环境、经济和社会方面存在突出的不可持续问题。

（一）居民膳食现状

根据宏观统计数据，即使不考虑在外食物消费和加工食品①，2019 年农产品供给能力充足，除食用油外，所有食物需求均能有效保障。从消费量与占有量比值来看，薯类人均在家消费量与占有量比重为 0.1，意味着薯类产量的 10% 被居民以鲜食形式居家消费；畜禽肉这一比值为 0.7，考虑在外饮食肉类消费比例会提高，中国肉类市场处于相对较紧的平衡状态（见表 1）。

表 1　2019 年中国居民人均在家年食物消费量与占有量

食物类型	人均在家年消费量(千克)	人均占有量(千克)	消费量与占有量比值
谷物	130. 1	438. 3	0. 3
薯类	2. 9	20. 6	0. 1
豆类	9. 3	15. 2	0. 6
食用油	9. 5	—	—
蔬菜	98. 6	515	0. 2
畜肉类	26. 9	38. 6	0. 7
禽肉类	10. 8	16	0. 7
水产品	13. 6	46. 3	0. 3
蛋类	10. 7	23. 6	0. 5
奶类	12. 5	22. 9	0. 5
鲜瓜果	51. 4	195. 7	0. 3
坚果	3. 8	—	—

注：食用油和坚果产量缺失。
资料来源：《中国统计年鉴 2020》。

本报告的农户食物消费微观数据，来源于中国社会科学院农村发展研究所组织的重大国情调查项目“乡村振兴农户问卷综合调查（2020）”（以下

① 下文基于中国国家统计局或者《中国统计年鉴》的食物消费数据，均指在家消费量，不再专门强调。

简称“调查”)①。从平均数看，农村居民人均每日消费稻米211.4克，面粉156.4克，玉米7.0克，大豆48.2克②，猪肉44.0克，鸡肉21.8克，鱼肉13.8克，牛羊肉9.5克，鸡蛋42.6克，奶制品32.2克，蔬菜288.4克，白酒28.9克，含糖饮料20.5克。在实际调研中，农村居民的蔬菜、鸡肉等自产消费比例较高，对食物消费的稳定性评价较高、获得感较强，只是猪肉、牛羊肉的价格上涨难以承受，致使消费量波动性较大。

在时间趋势方面，2013~2019年全国居民恩格尔系数稳定在0.3左右，膳食结构变化十分明显（见图2）。除谷物、食用油外，所有食品消费均保持增长，其中前三名为禽肉、鲜瓜果、水产品，增长率为68.8%、36.0%和30.8%；在绝对量上，人均每日消费最多的三种食物为谷物、蔬菜和鲜瓜果，分别为357克、270克和140克。2019年居民人均每日摄入平均为1973.8千卡（下文均按可食用部分计算），与2013年的2028.7千卡相比略有下降，但考虑到在外饮食比例提高，人均每日能量摄入基本在平衡膳食宝塔倡导的1600~2400千卡，且肉蛋奶供能比例从11.8%提高到12.6%，说明中国居民热量摄入基本有保障、营养摄入得到优化。

（二）居民膳食可持续性问题

1. 食物生产环境成本较高

居民可持续膳食强调长期全面的食物安全，不同于侧重于满足总量需求的短期粮食安全，尤其注重农业生产环境可持续性。当前，为了满足仍在扩大的人口总量以及膳食结构升级带来的需求变化，中国食物生产的环境成本居高不下，主要表现为地下水超采、耕地退化和面源污染。

首先，利用地下水灌溉是保持粮食、蔬菜等农作物高产的基础，61%的地下水供水量用于农业，部分地区地下水开发利用率处于极高水平。在严重

---

① “调查”覆盖了东部、中部、西部、东北10个省区市50县308个村庄，样本量为3800余户15522个农村居民。

② 该消费量为豆制品折合量，标准为1斤大豆=5斤豆腐=2斤豆腐干=1斤腐竹=20斤豆浆=2两豆油。

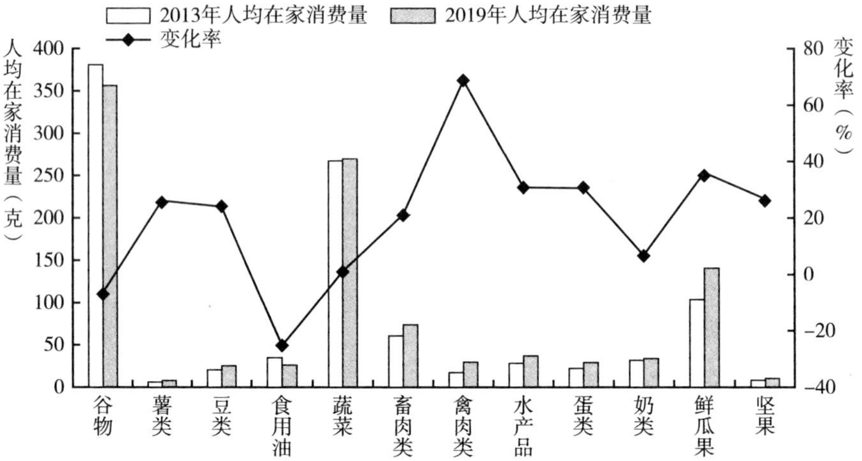

图2　2013 年和 2019 年全国居民人均在家日食物消费量及变化率

资料来源:《中国统计年鉴 2020》。

缺水的华北地区，大量抽取地下水产生了世界上最大的地下水漏斗区，面积达到 9 万平方公里，使得土地下陷、地裂缝、湿地退化、海水倒灌等生态灾害频发。随着经济发展和农业灌溉面积扩大，东北平原、西北地区、长江中下游平原等均发现了不同程度的地下水水位下降问题，全国地下水超采区面积已达 19 万平方公里①。

其次，土地常年无休令耕地退化面积占耕地总面积的 40% 以上。南方耕地酸化、北方耕地盐碱化、东北黑土地退化的面积达到 6.6 亿多亩，而西北地区耕地盐渍化、沙化问题也很突出。根据《2019 年全国耕地质量等级情况公报》，评价为四等以下②的耕地面积为 13.9 亿亩，占耕地总面积的 68.8%，基础地力迫切需要夯实和提高。

另外，农业面源污染也较严重，种植业存量污染物治理还处于推进过程，而畜禽养殖、农产品加工和农业机械的快速发展又产生新的增量。在种

① 《全国地下水超采区达 19 万平方公里》，水利部网站，2012 年 5 月 4 日，http://www.mwr.gov.cn/ztpd/2012ztbd/szyzt/mtgz/201205/t20120504_320044.html。

② 一等地耕地质量最高，十等地耕地质量最低，评价标准见 GB/T 33469 - 2016。

植业方面，2019 年全国化肥使用量为 5403.6 万吨，三大主粮化肥利用率仅为 39.2%[①]，农药使用量（有效成分）近年稳定在 30 万吨左右，利用率也不到 40%。2017 年秸秆产生量 8 亿吨，综合利用率为 86.8%，尚有优化空间；2017 年农用地膜多年累积残留量为 118.5 万吨，农田“白色污染”问题没有得到完全解决[②]。在养殖业方面，每年畜禽粪污产生量约 38 亿吨，综合利用率不到 60%，2017 年水污染物排放量的化学需氧量占农业的 94%[③]。农业上下游行业同样产生大量污染，2017 年农副食品加工业化学需氧量排放量为 17.9 万吨，是工业源排放第一的产业，占工业源化学需氧量排放量的 20%；农业机械排放氮氧化物 189.3 万吨，占到非道路移动污染源氮氧化物总量的 40%[④]。

2. 食物营养相关疾病发生率增长

2019 年中国居民能量摄入充足，而膳食结构有待继续优化。以平衡膳食模式为基准，居民的薯类、水产品、蛋类、奶类、鲜瓜果消费不足，城镇居民膳食营养状况优于农村居民，但城镇居民的畜禽肉消费量明显超过推荐标准（见表 2），过量的畜肉摄入一定程度上会增加糖尿病、直肠癌等发病风险。根据 2020 年“调查”数据，农村居民人均每日畜禽肉消费量超过 75 克，但是水产品和奶类消费水平距离平衡膳食推荐摄入量有较大差距，该结果与宏观统计数据基本一致。平衡膳食模式推荐成年人每日摄入能量为 1600～2400 千卡，对应“调查”样本分位数为 48%～81%，大部分农村居民每日能量摄入基本处于合理范围，但也表示至少 20% 的农村居民有能量摄入过多的风险，还有一部分存在营养摄入不足的问题。

---

① 农业农村部：《我国化肥农药利用率正稳步提高》，人民网，2019 年 12 月 18 日，http://country.people.com.cn/n1/2019/1218/c419842-31512429.html。

② 农业部办公厅：《重点流域农业面源污染综合治理示范工程建设规划（2016～2020 年）》，农业农村部网站，2017 年 4 月 20 日，http://www.moa.gov.cn/nybgb/2017/dsiqi/201712/t20171230_6133444.htm。

③ 《第二次全国污染源普查公报》，生态环境部网站，2020 年 6 月 16 日，http://www.mee.gov.cn/home/ztbd/rdzl/wrypc/zlxz/202006/t20200616_784745.html。

④ 《第二次全国污染源普查公报》，生态环境部网站，2020 年 6 月 16 日，http://www.mee.gov.cn/home/ztbd/rdzl/wrypc/zlxz/202006/t20200616_784745.html。

表 2　平衡膳食模式与 2019 年中国居民人均每日在家食物实际消费量对比

单位：克

食物类型	平衡膳食模式	人均每日在家食物实际消费量	
		城镇居民	农村居民
谷物	50～150	216	313
豆类	20～25	26	25
薯类	50～100	7	8
食用油	25～35	25	27
蔬菜	300～500	275	233
畜禽肉	40～75	95	81
水产品	40～75	27	16
蛋类	40～50	27	23
奶类	300	46	20
鲜瓜果	200～350	142	92
坚果	10	12	8

资料来源：《中国统计年鉴 2020》，平衡膳食模式来自《中国居民膳食指南（2016）》，人均每日摄入量仅包括可食部分，该数据来自《中国食物成分表》（标准版）（第 6 版）。

“调查”显示，农村老人营养相关慢性病发生率相对更高，营养不良和营养过剩问题并存。2020 年老人超重率（BMI > 24）为 34.9%，肥胖率（BMI > 29）为 6.7%，营养不良（BMI < 18.5）比重为 10.2%。其中，男性超重率为 35.3%，肥胖率为 6.2%，营养不良比重为 8.5%；女性超重率为 34.5%，肥胖率为 7.3%，营养不良比重为 12.3%。在常见身体障碍中，农村老人存在躯体残疾、智力障碍、视觉障碍、听力障碍和语言障碍的比重分别为 5.5%、1.5%、3.7%、3.7% 和 0.4%，有 13.2% 农村老人至少存在一种上述功能性障碍。在常见慢性疾病类型中，患高血压的样本比重最高，其次是心脏疾病和血糖异常，有 53.7% 的农村老人至少患有一种常见的慢性疾病。

总体上，居民食物能量摄入过多、营养摄入不均衡是公共健康领域应关注的未来趋势。与本报告基于宏观数据和“调查”得出的结论相似，《中国居民营养与慢性病状况报告（2020 年）》[①] 显示，居民水果、豆及豆制品、

① 《中国居民营养与慢性病状况报告（2020 年）发布会》，中华人民共和国国务院新闻办公室网站，http://www.scio.gov.cn/xwfbh/xwbfbh/wqfbh/42311/44583/index.htm。

奶类消费量仍然偏低，膳食摄入的维生素 A、钙等微量元素不足依然存在，同时畜肉摄入较多，膳食脂肪供能比持续上升，城乡合计已达到 34.6%，农村突破 30% 推荐上限。城乡各年龄组居民超重肥胖率继续上升，18 岁以上居民超重率和肥胖率分别为 34.3% 和 16.4%，肥胖已发展成威胁居民健康的首要危险因素，成为多种慢性病（包括癌症）的共同病理基础。若当前食物偏好和消费模式不调整，居民收入提高可能令膳食不均衡问题更加严重，健康程度恶化必然降低社会人力资本水平，也会增加社会公共医疗负担，不利于经济可持续增长。

3. 食物消费社会差距较大

从宏观统计数据看，四大区域居民的在家食物消费总量和结构存在明显差异，东北地区超重率和肥胖率最为突出（见表 3）。东部地区居民人均可支配收入较高，人均每日粮食消费量为全国最低水平，人均每日畜禽肉、水产品消费量为全国最高水平，优质蛋白供能比例较高。西部和东北地区食物消费具有明显地域特色，西部人均每日能量摄入为 1902.3 千卡，而人均畜禽肉消费量高达 93.4 克，与东部地区处于同一水平；作为核心粮食主产地，东北地区人均每日粮食消费量为 400.3 克，远超其他地区，蔬菜和瓜果人均消费量也相对较多。从地域角度出发，高纬度的东北地区天气寒冷，居民运动少、代谢慢而能量摄入较多，与较高的超重率和肥胖率水平存在相关关系①。

表 3　四大区域在家食物消费情况与超重率对比

地区	东部	中部	西部	东北部
可支配收入(元)	39438.9	25025.3	23986.1	27370.6
在家人均每日消费量(克)				
粮食	342.7	349.1	356.5	400.3
食用油	26.6	25.4	26.5	24.4

① 贾晓宏：《“中国肥胖指数”阶段研究成果发布：南瘦北胖 东北胖子最多》，北晚新视觉网，2015 年 10 月 21 日，https：//www.takefoto.cn/viewnews-569389.html。

续表

地区	东部	中部	西部	东北部
蔬菜	277.6	259.3	246.3	279.9
畜禽肉	97.0	78.6	93.4	80.9
水产品	43.7	43.2	23.7	29.2
蛋类	31.7	33.7	19.4	32.1
奶类	38.4	34.7	32.1	46.4
瓜果	170.6	164.5	121.0	182.8
在家每日能量摄入(千卡)	2009.0	1967.2	1902.3	2163.1
肉蛋奶供能比例(%)	15.2	13.3	14.0	12.5
超重率(%)	29.3	25.2	26.7	33.4
肥胖率(%)	5.3	4.1	4.4	7.8

资料来源：《中国统计年鉴2020》，超重率和肥胖率来自中国高血压调查（CHS）对441306个成年人2012~2015年的分层多阶段随机调查数据，具体参见参考文献。

“营养贫困”需要在巩固脱贫阶段引起重视，避免降低农村居民的健康水平，或增加农村居民因病返贫风险。从“调查”微观数据看，186户农村居民人均每日热量摄入水平低于1200千卡，1682户农村居民人均蛋白质摄入量低于60克/天，超过50%农村居民仅谷物摄入充足，豆、肉、蛋、奶和蔬菜均没有达到合理膳食的标准，营养不良率和蛋白质摄入不足的比率分别为4.8%和44.5%，均大幅高于农村居民的贫困率。由表4可知，按照五等分收入分组，农村居民人均每日谷物消费随收入增加而下降，肉类和奶制品随收入增加而增加，其他食物类型的消费差异并不大。高收入户人均每日肉蛋奶消费量为211.5克，已基本处于较高的营养水平。相比之下，低收入户人均每日肉蛋奶消费量为128.8克，仅为高收入户的60.9%，尤其是奶制品相差1倍多。

表4　农村居民人均每日主要食物消费量的收入和地区分组对比

单位：克

五等分收入组	谷物	豆类	肉类	蛋类	奶制品	蔬菜	酒与饮料
低收入	389.9	49.8	65.2	42.3	21.4	282.5	44.7
中间偏下收入	387.4	49.7	75.9	40.0	25.4	284.8	41.4

续表

五等分收入组	谷物	豆类	肉类	蛋类	奶制品	蔬菜	酒与饮料
中间收入	371.4	51.0	85.8	41.7	31.2	270.7	49.3
中间偏上收入	380.3	99.6	102.8	44.5	38.3	306.9	55.3
高收入	351.3	45.0	120.8	44.6	46.1	297.8	56.8

资料来源："调查"数据。

农村老年人健康状况同样存在收入间差异。收入与体质指数呈现出非线性正相关关系。其中，高收入户老人的超重率和肥胖率最高，分别达到40.9%和8.2%，营养不良率最低，仅有8.0%。低收入户老人的超重率和肥胖率最低，分别为32.3%和5.5%，中间偏下收入户的营养不良率最高，达到12.9%。

综上所述，在食物需求总量有保障的情况下，膳食结构却在收入和地区方面出现突出的不均衡性。结合超重率不断提高，说明当前存在部分居民膳食总量和营养过剩，另一部分居民膳食总量和优化过程相对缓慢，进而产生了营养不良和超重并存的局面，整个食物分配体系绩效和社会均衡性有待增强。

三　影响中国居民膳食可持续性的若干原因

中国居民膳食可持续性存在的问题具有系统性和复杂性，从环境、经济和社会角度出发，主要有三个原因较为突出，分别是农业生产区域转移与食物浪费、食物物流和社会保障体系不完善、居民营养意识相对欠缺。

（一）农业生产区域转移与食物浪费引发环境不可持续

1. 农业生产向北方粮食主产区和生态脆弱区转移

北方粮食主产区[①]水资源禀赋较少、生态环境灾害频发，然而2000～

① 根据《全国新增1000亿斤粮食生产能力规划（2009～2020年）》，北方粮食主产区包括黑龙江、辽宁、吉林、内蒙古、河北、河南、山东。

2019 年农业生产持续向该区域集聚，粮食产量占比从 36.9% 提高到 50.1%，肉类产量稳定在 36.2%。由于农业产出增加，北方粮食主产区化肥施用量占全国比重由 36.9% 提高到 40.1%，农药使用量占比从 31.4% 提高到 34.2%，灌溉用水占比从 25.5% 提高到 26.7%，食物消费环境可持续性水平持续下降。以山东省为例，2019 年区域内蔬菜、肉类和禽蛋产量均为全国第 1 位，水产品和瓜果产量为全国第 2 位，粮食产量为全国第 3 位。矛盾的是，山东省严重缺水，多年平均水资源总量为 308 亿立方米左右，占全国 1% 左右，人均水资源占有量仅 315 立方米，耕地面积占全国比重也仅为 1.8%，依赖如此紧张的自然资源形成的膳食模式必然无法持续。

西部地区很多省份包含大面积的生态保护区，农业生产增长将引发自然环境压力。除粮食外，2000 ~ 2019 年西部地区的其他农产品量占全国比重均不断提高（见表 5）。对于同一技术水平下生产相同的农产品而言，对生态环境产生的负面影响一定是在生态脆弱区更大。为满足农产品调入区居民膳食模式中蔬菜、瓜果、肉蛋奶等需求，北方粮食主产区、中西部地区可能承受越来越大的生态环境压力，意味着居民过于倚重跨区域的膳食环境压力较大，多消费具有本地禀赋优势的农产品有益于可持续膳食的实现。

表 5　2000 ~ 2019 年种植业和养殖业的四大区域产量占全国比重变化

单位：百分点

区域	种植业				养殖业			
	粮食	蔬菜	油料	瓜果	畜禽肉类	禽蛋类	牛奶	水产品
东部	-6.7	-7.7	-11.9	-18.4	-4.2	-11.5	-4.1	-5.9
中部	-0.3	0.9	0.6	7.8	-0.4	5.4	3.2	4.2
西部	-2.3	11.4	9.6	11.5	3.4	2.8	3.7	2.5
东北部	9.3	-4.7	1.7	-0.9	1.2	3.3	-2.7	-0.8

资料来源：中华人民共和国国家统计局网站。

2. 食物浪费对生态环境的全产业链影响

从需求侧看，食物损失和浪费不仅挤占了低收入居民的潜在食物需求，影响了社会公平可持续性，而且在生产、运输、销售和掩埋四个环节均产生不必要的环境成本。在生产环节，农民会任由一部分大小极端和形状奇怪的蔬菜和水果等腐烂产生温室气体，使得部分要素投入是无效且有害于环境的。实际上，该现象与收获效率、技术等关系较小，主要是不同经济体出于利润最大化考虑：一方面，消费者们习惯购买外表完美的农产品，经销商和零售商无法从非标准化的农产品中获得更多利润；另一方面，农产品价格极低时，采摘成本甚至高于收益，农户无法获益。

在销售环节的零售方面，食物浪费由库存积压和供大于求销售策略产生。相关消费者行为研究发现，当消费者看到货架上的农产品丰富时，消费欲望一般更加强烈，从而零售商清楚地知道部分商品最终会被浪费掉，将产生明显的环境负外部性，但并不会主动做出实质性改变。在销售环节的餐饮方面，2013～2015 年每年餐桌上食物浪费量高达 1700 万～1800 万吨，相当于 33 万公顷耕地和 13.6 亿立方米水资源被间接浪费。食物浪费结构中，蔬菜、主食和肉类分别占浪费量的 29%、25% 和 18%[①]。此外，当食物浪费发生时，运输和掩埋环节对生态环境的影响往往被忽视。蔬菜和肉类等生鲜食物需要冷链运输和保存，而制冷机器消耗能源会产生碳排放和水资源消耗；对厨余垃圾进行掩埋处理时，填埋气主要成分是甲烷和二氧化碳，若不加以收集而任其自然排放，也会对大气环境产生不利影响。

（二）食物物流和社会保障体系不完善产生社会不可持续

食物物流的信息体系亟待完善，广大农产品生产者了解消费者需求的渠道非常单一，种植决策主要依靠经验和政策引导。若生产者不能充分掌握消费者偏好和食物流通中的价格信息，容易产生供应链的产销脱节问题。更重要的是，由于食物供应缺乏统一的物流标准和质量安全标准，当前食物交易高成本、低效率。粮食类物流成本占比为 40% 左右，蔬菜、水果等生鲜食

① 世界自然基金会、中国科学院地理科学与资源研究所：《中国城市餐饮食物浪费报告》，世界自然基金会网站，2018 年 3 月 27 日，http://www.wwfchina.org/news-detail?type=3&id=1810。

品超过60%，美国上述物流成本则分别为10% ~20%和30%[①]，食物物流成本较高使得价格波动更加频繁，还会将部分边远地区居民挤出市场。

居民提高膳食可持续性需要以食物可获得性为前提，而农村生鲜农产品物流基础设施薄弱。随着农村基础设施不断完善、人口逐渐向城镇集中，农村居民可以更便捷地获得肉类、蔬菜、奶制品等生鲜食物，但也存在另一部分农村居民对生鲜食物的可获得性降低。“调查”发现，很多低收入农村居民居住在人口较少、距县镇较远的村庄，其食物零售市场规模小、冷链物流体系不完善，当地零售商倾向于定量供给以减少损耗，使得偏远乡村的肉、蛋、奶、蔬菜等生鲜食品价格高于城镇，甚至时常无法购买到。

（三）居民营养意识相对欠缺导致经济不可持续

2019年国家卫生健康委全国居民健康素养监测结果显示，居民健康素养总体水平达到19.17%[②]，仍然具有较大的提升空间。同时，健康素养水平在城乡、地区和不同收入组间分布不均衡，农村居民、中西部地区居民等健康营养知识较为欠缺。从社会发展趋势看，提高居民营养意识是社会发展的必然目标。食物短缺时期，居民膳食模式是“有什么就吃什么”，热量作为第一目标；在食物供给日益充足下，很多居民实现了“想吃什么就吃什么”，效用最大化转变为食物消费核心目的。营养知识和意识的缺少意味着膳食选择没有客观的参照标准，容易受到内在对高热量食物的原始需求和外在社交信息的影响，而收入提高可能加剧营养不均衡性和能量摄入“失控”，与合理健康膳食背道而驰。

在“调查”中，农村老人已采取了多种健康投资行为（见表6），但对健康和养生知识的学习比例处于相对较低水平。样本中，有37.7%的老人会主动学习健康和养生知识，日常生活中进行有意识地健身和锻炼的样本比重为51.5%，有74.5%的老人在最近1年内曾参加过体检，分别有61.7%、

① 施先亮：《我国农产品物流发展趋势与对策》，《中国流通经济》2015年第7期。

② 《2019年全国居民健康素养水平升至19.17%》，光明网，2020年4年24日，https://m.gmw.cn/2020-04/24/content_1301178375.htm。

62.9%和60.2%的老人在日常饮食中会有意识地控制糖、盐和油的摄入量。另外，有17.7%的老人在日常生活中消费过保健品。家庭收入水平与多数健康投资行为之间存在显著的正相关关系，中部地区农村老人学习健康和养生知识的比重更高，而西部地区的比值最低。

表6　农村60岁以上老人的健康投资行为

单位：%

	购买商业医疗保险	健身和锻炼活动	最近1年参加体检	学习健康和养生知识	控制糖摄入量	控制盐摄入量	控制油摄入量	消费保健品
样本总计	8.6	51.5	74.5	37.7	61.7	62.9	60.2	17.7
按照收入分组								
低收入	9.6	46.5	74.2	33.7	58.6	59.8	55.8	12.8
中间偏下收入	7.8	51.1	70.6	36.1	61.2	62.2	59.1	18.1
中间收入	6.9	51.2	68.8	35.2	60.3	62.8	58.8	18.6
中间偏上收入	10.0	53.5	78.5	41.3	63.1	63.9	62.8	22.0
高收入	8.9	58.3	83.8	46.0	68.3	68.0	67.8	19.4
按照地区分组								
东部	8.8	53.5	78.3	41.7	66.9	67.5	67.5	22.7
中部	13.8	51.9	76.7	45.1	66.9	67.1	65.7	16.5
西部	6.7	50.3	75.6	31.7	55.6	58.3	54.0	16.0
东北	5.4	47.8	50.7	33.1	57.6	55.8	47.1	8.3

资料来源："调查"数据。

与城镇居民相比，大量农村居民仍处于从"吃得饱"向"吃得好"的转型阶段，传统膳食模式调整较为困难。"调查"发现，部分农村居民认识到应该控制摄入糖、油、盐，但烹饪过程中仍然无法有效减少用量。从历史角度看，高油盐的传统饮食原本是为了适应高强度农业劳动，当前现代农业劳动强度已大幅下降，农村居民的饮食习惯却积重难返，需要缓慢演变。进一步的，低收入农村居民控制糖、油、盐的意识相对更弱，不科学食物偏好更强。随着多样化深加工食物涌入农村市场，农村居民对含糖饮料、酒类等不利于健康的食物成瘾性加剧。这类食物替代了部分娱乐活动，令低收入农村居民产生强烈依赖心理，表现在酒类支出份额显著高于其他收入组。对于儿童，膳食营养知识匮乏的老年人出于安抚和补偿心理，会满足留守儿童含糖饮料的需求而诱发营养不良隐患。总之，对于低收入农村居民而言，一旦成瘾性食物消费增长快于收入增长，就会导致营养健康水平的下降。

四　中国居民可持续膳食的实现政策建议

实现中国居民可持续膳食需要个人、企业、社会、政府等多主体共同努力，更需要制定精细的政策、营造良好的制度环境，促进食物系统的全面转型。围绕可持续膳食的内涵和意义，建议构建食物需求政策体系、利用垃圾分类减少食物浪费、加强对全体居民的营养干预、强化食物公平分配功能等。

（一）构建以可持续膳食为核心的食物需求政策体系

改革开放以来，农业政策大多以稳定农业生产、提高农业生产率等为目标制定，围绕食物供给可持续性，已形成绿色农业发展、高质量农业发展等战略，对农业自然资源的宏观管理逐步体制化。大部分地区基本实现或处于从“吃得饱”到“吃得好”阶段的转变，不过食物消费可持续性仍处于政策边缘位置。农业生产集中程度增加，食物供需市场的核心主体变为数量更加广大的消费者，将居民可持续膳食纳入政策体系，以助力食物全产业链的可持续发展属于大势所趋。具体的，以可持续膳食为核心的食物政策体系构建要分成三步：一是明确什么是符合中国居民的可持续膳食模式，二是提出实现中国居民可持续膳食的时间表和阶段标准，三是制定促进各方利益主体参与可持续膳食行动的政策工具。

（二）利用垃圾分类反向减少食物损耗与浪费

食物损耗与浪费的直接主体是居民，但是参与主体包括餐饮和零售企业，需要建立直接和间接的精准管理体系对居民浪费行为进行约束。在直接管理方面，既要继续“光盘行动”、提倡节约风气的软干预，也要加强厨余垃圾回收监管力度及提高违反成本的硬干预，作为发达国家的日本和韩国在厨余垃圾处理上具有可参考的方式：日本对不按规定分类垃圾的居民在社会公告牌上进行实名公示，要求购买专门塑料袋或垃圾处理券收集对应类型的垃圾，变相地收取了垃圾处理费；2013 年韩国对每个居民按量收取厨余垃圾处理费，即餐饮垃圾从量制度，通过刷卡实名计量的方式进行监管。在间接管理方面，可对超市、餐馆、酒店、农贸市场等主体的厨余垃圾实行阶梯式处理费用，或者要求对厨余垃圾量进行记账，利用大数据分析不同经营主体的潜在浪费量且进行征税或行政管理。在实践中，间接管理实施成本相对较低，应率先研究政策细则和激励方式。

（三）加强不同群体的饮食教育和营养信息干预

高血压、癌症、消化系统等营养相关慢性病，若不加以管控将成为“因病返贫”以及加重社会医疗负担的主要诱因。与事后治疗相比，通过食物营养教育是成本更低的事前预防措施。亟须建立从幼儿到老人的健康膳食教育体系，依靠中小学校、村医、村委会、社会组织等主体开展。在居民中树立“病从口入”的理念，特别应对城镇流动人员、农村老年人、生活水平较低的群体进行集中营养培训，也可鼓励通过孙辈或子辈将在学校习得的食育知识反向传递给老年人。对于城镇地区，强制要求餐馆、食堂等场所提供菜品的营养信息以及合理的摄入标准参照图示，在居民食物选择中建立平衡膳食的“默认选项”。对于农村地区，一些发达地区的村卫生室可率先实施增设心理医生制度，丰富农村居民日常娱乐生活，以减少对烟、糖、酒的依赖心理。在社会互助方面，采用推广低钠盐、普及调味品和加工食品含盐量、增加驻村医生回访频率等综合方式，努力提高农村居民的营养意识和健康素养。

（四）强化流通基础设施和社会保障系统的食物分配功能

结合乡村建设规划，启动“乡村食物冷链建设工程”，要区别于城市的食物冷链体系，重点突出低成本冷链设施建设、扶持本地生鲜食品、定时足量供应等特点；针对身体不方便的人群以及村庄距离较远等现实情况，地方政府应补贴设立“流动生鲜销售大篷车”，满足居住偏远的低收入农村居民对吃得更好的需求。借鉴发达国家食物兑换券制度和一些城市对社会低保人员的做法，确保农村低收入群体能在镇一级社区商店免费获得基本食物，通过社会组织或者政府部门的大规模采购，低成本提供所兑换食物的营养质量和品种类型，保障社会低收入者的最低营养水平，逐步建立中国特色的农村居民营养社会保障体系。

参考文献

闵师、白军飞、仇焕广、王晓兵：《城市家庭在外肉类消费研究——基于全国六城市的家庭饮食消费调查》，《农业经济问题》2014 年第 3 期。

全世文：《食品可持续消费行为：动力机制与引导策略》，《世界农业》2020 年第 6 期。

王灵恩、侯鹏、刘晓洁、成升魁：《中国食物可持续消费内涵及其实现路径》，《资源科学》2018 年第 8 期。

中国营养学会：《中国居民膳食指南科学研究报告（2021）》，2021 年 2 月 24 日，北京，https://www.cnsoc.org/learnnews/files/@CmsXh_b8ec4bf1-9008-4826-8e66-9eb9d34e8fa0.pdf。

FAO, "31st Regional Conference for the Near East; Report; FAO Publications: Rome, Italy", 2012. www.fao.org/docrep/meeting/025/md988e.pdf.

Meybeck, A., and V. Gitz, "Sustainable Diets Within Sustainable Food Systems", *Proceedings of the Nutrition Society*, 2017, 76 (1): 1-11.

Linfeng, Z., W. Zengwu and W. Xin, et al., "Prevalence of Overweight and Obesity in China: Results From a Cross-sectional Study of 441 Thousand Adults, 2012-2015", *Obesity Research & Clinical Practice*, 2020, 14 (2): 119-126.

Abstract

In 2020, achievements have been made in an effort to coordinate the pandemic control with poverty alleviation, agricultural production and farmers' income increase. China has actively reduced adverse impacts of floods and other natural disasters and secured a complete victory in its fight against poverty. The primary industry has been recovering steadily, with *continuous increases* in *grain* output. Pig production capacity has been restored and growth in *agricultural imports and exports* has continued. The past year has witnessed new achievements in rural development, which provided strong support for the overall development of China's economy and society.

The goals and tasks of poverty alleviation have been completed in an all-round way. The remaining 5. 51 million rural poor people under the rural poverty standard in 2010 were all lifted out of poverty. The delisting of the last 52 key poverty-stricken counties marked a major step toward eliminating absolute poverty. China has basically completed relocation programs for poverty-alleviation purposes.

Increased investments in agriculture, rural areas and farmers have promoted their all-round development. The fiscal expenditure on agriculture, forestry and water affairs reached 2390. 4 billion Yuan, an increase of 4. 4% . The balance of agricultural loans at the end of the year was 39 trillion Yuan, an increase of 10. 7% . The fixed assets of the primary industry grew rapidly, agricultural production and rural living conditions were further improved, and green development and transformation were promoted. Agriculture grew steadily in the second quarter. The added value of the primary industry reached 7775. 4 billion Yuan, a real increase of 3. 0% .

The rise in producer prices of agricultural products has led to a substantial rise in food consumer prices. The prices of agricultural products increased by 15. 0% and the prices of food consumption increased by 10. 6% . The rise in food consumption prices led to the increase of the Engel's coefficient to 32. 7% for rural residents.

The scale of international trade in agricultural products has expanded significantly. Agricultural imports and exports totaled 246. 8 billion U. S. dollars, an increase of 8. 0% . Among them, the imports of agricultural products reached 170. 8 billion U. S. dollars, an increase of 14. 0% ; the exports of agricultural products totaled 76 billion U. S. dollars, a decrease of 3. 2% ; the international trade deficit of agricultural products was 94. 5 billion U. S. dollars, an increase of 32. 9% .

In 2020, China's grain output continuously increased to 669. 49 million tons, an increase of 0. 9% . The grain sown area was 116. 77 million hectares, an increase of 0. 6% , accounting for 71% of grain output increase. The grain yield per unit area was 5734 kg / ha, an increase of 0. 2% , accounting for 29% of grain output increase. Except for maize crops, the output of other varieties of grain crops generally increased. Of all 31 provinces, autonomous regions and municipalities on the Chinese mainland, a vast majority recorded increases, except for Jilin, Liaoning and Anhui.

China's grain imports grew rapidly to 142. 62 million tons, an increase of 28. 0% . Among them, the imports of soybean reached 100. 33 million tons, an increase of 13. 3% ; the imports of maize totaled 11. 3 million tons, an increase of 135. 7% ; the imports of sorghum rose to 4. 81 million tons, an increase of 478. 6% .

China's grain supply has increased by a large margin, and grain price maintained rising trend. The annual new grain supply exceeded 810 million tons, an increase of more than 35 million tons. Grain producer prices rose by 4. 1% , and grain consumer prices rose by 1. 2% .

China's oil production continued to increase, with a total output of 35. 85 million tons, an increase of 2. 6% . The imports of edible vegetable oil expanded to 9. 83 million tons, an increase of 3. 1% . Oil producer prices rose by 7. 9% , and edible oil consumer prices rose by 5. 3% .

China's sugar production reduced, with a total output of 120. 28 million tons, a decrease of 1. 1%. The imports of sugar increased rapidly to 5. 27 million tons, an increase of 55. 5%. Sugar producer prices rose by 3. 1%.

China's cotton production increased slightly, with a total output of 5. 91 million tons, an increase of 0. 4%. The imported cotton reached 2. 16 million tons, an increase of 16. 8%. Cotton producer prices fell by 1. 5%.

The supply of meat has increased, but its supply and demand remained in a tight balance, and meat prices increased greatly. The output of pork, cattle, sheep and poultry totaled 76. 39 million tons, a decrease of 0. 1%. The imports of meat and offal stood at 9. 91 million tons, an increase of 60. 4%. The total supply of meat exceeded 87 million tons, an increase of more than 3. 5%. The producer price of breeding animals and their products rose by 32. 4%, and the consumer price of livestock meat rose by 38. 4%.

The recovery of pig production capacity was accelerated, and the total supply of pork increased. However, the tight balance of its supply and demand did not fundamentally change, and the pork price showed a high fluctuation trend. The output of pork was 41. 13 million tons, a decrease of 3. 3%. The imports of pork and pig offal reached 5. 73 million tons, an increase of 79. 1%. Producer price of live pigs increased by 55. 7%, and consumer price of pork rose by 49. 7%.

China's output of poultry eggs was 34. 68 million tons, an increase of 4. 8%. The producer price of poultry eggs fell by 14. 1%, and the consumer price of eggs fell by 9. 4%.

China's output of milk grew rapidly. The supply of milk increased, but the price still showed a rising trend. The output of milk was 34. 4 million tons, an increase of 7. 5%. The imports of dairy products reached 3. 37 million tons, an increase of 10. 2%. The imports of milk powder fell to 1. 31 million tons, a decrease of 3. 3%. The consumer price of milk increased by 1. 0%.

China's output of aquatic products was 65. 45 million tons, an increase of 1. 0%. The exports of aquatic products totaled 3. 75 million tons, a decrease of 10. 8%. The imports of aquatic products reached 4. 02 million tons, a decrease of 12. 5%. The prices of fishery producers increased by 0. 2%, and the consumer prices of aquatic products increased by 3. 0%.

In 2020, farmers' income increased rapidly. The per capita disposable income of farmers was 17131 Yuan, a nominal increase of 6. 3% , and a real increase of 3. 8%. The absolute gap of per capita disposable income between urban and rural residents was 26703 Yuan, a decrease of 365 Yuan, while the relative gap (multiple difference) being 2. 56, a decrease of 0. 08.

Farmers' consumption expenditure on food, tobacco and alcohol increased rapidly. The per capita consumption expenditure of farmers was 13713 Yuan, with a nominal increase of 2. 9% . Among them, the per capita consumption expenditure on food, tobacco and alcohol of farmers was 4479 Yuan, with a nominal increase of 12. 0%.

In 2021, China will give priority to the development of agriculture and rural areas. The country will promote rural revitalization comprehensively, accelerate modernization of agriculture and rural areas, further consolidate and expand the key achievements in poverty alleviation, and promote the development of high-quality agriculture. It will continue improving the supply and demand relationship of main agricultural products, increasing farmers' income and narrowing the income gap between urban and rural residents. The value added of the primary industry is expected to exceed 8 trillion Yuan. The total grain output will possibly reach 680 million tons. The pork output is expected to reach 50 million tons. The increase in producer price and food consumption price of agricultural products will likely fall below 5%. Farmers' per capita disposable income will possibly reach 19000 Yuan.

Keywords: Rural Economy; Rural Construction; Food Production

Contents

Ⅰ General Report

Abstract: In 2020, with the effective prevention and control of *COVID - 19*, *China* has rapidly restored its agricultural and rural economy *and made progress in development*, *operating smoothly on the whole. With the remaining* 5.51 million rural poor people being lifted out of poverty, the key task of poverty alleviation was fully completed. Investments in agriculture and rural areas have markedly increased, and rural production and living conditions have improved significantly. The primary industry grew steadily, the international trade deficit of agricultural products expanded significantly, and the supply of main agricultural products increased generally. However, affected by food consumption upgrade, the prices of agricultural products and food increased significantly, and there were obvious differences in market operation of different agricultural products. Domestic grain production has increased, imports have expanded on a large scale, and grain prices remained stable. With the accelerated recovery of pig production capacity, the total supply of pork increased, and the rise of pig producer prices fell. With the rapid increase of farmers' income, the absolute and relative income gaps between urban and rural residents narrowed, and farmers' food consumption expenditure increased largely. In 2021, investments in agriculture and rural areas are expected to maintain rapid growth. China *will continue to consolidate* and expand *the achievements of poverty alleviation*, and the level of food security will reach a new level. The income gap between urban and rural residents is expected to narrow further in the future. It is predicted that in 2021, the total grain output will reach 680 million tons, the pork output will reach 50 million tons, and farmers' per capita disposable income will possibly reach 19000 Yuan.

Keywords: Poverty Alleviation; Supply of Agricultural Product; Food Price; Farmers' Income; Rural Revitalization

Ⅱ Special Reports

G.2 The Income and Expenditure of Rural Residents in 2020

Abstract: In 2020, the income of rural residents continued to increase rapidly, the problem of the income gaps between urban and rural residents and within rural areas has improved. The consumption expenditure of rural residents continued to grow, and the basic livelihood of rural residents was strongly guaranteed. In 2020, the per capita disposable income of rural residents was 17131 Yuan, a nominal increase of 6.9% over the previous year, or an actual increase of 3.8% after deducting the price factor. The per capita consumption expenditure of rural residents in 2020 was 13713 Yuan, a nominal increase of 2.9% over the previous year, or an actual decrease of 0.1% after deducting the price factor. In 2020, the Engel's coefficient of rural residents was 32.7%, 2.7 percentage points higher than that of the previous year. The per capita disposable income of rural residents in impoverished areas increased faster than that of rural residents nationwide. In 2020, the per capita disposable income of rural residents in impoverished areas was 12588 Yuan, 8.8% higher than that in 2019, or an actual increase of 5.6% after deducting the price factor, and the actual growth rate was 1.8 percentage points higher than that of rural residents nationwide.

Keywords: Income of Rural Resident; Consumption Expenditure; Engel's Coefficient

Abstract: In 2020, the overall agricultural production maintained a steady progress. China's grain output was 1339 billion catties, a record high, maintaining above 1.3 trillion catties for six consecutive years. Pig production recovered rapidly, and the market supply gradually improved. Production of cattle, sheep and poultry grew steadily. The output of aquatic products was stable and increased slightly. Agricultural product prices rose on the whole. Supply-side structural reform in agriculture was deepened, and agricultural production structure continued to improve.

Keywords: Agricultural Production; Agricultural Product Price; Agricultural Production Structure

Abstract: China saw a good grain harvest in 2020, and the grain output hit a record high. The total growing area of grain crops increased by 0.61%, reversing the trend of three consecutive years of decline. Among them, the growing area of beans increased by 4.68%, that of potatoes increased by 0.95%, and that of cereals increased by 0.12%. In 2020, the average yield of grain crops increased by 0.24%. In 2020, the total growing area of cotton decreased by 5.09%, and the total cotton production increased by 0.36%. The total growing area of oil crops increased by 1.55%, and the total oil production increased by

2. 63% . The total growing area of sugar crops decreased by 2. 52% , and the total production decreased by 1. 16% . In terms of trade, both grain crops and cash crops were in the state of net imports. In terms of price, the average prices of wheat and cotton in 2020 were lower than those in 2019, while the average prices of rice, maize, soybean, oil crops and sugar crops were higher. It is predicted that in 2021, the growing areas and production of rice, wheat and maize will increase, especially the production of high-quality varieties, and the growing areas of cotton and surge crops will decrease. In 2021, the import pressure of the farming industry will remain high.

Keywords: Grain Crop; Cash Crop; Farming Industry

G.5 The Development of the Forestry Industry in 2020 and Prospects for 2021 *Hailan ZHAO* / 095

Abstract: This report analyzes China's forestry investment and afforestation, forestry production, international trade and forest products market in 2020, and provides an outlook of the development trend of forestry economy in 2021. In 2020, China's forestry investment scale dropped slightly. The nationwide afforestation area exceeded 100 million mu. The total output value of forestry showed a declining trend, and the domestic timber production has reduced. The trade value of forest products was 160 billion U. S. dollars, of which wood forest products accounted for 66% . The main imported forest products were wood pulp, logs and sawn timber, the main exported products were based on paper products and wood furniture, while the exports of logs and sawn timber decreased. Affected by the outbreak of COVID - 19, the domestic market of forest products has shrunk, and the vast majority of forest products market differentiation was serious. Domestic timber prices were relatively stable. In 2021, China's afforestation area will be drastically adjusted, and the investments in forestry will gradually increase. The import and export trade of forest products will continue to increase, and the export situation of forest products will improve. The domestic forest products

met difficulty in producing and selling. Domestic trade decreased and exports declined. With the easing of the domestic epidemic situation and effective industry regulations, fishery production and trade gradually recovered. With the deterioration of the pandemic situation worldwide, the imports of aquatic products declined rapidly. The producer price, trade price and consumer price of fishery increased slightly. Under the severe situation, the fishery still adhered to the path of green and high-quality development and healthy breeding methods have been widely promoted, which guaranteed the growth of aquaculture production. Focusing on the key water areas in the Yangtze River Basin, the efforts of resource conservation and fishing control on wild aquatic products have been further strengthened and fishing output has continued to decline. In 2021, with the easing of the global pandemic, it is expected that China's fishery will continue to recover and grow. The new problems exposed by Sino-US trade disputes and the pandemic situation highlight the importance of green technological innovation as well as the development of digital economy and cold chain processing industry, which will become important supports for the modernization and green development of fisheries in China in the future.

Keywords: Fishery; Aquaculture; Fishing Industry; Aquatic Product

G.8 The Opening-up and Foreign Trade of China's Agriculture in 2020 and Prospects for 2021 *Bingchuan HU* / 155

Abstract: In 2020, the agricultural trade deficit expanded further due to the decline in pork production caused by African Swine Fever and the outbreak of the COVID −19 pandemic. From the perspective of trend, the agricultural products market achieved a V-shaped reversal in the second half of the year owing to the proper prevention and control of the domestic pandemic situation and smooth economic recovery. The price of global agricultural products also rose rapidly, driven by China's market and monetary easing in the United States. In terms of international cooperation in agriculture, under the influence of many favorable factors, it is expected that the two-way investments in agriculture will grow positively in 2021, and cooperation in agricultural science and technology will also make a new progress. In 2021, with the widespread application of vaccines all over the world, the COVID - 19 pandemic situation will improve, and the global economy will gradually recover. It should be noted that due to the current high level of global agricultural products price, the market risk is also accumulating, which requires attention and timely intervention.

Keywords: Agricultural Product Trade; Foreign Investment; Agricultural Science and Technology Cooperation

Ⅲ Hightlights Reports

Abstract: Agriculture is the foundation of national economy, and the strategy of a "dual circulation" development cannot be separated from the participation of agriculture. As the starting point and foundation of a new *dual-circulation development pattern*, China's agriculture is faced with some practical problems, such as insufficient natural resources, limited capacity to increase production, and mismatch of supply and demand structure. Only by making overall use of both domestic and international circulations of products, capital, technology can China achieve agricultural development goals, namely, to ensure national food security, to support food consumption upgrade, and to ensure the sustainable development of resources. Under the new development pattern featuring *dual-circulation*, China should focus on the following seven aspects in order to promote the high-quality development of modern agriculture, namely, to protect the domestic arable land resources, to adjust the domestic agricultural production structure appropriately, to promote agricultural science and technology progress vigorously, to set up a modern grain purchasing and storage system, to optimize the structure of imports and exports of agricultural products, to accelerate the pace of "going abroad" in the agricultural sector, and to participate in the international trade rules in an active manner.

Keywords: Modern Agriculture; Food Security; Food Consumption Upgrade; Dual Circulation

G. 10 Implementing Rural Construction Actions: Situation, Major Tasks and Countermeasure Suggestions

Abstract: Implementing rural construction actions is an essential part of comprehensively promoting rural revitalization. Although remarkable results have been achieved in improving rural infrastructure, basic public services and rural living environment during the 13th Five-Year Plan period, prominent problems in certain aspects remain, such as unequal status of urban and rural infrastructure and basic public services construction, unbalanced investments in rural and urban areas, mismatch of rural talents capacities and facilities level, insufficient construction and imperfect long-term mechanism of rural infrastructure and basic public services. Based on that, the implementation of rural construction shall focus on improving the level of rural traditional infrastructure, of basic public services capability and of living environment. Therefore, we should strengthen the party's overall leadership, establish policy system of rural construction actions, focus on action innovation, increase investments in rural construction, strengthen the training of personnel, and improve the long-term mechanism of rural construction actions.

Keywords: Rural Construction Action; Rural Revitalization Strategy; Basic Public Service; Living Environment Improvement

Abstract: This report reviews the prospective tasks of consolidating and expanding China's achievements in poverty reduction from the perspective of stable poverty alleviation and realizing rapid income growth of long-term low-income population and shared prosperity. It is the fundamental task to consolidate the achievements in poverty reduction, whereas the bottom-line task is to prevent new poverty. In the end, a new long-term mechanism of assisting risky poverty-stricken population shall be established. During the process of expanding the achievements in poverty reduction, along with developing existing measures and helping the critical poor, it should be more important to explore the transition of anti-poverty strategy. It is suggested that the transition goal should be establishing a shared prosperity strategy for the long-term low-income population. The report proposes a five-year transition period with two-stage arrangements.

Keywords: Poverty Reduction Achievement; Transition Period; Long-term Low-income Population; Shared Prosperity

Abstract: Rural revitalization, new-type urbanization and urban-rural integration constitute the main themes of China's urban and rural development, with the goal of building a new relationship between industry and agriculture. In recent years, China has witnessed continuous improvement in the industry-agriculture relationship and urban-rural relationship, and the level of equalization or integrated development of urban and rural income, industries, services, infrastructure, culture, governance and other fields has been comprehensively improved. Currently, there are three main challenges, including the difficulty of increasing farmers' income, the inefficient use of rural land, and a lack of talents in agriculture and rural areas. In order to build a new relationship between industry and agriculture and that between urban and rural areas, China should actively promote the flow of urban and rural factors and the overall planning of resources, give scientific play to the multi-functions of agriculture and rural areas, promote the synchronization of four modernizations, and promote the growth and equalization of the well-being of urban and rural residents.

Keywords: New Industry-agriculture and Urban-rural Relationship; Urban-rural Integration; Rural Revitalization; New-type Urbanization

G.13 Suggestions for Improving the Specialization of Agricultural Socialized Service System in China *Qianwen LU* / 244

Abstract: Improving the specialization level of agricultural socialized service system is an important way to accelerate agricultural modernization. The construction of agricultural socialized service system has experienced three periods, namely, the exploration of market-oriented reform of agricultural service system, the construction of agricultural socialized service system, and the construction of new agricultural socialized service system, which has become an important part of the road of agricultural modernization with Chinese characteristics. The prominent problems of the agricultural socialized service system exist, such as a lack of professional service ability, which are manifested in the following aspects: some public service institutions are "tangible but not real"; the knowledge structure of personnel is lagging behind; the service force is scattered and the layout is unreasonable; the service mode is out of the development trend of modern agriculture. Other problems include the weak specialized service strength of industry chain, the unbalanced development of agricultural productive service industry, the imperfect service organization system for small farmers, and the repeated and disordered development of various service platforms. These problems led to the bottleneck of professional upgrade of market-oriented agricultural service supply. In order to meet the requirements of agricultural modernization in 2035, we must take the initiative to adapt to the evolution trend of agricultural modernization, promote the formation of a new pattern of multi-sharing agricultural socialized service system, which is guided by the government, led by the market, diversified in actors and in forms, being convenient, efficient and able to be benefited from the whole chain.

Keywords: Agricultural Modernization; Service System; Agricultural Specialized Service

Abstract: The implementation of rural revitalization strategy needs to innovate the diversified investment mechanism of rural revitalization. Rural revitalization is a priority area of financial security, but the growth was relatively limited, and the proportion of land transfer fee used for agricultural and rural areas was not high. The mode of fiscal and financial coordination to support the revitalization of rural areas has been constantly innovated, the scale of private capital invested in agricultural and rural areas continued to increase, and the field continued to expand. However, there still exist some problems, such as the increasing financial security pressure, inefficient use of funds, weak financial leverage and insufficient innovation, potential risks in adjusting and improving the policy of the scope of use of land transfer income, inefficient participation of private capital in agricultural and rural investment, and the lack of a good ecological environment. Therefore, in order to support rural revitalization in a coordinated way, fiscal and financial departments should focus on the combination of input and operation, the combination of input and institutional mechanism reform, the combination of strengthening flow and activating stock, and the combination of incentive and restraint mechanisms. They should further promote the reform of fiscal fund management system, explore such modes as special bonds and PPP, construct an enabling policy environment for rural financial markets, innovate and improve the whole process system of agricultural and rural infrastructure, public service input and operation management, as well as improve the ecological environment of financial cooperation to support rural revitalization.

Keywords: Rural Revitalization; Fiscal and Financial Synergy; Land Transfer Fee; Private Capital

G.15 Chinese Residents' Sustainable Diets: Problems, Causes and Suggestions *Xin YANG* / 280

Abstract: Sustainable diets have rich connotation and complex content, which is not only the important goal of sustainable food system development, but also the key driving force of it. With the improvement of agricultural productivity, the energy intake of Chinese residents is basically guaranteed. In addition to grain and edible oil, the consumption of all kinds of food has increased significantly, and the nutritional structure has been continuously optimized as well. However, there are obvious problems in the environmental, social and economic dimensions of dietary sustainability, including high environmental costs of agricultural production, large social differences in food consumption, and higher incidence of nutrition-related diseases. From the perspective of the whole industry chain, the causes of the above-mentioned problems include the transfer of agricultural production to ecologically fragile areas, serious food waste, imperfect food logistics and social security system, and the relative lack of nutrition awareness of residents. In view of the problems, this report puts forward specific suggestions, including building a food policy system with sustainable diets as the core, utilizing waste classification to reduce food loss and waste, strengthening diets education and nutrition information intervention for different population groups, and reinforcing food distribution function of circulation infrastructure and social security system.

Keywords: Food Consumption; Nutritional Structure; Sustainable Diet

皮 书

智库报告的主要形式
同一主题智库报告的聚合

✤ 皮书定义 ✤

皮书是对中国与世界发展状况和热点问题进行年度监测，以专业的角度、专家的视野和实证研究方法，针对某一领域或区域现状与发展态势展开分析和预测，具备前沿性、原创性、实证性、连续性、时效性等特点的公开出版物，由一系列权威研究报告组成。

✤ 皮书作者 ✤

皮书系列报告作者以国内外一流研究机构、知名高校等重点智库的研究人员为主，多为相关领域一流专家学者，他们的观点代表了当下学界对中国与世界的现实和未来最高水平的解读与分析。截至 2021 年，皮书研创机构有近千家，报告作者累计超过 7 万人。

✤ 皮书荣誉 ✤

皮书系列已成为社会科学文献出版社的著名图书品牌和中国社会科学院的知名学术品牌。2016 年皮书系列正式列入“十三五”国家重点出版规划项目；2013~2021 年，重点皮书列入中国社会科学院承担的国家哲学社会科学创新工程项目。

S 基本子库
UB DATABASE

中国社会发展数据库（下设 12 个子库）

整合国内外中国社会发展研究成果，汇聚独家统计数据、深度分析报告，涉及社会、人口、政治、教育、法律等 12 个领域，为了解中国社会发展动态、跟踪社会核心热点、分析社会发展趋势提供一站式资源搜索和数据服务。

中国经济发展数据库（下设 12 个子库）

围绕国内外中国经济发展主题研究报告、学术资讯、基础数据等资料构建，内容涵盖宏观经济、农业经济、工业经济、产业经济等 12 个重点经济领域，为实时掌控经济运行态势、把握经济发展规律、洞察经济形势、进行经济决策提供参考和依据。

中国行业发展数据库（下设 17 个子库）

以中国国民经济行业分类为依据，覆盖金融业、旅游、医疗卫生、交通运输、能源矿产等 100 多个行业，跟踪分析国民经济相关行业市场运行状况和政策导向，汇集行业发展前沿资讯，为投资、从业及各种经济决策提供理论基础和实践指导。

中国区域发展数据库（下设 6 个子库）

对中国特定区域内的经济、社会、文化等领域现状与发展情况进行深度分析和预测，研究层级至县及县以下行政区，涉及省份、区域经济体、城市、农村等不同维度，为地方经济社会宏观态势研究、发展经验研究、案例分析提供数据服务。

中国文化传媒数据库（下设 18 个子库）

汇聚文化传媒领域专家观点、热点资讯，梳理国内外中国文化发展相关学术研究成果、一手统计数据，涵盖文化产业、新闻传播、电影娱乐、文学艺术、群众文化等 18 个重点研究领域。为文化传媒研究提供相关数据、研究报告和综合分析服务。

世界经济与国际关系数据库（下设 6 个子库）

立足“皮书系列”世界经济、国际关系相关学术资源，整合世界经济、国际政治、世界文化与科技、全球性问题、国际组织与国际法、区域研究 6 大领域研究成果，为世界经济与国际关系研究提供全方位数据分析，为决策和形势研判提供参考。